国家社科基金后期资助项目
出版说明

后期资助项目是国家社科基金设立的一类重要项目，旨在鼓励广大社科研究者潜心治学，支持基础研究多出优秀成果。它是经过严格评审，从接近完成的科研成果中遴选立项的。为扩大后期资助项目的影响，更好地推动学术发展，促进成果转化，全国哲学社会科学工作办公室按照“统一设计、统一标识、统一版式、形成系列”的总体要求，组织出版国家社科基金后期资助项目成果。

全国哲学社会科学工作办公室

国家社科基金
GUOJIA SHEKE JIJIN HOUQI ZIZHU XIANGMU
后期资助项目

文化遗产数字化的知识产权问题研究

Research on Intellectual Property of Cultural Heritage Digitization

易玲 著

法律出版社
LAW PRESS · CHINA
—— 北京 ——

图书在版编目(CIP)数据

文化遗产数字化的知识产权问题研究 / 易玲著. --北京：法律出版社, 2022
ISBN 978-7-5197-6819-5

Ⅰ. ①文… Ⅱ. ①易… Ⅲ. ①文化遗产－数字化－知识产权－研究－中国 Ⅳ. ①D922.164

中国版本图书馆 CIP 数据核字(2022)第 107862 号

文化遗产数字化的知识产权问题研究
WENHUA YICHAN SHUZIHUA DE ZHISHI CHANQUAN WENTI YANJIU

易 玲 著

责任编辑 韩满春
装帧设计 臧晓飞

出版发行 法律出版社
编辑统筹 学术·对外出版分社
责任校对 王晓萍 王语童
责任印制 陶 松
经　　销 新华书店

开本 710 毫米×1000 毫米 1/16
印张 14.25 **字数** 232 千
版本 2022 年 9 月第 1 版
印次 2022 年 9 月第 1 次印刷
印刷 三河市兴达印务有限公司

地址：北京市丰台区莲花池西里 7 号(100073)
网址：www.lawpress.com.cn
投稿邮箱：info@lawpress.com.cn
举报盗版邮箱：jbwq@lawpress.com.cn

销售电话：010-83938349
客服电话：010-83938350
咨询电话：010-63939796

书号：ISBN 978-7-5197-6819-5
定价：68.00 元

凡购买本社图书，如有印装错误，我社负责退换。电话：010-83938349

基金项目
国家社会科学基金后期资助项目，项目批准号：19FFXB039

目　　录 Contents

管 理 篇

导　论

以色列人文主义历史学家尤瓦尔·赫拉利认为科技作为整体驱动力影响着人类发展的步调与朝向。如今,已经到了这个时代的“转折点”,① VR、AR、大数据、人工智能……科学技术的发展影响着人类社会的方方面面,文化遗产数字化即将传统的文化传承和保护与数字技术相结合,这无疑给文化的延续和发展带来了极大的助力,但在文化遗产数字化的进程中也会面临一个关键的问题——知识产权问题。

“文化遗产”作为法律概念,由1972年的《保护世界文化和自然遗产公约》和2003年的《保护非物质文化遗产公约》正式确立。国际上对于“文化遗产”概念也达成了共识,一般认为是人类社会传承下来的,具有历史、艺术、美学、文化等价值的遗产,凝聚了特定时期人们的智慧结晶,是人们所承袭的前人创造的优秀文化,是历史上各民族创造的或与创造活动有关的优秀文化成果的总和。由于文化遗产凝聚着经济与精神文化的双重价值,世界各国均加强了合作以实现对人类共有的文化遗产的保护。在第四次技术浪潮的推动及我国文化法治快速发展的大背景下,我国文化遗产的记录、保存、传播、利用方式发生了根本性变革。数字信息技术渗透进文化遗产相关行为的全部环节,无论是物质还是非物质文化遗产,在其记录、保存过程中,均涉及数字化处理。而在对文化遗产进行数字化的过程中却存在侵犯他人既有知识产权的风险。以著作权为例,文化遗产数字化涉嫌侵犯著作权人享有的复制权、信息网络传播权等法定权利,因此文化机构需要谨慎进行知识产权风险管理,防止侵犯他人权利,造成不必要的声誉和经济损失。同时,在文化遗产的展示环节,著作权法也给予数字化后的文化遗产一定程度的保护。传统的文化遗产展示方式以实物展示为主,这一方面是因为以往信息技术尚不成熟,另一方面是因为非物质文化遗产的价值在近些年才被充分挖掘,而被收藏于博物馆内的物质文化遗产则以实物展览为主。目前各大博物馆均已广泛采用数字信息系统为公众提供馆

---

① 未来,人类将面临三大问题:生物本身其实就是算法,生命是不断处理数据的过程;意识与智能的分离;拥有大数据积累的外部环境将比人们自己更了解自己。如何看待这三大问题,以及如何采取应对措施,将直接影响人类未来的发展。参见[以色列]尤瓦尔·赫拉利:《未来简史》,林俊宏译,中信出版社2017年版,“序言”,第1页。

藏资源。2013 年修改的《信息网络传播权保护条例》(以下简称《条例》)也在立法层面上跟进这一趋势。《条例》第 7 条规定了博物馆等文化机构通过信息系统向馆舍内接受服务者提供馆藏资源为博物馆藏品的合理使用行为,将《著作权法》中博物馆等文化机构的合理使用充分与现代技术实践相匹配。通过对比发现,物质文化遗产以丰富的有形物品为内容,侧重于实物展示,非物质文化遗产多为口耳相传,没有固定的物质载体,侧重于数字化展示方式。实体展示和数字展示由此成为文化遗产展示的两大手段,[①]在现代文化遗产展示环节中发挥着举足轻重的作用。文化遗产是全人类宝贵的物质、精神财富,文化遗产的数字化既是技术的变革,也是知识产权问题,这正是本书主要讨论问题的基础。

本书从“背景”“保护”“利用”“管理”四个视角对文化遗产数字化的知识产权问题进行探究:

第一,背景篇。“文化遗产”一词经过变迁,已不同于“文化”“遗产”本来词义的简单加和,而是发展出更加深刻丰富的内涵。其类型多样化,具体可分为物质文化遗产与非物质文化遗产、陆上文化遗产与水下文化遗产、可移动文化遗产与不可移动文化遗产。由于文化遗产保存与传播文化的功能,国际法与国内法均提出了要加强文化遗产保护的要求,而当人类步入了数字技术时代后,对于文化遗产的保护更显得尤为重要——保证传承现实性、促进传播活跃性、加强文化反作用等问题呈现在我们面前。由于传统博物馆受时间、空间局限的缺陷日益暴露,数字博物馆这一新兴事物应运而生,文化遗产数字化逐渐流行,博物馆也逐步由“以观众为中心”向“以访客为中心”转变。

第二,保护篇。首先,鉴于文化遗产尤其是非物质文化遗产的特殊性,我国在保护文化遗产过程中面临利益平衡和模式选择的困境。若单纯采用公法保护路径,文化遗产的管理和保护会因权责不明晰、过度开发利用等问题陷入“公地悲剧”之中;若采用私法保护路径,如知识产权法保护路径,则文化遗产的知识产权权利主体、客体不明晰等固有障碍难以克服,同时容易陷入“反公地悲剧”。因而本书提出文化遗产保护应将公法与私法相结合,注重各方利益平衡。其次,虽然通过数字技术手段可以更高效地实现文化遗产的记录、保存与传播,但同时也存在一定知识产权风险,尤其是针对博物馆的文物藏品而言,若被博物馆收入的文物藏品已过著作权保护期,博物馆在数字化过程中无须考虑侵犯原著作权人权利的问

---

① 王伟华:《博物馆文化遗产的数字展示与实体展示》,载《东南文化》2011 年第 5 期。

题;而部分藏品如近现代创作的尚未进入公共领域的作品,则博物馆对其进行数字化时便须查明其权利状态以规避知识产权侵权风险。但针对部分文物藏品,如果是以陈列或保存为目的且真实地还原了文物藏品原貌的数字化行为,则可将其认定为合理使用。此外,基于技术手段、表现形式的不同,文化遗产的数字化可能产生新作品。文化遗产通过平面扫描、3D打印、虚拟技术等技术手段进行数字化是否产生新权利在国内外均存在较大争议,如 Bridgeman Art Library v. Corel Corp. 案、Meshwerks, Inc. v. Toyota Motor Sales U. S. A. 案、Lucky Break Wishbone Corp. v. Sears Roebuck & Co. 案以及 Alva Studios, Inc. v. Winninger 案等域外判例中体现的不同裁判观点均对我国立法具有重要的参考价值。一般而言对文物藏品进行复制再现的行为不具有独创性,而对数字化文物藏品的展示进行具备独创性的选择、编排,即可认定其生成新作品。在认定数字化成果构成著作权法意义上的作品的基础之上,须明确数字化作品的著作权人,因此在产生职务作品或委托作品之前,博物馆都要考虑是否对著作权归属进行事先约定。最后,应当研究文化遗产数字化过程中涉及 VR、AR 和 3D 打印等技术手段的可专利性问题,以及处理因专利权归属不明导致的专利权纠纷。博物馆与技术开发主体应当通过合同约定专利权归属,避免后续纠纷。

第三,利用篇。文化遗产数字化的利用主要涉及商标、域名及文化遗产相关元素开发。从宏观角度来看,在文化遗产数字化过程中,文化遗产的整体名称以及保存文化遗产的文化机构常面临作为商标或域名被抢注的风险,这从侧面反映商誉和文化品牌价值应当是文化遗产数字化利用的重要客体。在商标利用问题上,博物馆等应当加强运营,提升商标价值,并加强商标保护意识,有效化解商标抢注与商标侵权难题。此外,博物馆域名被恶意抢注现象频发,阻碍了博物馆形成名称、标识和域名"三位一体"的市场识别和商誉承载机制,因此,完善域名保护法律法规刻不容缓。应适当提高博物馆域名注册的准入门槛,明确域名注册管理机构的实质审查义务,从注册阶段杜绝博物馆域名抢注现象。文化遗产元素蕴含重要的商业价值,其数字化利用方式多样,如文旅结合开发、物质文创产品开发、应用软件开发及影视化开发等。文化遗产元素开发利用的过程涉及多方主体,如传承者、使用者、有利害关系的第三方,因此需要建立完善的利益分配机制。首先,利益分配以法定义务为主,而不是完全遵循意思自治原则;其次,权利人和开发者采取合作开发或文化遗产和知识产权互换模式的,可以协商确定利益分配比例;最后,由指定的组织来实现文化遗产元素开发的利益分配。对于文化遗产衍生物,我国通常采用知识产权与不正当竞争两种保护路径,但关于文化遗产衍生物的商品化权保护问题依旧存在。商品化权在我国司法裁判中充满争议,法院在具体案件中适用“商品化权”的裁判也处于摸索状态,法官的态度摇摆不定。对此,本书认为我国现行法律体系足以为博物馆提供全面的保护,创设“商品化权”这一新权利类型缺乏必要性,且“商品化权”的内涵和外延并不明确,如果现阶段在司法实践中贸然运用“商品化权”这一学理性概念进行判决,有违知识产权权利类型法定原则,不免有扩大法官自由裁量权甚至法官造法的嫌疑。

第四,管理篇。本篇以“管理”活动为核心,探讨文化遗产数字化的知识产权风险管理和运营管理两个层面的问题。这两者间,首先是知识产权风险管理,因为其直接涉及不同主体之间权利义务的冲突和解决。文化遗产数字化过程中的知识产权风险管理同样包括一正一反两个层面的问题,即“前数字化”过程中的如何应对数字化过程中侵犯他人权利,以及“后数字化”过程中的如何应对他人侵犯自身权利两大方面的问题。进行知识产权风险管理的前提是要准确识别文化遗产数字化存在何种形式的法律风险。以博物馆的藏品数字化为例,中国的博物馆数字化起步虽然较晚,但已经逐步发展为不可改变的时代趋势。博物馆、美术馆、图书馆等公共文化机构是科学、文艺创作物的殿堂,在全面依法治国的新时代,其数字化活动必须在知识产权法的框架下有序进行。博物馆无论是作为著作权人还是被授权人,都应当全程关注知识产权侵权风险防控,如此才能趋利避害,在文化市场潮流中发挥出博物馆应有的社会功能。知识产权运营管理的成效与文化遗产经济、文化价值的发挥程度成正相关。知识产权运营管理包括很多方面。本书首先讨论对数字化成果进行著作权许可及授权的路径选择,其中著作权许可包括独占许可、排他许可、普通许可,著作权授权则可分为直接授权、委托授权等。其次,知识产权运营管理还强调加强数字技术专利运营及商标运营。文化遗产数字化的主体须提升商标保护意识,积极主动地关注与自身相关的商标使用状态,从数字化过程及成果中获取品牌收益。

背　景　篇

第一章　文化遗产的内涵及其保护意义

第一节　文化遗产的内涵

文化遗产的国际化保护起源于1899年的《陆战法规和惯例公约》中关于文化遗产保护的规定。[①] 1972年10月，联合国教科文组织（United Nations Educational, Scientific and Cultural Organization, UNESCO）在巴黎举行了第17届会议，通过了《保护世界文化和自然遗产公约》（Convention Concerning the Protection of the World Cultural and Natural Heritage，以下简称《世界遗产公约》），公约指出了保护文化遗产的必要性和方法，界定了文化遗产和自然遗产的概念。2003年9月，联合国教科文组织在第32届会议上通过了《保护非物质文化遗产公约》（Convention for the Safeguarding of the Intangible Cultural Heritage），明确了非物质文化遗产的概念，至此文化遗产的法律概念得以确立。文化遗产作为全人类无比珍贵的财富，关系到人类文明的传承与发展，其内涵随着历史的变迁而变化，我国作为拥有五千年历史的文明古国，在新中国成立初期就极为重视对文化遗产的保护，伴随文化遗产成为旅游资源，其在国民经济发展中也发挥着重要的作用。

本章首先从文化及遗产的词源出发，结合有关文化遗产的国际条约，对文化遗产的概念进行综述，并根据文化遗产的表现形式、所处的地理环境等特点对其进行了分类。其次，梳理国内外关于文化遗产保护的文件，分析文化遗产在不同的历史时期、不同的国家的演替过程及差异。

在界定文化遗产的概念之前，首先要厘清"文化"和"遗产"二词的内涵。"文化"一词在不同的民族、不同的历史时期，甚至在不同的场域中都有不同的内涵。学者们从不同维度出发对其进行界定，有学者从历史的角度出发，把文化看作社会的遗产，也有学者从心理学角度出发，把文化视为主体心理在历史银幕上的总映象，或者是满足个人心理动机所选择的行为

---

① 郭玉军：《国际法与比较法视野下的文化遗产保护问题研究》，武汉大学出版社2011年版，第1页。

模式。此外,还有其他学者分别从结构性和遗传学的角度对文化进行分析界定。① 在西方的语源中,"文化"一词德文"Kulture"和英文、法文"Culture",都源于拉丁文"Cultura"。② 19世纪以后,文化作为培养某种东西的用法发生了变化,文化本身变成了某种东西。③ 19世纪末,"文化"开始意旨"集体的习惯和生活方式等",其含义更接近于现代所述的"文化"。从"culture"的渊源及演进可知,"culture"从"耕种"之义发展为抽象的"生活方式",在汉语系统中,"文化"指"以文教化",表示对人的培养、教化,更侧重精神领域。在这一层面上,"culture"一词与我国语言系统中的"文化"一词具有相似性。随着"文化"概念多维度的发展,国内外学者纷纷提出对"文化"一词的解说,但始终是众说纷纭。美国社会学家福尔森认为:"文化集合了一切人工产物,包括所有由人类所发明并经后代传承至今的器物以及生活习惯等。"日本文化学家祖父江孝男说:"文化是指后天所创造的,为群体成员共同所有并且沿袭至今的行为模式。"英国学者马林诺夫斯基认为,文化是"满足人类需求的一个过程,是为了应付特定环境中的一些具体问题,而把自己置于一个更合适的位置上的工具性设备。"④美国著名人类学家 Alfred L. Kroeber 和 Clyde Kluckhohn 曾在 *Culture: A Critical Review of Concepts and Definitions* 一书中罗列学者们关于"文化"的160多种定义,可见"文化"这一概念的复杂性,并非三言两语可以阐明。有学者认为,意图对文化概念界定范围是徒劳的。⑤ 因而,也有学者提出:"当文化概念变得边界如此模糊时,对于文化的研究就失去了基础,只有通过在特定的语境下对其进行研究才具有可行性。"⑥笔者认为,"文化"一词具有抽象性,外延概念模糊,其维度之广难以通过定义完全涵盖,文化的传承和发展具有民族性和地域性,是在一定历史时期不同阶段的政治、社会和经济的反映。

就遗产的概念而言,"遗产"一词起源于拉丁语(heritage),指父亲留下来的财产,法语中的遗产(patrimoine)还有家园的含义。但发展至今,"遗产"的一般意义是指先人留下的精神财富或物质财富。鲁迅在《三闲集·无声的中国》中写道:"因为那文字,就是我们的祖先留传给我们的可怕的遗产。人们费了多年的工夫,还是难于运用。"毛主席在《中国革命和

① 司马云杰:《文化社会学》,中国社会科学出版社2001年版,第3页。

② 王国炎、汤忠钢:《"文化"概念界说新论》,载《南昌大学学报(人文社会科学版)》2003年第4期。

③ 林坚:《关于"文化"概念的梳理和解读》,载《文化学刊》2013年第5期。

④ 以上观点总结参见林坚:《关于"文化"概念的梳理和解读》,载《文化学刊》2013年第5期。

⑤ [法]维克多·埃尔:《文化概论》,康新文等译,上海人民出版社1998年版,第8页。

⑥ 张艺耀:《中国宪法文本中"文化"概念的规范分析》,载《河北法学》2015年第4期。

中国共产党》第一章第一节中提道:“中华民族又是一个有光荣的革命传统和优秀的历史遗产的民族。”由此可以看出,无论是在文学上还是在政治上,“遗产”一词的含义都如我国学者徐高龄指出的,是“自然演进与人类文明发展过程中历史积淀的精华”。[①] 法国历史学家皮埃尔·诺拉则详细阐述了“遗产”一词的内涵变化,他在1997年撰写的《一种正当其时的思想——法国对遗产的认识过程》一文中说道:“在过去的大约二十年间,‘遗产’的概念已经扩大,致使概念都发生了变化,较旧的词典把该词定义为父母传给子女的财务,新近的词典则把此词定义为历史的证据……整体上被认为是当今社会的继承物。”[②]事实上,美国是最先启用“遗产”一词的新内涵的国家。1965年美国白宫会议首先提出设立“世界遗产信托基金”建议案,认为有必要共同保护“世界杰出的自然风景区和历史遗址”。1970年,美国率先将这一理念写入了《国家环境政策法》中,而随着人类社会的发展,遗产的内涵也在逐渐被拓宽,出现了“文化遗产”“非物质文化遗产”“自然遗产”等新兴概念。

“文化遗产”实际上是“遗产”概念的一种延伸,它囊括了一个民族的价值观、行为、艺术作品、机构、文物和遗址等方面,是一个内涵广泛的术语——适用于历史、语言、艺术、传统、口头作品、书面作品等。世界各国对于“文化遗产”的称谓都不同,在中国“文化遗产”通常指历史建筑、文物,日本、韩国则将其称为“文化财”,美国称为“Historic Places”,英国称为“Cultural Property”,在法国则为“Bien Cultural”,究其内涵基本大同小异。在“文化遗产”概念的变迁过程中,联合国教育、科学及文化组织还会使用“文化财产”(Cultural Property)这一与“文化遗产”近似的概念,如1954年5月14日在海牙通过的《关于发生武装冲突情况下保护文化财产的公约》(以下简称《海牙公约》)。此后,在相关国际条约和国际组织发布的法律文件中,“文化财产”和“文化遗产”均有较高的使用率,在某些情况下可以互换,而在另一些情况下,“文化财产”可以被视作“文化遗产”中的一个子集,但“文化遗产”已逐渐成为主要用语,而对于“文化遗产”的概念,笔者尝试从现行国际公约对其划定的保护范围进行理解。

“文化遗产”这一法律概念是由1972年的《世界遗产公约》和2003年的《保护非物质文化遗产公约》正式确立的。其国际保护则起源于1954年的《海牙公约》。《海牙公约》将“文化财产”定义为对每一民族文化遗产具

---

① 徐嵩龄:《第三国策:论中国文化与自然遗产保护》,科学出版社2005年版,第3~4页。

② 联合国教育科学及文化委员会编:《信使》1997年第12期。转引自杨志刚:《试谈“遗产”概念及相关概念的变化》,载复旦大学文物与博物馆系编:《文化遗产研究》,上海古籍出版社2001年版,第1~2页。

有重大意义的可移动或不可移动的财产。① 1956年12月5日联合国教科文组织在新德里通过的《关于适用于考古发掘的国际原则的建议》第2条中,则明确规定了"文化财产"的保护范围。② 1970年11月14日联合国教科文组织在巴黎通过的《关于禁止和防止非法进出口文化财产和非法转让其所有权的方法的公约》第1条则对"文化财产"作出了较为明确的列举式说明。③ 从国际公约对于"文化财产"所作出的定义可以看出,国际法上理解的"文化遗产"指人类社会传承下来的,具有历史、艺术、美学、文化等价值的遗产,凝聚了特定时期人们的智慧结晶,是人们所承袭的前人创造的优秀文化,是历史上各民族创造的或与创造活动有关的优秀的文化成果的总和。④

第二节　文化遗产类型多样化

在日本、韩国等国家关于文化遗产的分类体系中,自然遗产常以"纪念物"等名义归入文化遗产保护范围。联合国教科文组织1972年颁布的《世界遗产公约》对文化遗产和自然遗产都作出了明确的界定。⑤ 在美国,自18世

① 《海牙公约》第1条对文化财产的定义:(1)对每一民族文化遗产具有重大意义的可移动或不可移动的财产,例如建筑、艺术或历史纪念物而不论其为宗教或非宗教考古遗址作为整体具有历史或艺术价值的建筑群;艺术作品;具有艺术、历史或考古价值的手稿、书籍及其他物品;以及科学收藏品和书籍或档案的重要藏品或者上述财产的复制品。(2)其主要和实际目的为保存或陈列项所述可移动文化财产的建筑,例如博物馆、大型图书馆和档案库以及拟于武装冲突情况下保存(1)项所述可移动文化财产的保藏处。(3)存有大量第(1)项和第(2)项所述文化财产的中心,称为"纪念物中心"。

② 《关于适用于考古发掘的国际原则的建议》第2条规定:"本建议的规定适用于从历史或艺术和建筑观点看对其保护符合公众利益的任何遗存,每一成员国自由制定最适当准则以评价在其领土上所发现实物的公众利益。特别是,本建议的规定应适用于在最广义上具有考古意义的任何纪念物和可移动或不可移动的实物。"

③ 《关于禁止和防止非法进出口文化财产和非法转让其所有权的方法的公约》第1条:为了本公约的目的,"文化财产"一词系指每个国家,根据宗教或世俗的理由,明确指定为具有重要考古、史前史、历史、文学、艺术或科学价值的财产并属于下列各类者:(1)动物群落、植物群落、矿物和解剖以及具有古生物学意义的物品的稀有收集品和标本……

④ 苏一星、高成军:《作为文化权的甘肃特有民族文化遗产保护》,载《西部法学评论》2008年第6期。

⑤ 《世界遗产公约》第1条规定:在本公约中,以下各项为"文化遗产":文物:从历史、艺术或科学角度看具有突出的普遍价值的建筑物、碑雕和碑画、具有考古性质成分或结构、铭文、窟洞以及联合体;建筑群:从历史、艺术或科学角度看,在建筑式样、分布均匀或与环境景色结合方面,具有突出的普遍价值的单立或连接的建筑群;遗址:从历史、审美、人种学或人类学角度看具有突出的普遍价值的人类工程或自然与人联合工程以及考古遗址等地方。第2条规定:在本公约中,以下各项为"自然遗产":从审美或科学角度看,具有突出的普遍价值的由物质和生物结构或这类结构群组成的自然面貌;从科学或保护角度看,具有突出的普遍价值的地质和自然地理结构以及明确划为受威胁的动物和植物生境区;从科学、保护或自然美角度看,具有突出的普遍价值的天然名胜或明确划分的自然区域。

纪末以来，自然遗产保护工作以各种形式存在。然而，现代意义上的自然遗产保护工作（通常被称为环境保护或自然保护计划）在20世纪60年代末和70年代初才真正开始。19世纪末，美国国会颁布了一系列自然保护法。1872年，美国国会通过立法，使黄石公园成为世界上第一个国家公园。到1890年，美国国会已经通过立法设立了另外三个国家公园——红杉、约塞米蒂和格兰特国家公园。

一、物质文化遗产与非物质文化遗产

"非物质文化遗产"的概念最早出现于20世纪80年代。1989年联合国教科文组织在巴黎通过了《保护民间创作建议案》，建议案汇总对"民间创作"所作的解释可视为"非物质文化遗产"概念的起源。① 联合国教科文组织于2003年9月29日至10月17日在巴黎举行的第32届会议通过了《保护非物质文化遗产公约》，并在其前言部分说明了制定该公约的目的。根据其前言部分所作出的说明，"非物质文化遗产"这一概念的诞生主要是由于其本身的性质、对于人类社会重要的价值、与物质文化遗产的相互依存关系以及在当下缺乏保护的困境。而国际上通用的"非物质文化遗产"的定义在《保护非物质文化遗产公约》第2条中也得到了明确。② 具体而言，非物质文化遗产的内容包括民间文学、表演艺术、传统手工艺技能、传统节日与仪式活动等。③

区分二者的关键在于是否具备物质的物理属性。物质文化遗产一般指那些具有历史文化价值和艺术价值并且看得见、摸得着、具有具体形态的文化遗产，如书法作品、绘画、雕塑、建筑物、典籍等有形物。文化遗产不仅是一种物质存在，如纪念物、遗址、人工制品，还包括人们的传统及知识，是一个民族过去的见证。④ 在已经被列入《世界遗产名录》的紫禁城、

---

① 王文章主编：《非物质文化遗产概论》，文化艺术出版社2006年版，第4~5页。

② 《保护非物质文化遗产公约》第2条第1款规定："非物质文化遗产"指被各社区、群体，有时是个人，视为其文化遗产组成部分的各种社会实践、观念表述、表现形式、知识、技能以及其相关的工具、实物、手工艺品和文化场所。这种非物质文化遗产世代相传，在各社区和群体适应周围环境以及与自然和历史的互动中，被不断地再创造，为这些社区和群体提供认同感和持续感，从而增强对文化多样性和人类创造力的尊重。在本公约中，只考虑符合现有的国际人权文件，各社区、群体和个人之间相互尊重的需要和顺应可持续发展的非物质文化遗产。

③ 民间文学，是指产生并在民间社会流传的、最能反映民间社会情感与审美情趣的文学作品；表演艺术通常指通过表演而完成的艺术形式，其最大的特点就是通过说唱及肢体语言等多种表现形式表现自己的思想与审美，如说唱、戏剧、歌舞、音乐等；传统手工艺技能是指产生并流传于民间、反映民间生活并高度体现民间审美习惯的工艺美术作品的制作技术。

④ See John Caman, *Archaeology and Heritage: An Introduction Continuum*, Continuum International Publishing Group, 2002, p. 15.

长城、天坛、颐和园、苏州园林、平遥古城、孔府、孔庙、布达拉宫、丽江古城等中国的世界文化遗产中,绝大多数都隶属于建筑类的物质文化遗产。物质文化遗产与非物质文化遗产在表现形式上也存在诸多不同,前者表现为具体的物质形态,因此又被称为"有形文化遗产";后者则表现为抽象的思想、工艺等,因此又被称为"非物质文化遗产"。在保护方式上,二者也有着明显的区别,物质文化遗产强调静态保护,即侧重于对文化遗产的修复和维护;而非物质文化遗产侧重于对文化遗产的动态保护,强调知识、工艺的传承。有学者认为,物质文化遗产与非物质文化遗产很多方面不可分割,前者体现出后者的思想精神,后者也需要依托前者而存在,两者只是在保护的层面上有所区分,物质文化遗产侧重于对载体的保护,而非物质文化遗产更倾向于对技能的保护和精神文化的传承。①

二、陆上文化遗产与水下文化遗产

根据文化遗产所处的不同地理环境,可将其划分为陆上文化遗产和水下文化遗产。我们现在所指的文化遗产一般是指陆上文化遗产,水下文化遗产只占文化遗产中的一小部分,却是人类文化遗产的一个重要组成部分。鉴于水下文化遗产的历史和文化价值,世界各国都将其作为文物保护法的保护对象并在立法中加以规定,如美国 1987 年的《被弃沉船法案》(Abandoned Shipwreck Act 1987),英国 1973 年的《沉船保护法案》(Protection of Wrecks Act 1973),澳大利亚 1976 年的《历史沉船法案》(Historic Shipwrecks Act 1976)等。联合国教科文组织于 2001 年 11 月 2 日在巴黎通过的《水下文化遗产保护公约》(Convention on the Protection of Underwater Cultural Heritage)对水下文化遗产的定义也作出了明确的解释。②

三、可移动文化遗产与不可移动文化遗产

联合国教科文组织于 1968 年 11 月 19 日在巴黎通过的《关于保护受到公共或私人工程危害的文化财产的建议》中明确将文化财产分为了不可

① 王文章主编:《非物质文化遗产概论》,文化艺术出版社 2006 年版,第 113 页。

② 《水下文化遗产保护公约》第 1 条规定:在本公约中:(a)"水下文化遗产"系指至少 100 年来,周期性地或连续地,部分或全部位于水下的具有文化、历史或考古价值的所有人类生存的遗迹,比如:(i)遗址、建筑、房屋、工艺品和人的遗骸,及其有考古价值的环境和自然环境;(ii)船只、飞行器、其他运输工具或上述三类的任何部分,所载货物或其他物品,及其有考古价值的环境和自然环境;(iii)具有史前意义的物品。(b)海底铺设的管道和电缆不应视为水下文化遗产。(c)海底铺设的管道和电缆以外的,且仍在使用的装置,不应视为水下文化遗产。

移动之物和可移动之物，[①]这种划分大体上是结合了民法中有关动产和不动产的界分方法，在我国则称为可移动文物和不可移动文物。[②] 具体而言，不可移动文化遗产包括民居、寺庙、村落、古镇、石刻、壁画甚至历史文化名城等。[③] 可移动文物则包括书法、画作、器皿等。实际上，被俗称“文物”的可移动文化遗产在整个文化遗产中占有相当大的比重，是联合国教科文组织文化遗产保护工作的开端。联合国教科文组织自1946年来颁布的第一部国际公约就是《考古发掘国际原则建议案》，此后每隔数年就会颁布一部新的与文物保护有关的国际公约。这些公约包括联合国教科文组织于1970年11月14日在巴黎通过的《关于禁止和防止非法进出口文化财产和非法转让其所有权的方法的公约》，1978年11月28日在巴黎通过的《关于保护可移动文化财产的建议》，国际统一私法协会于1995年6月24日在罗马通过的《关于被盗或非法出口文物公约》等。

第三节　文化遗产保护的法律依据

一、文化遗产保护的国际法依据

早在15世纪欧洲就出现了关于保护古迹和艺术作品的早期立法。[④]

---

① 《关于保护受到公共或私人工程危害的文化财产的建议》第1条规定：为本建议之目的，“文化财产”一词适用于：(1)不可移动之物体，无论宗教的或世俗的，诸如考古、历史或科学遗址、建筑或其他具有历史、科学、艺术或建筑价值的特征，包括传统建筑群、城乡建筑区内的历史住宅区以及仍以有效形式存在的早期文化的民族建筑。它既适用于地下发现的考古或历史遗存，又适用于地上现存的不可移动的遗址。“文化财产”一词也包括此类财产周围的环境。(2)具有文化价值的可移动财产，包括存在于或发掘于不可移动财产中的物品，以及埋藏于地下、可能会在考古或历史遗址或其他地方发现的物品。

② 《文物保护法》第3条规定：古文化遗址、古墓葬、古建筑、石窟寺、石刻、壁画、近代现代重要史迹和代表性建筑等不可移动文物，根据它们的历史、艺术、科学价值，可以分别确定为全国重点文物保护单位，省级文物保护单位，市、县级文物保护单位。历史上各时代重要实物、艺术品、文献、手稿、图书资料、代表性实物等可移动文物，分为珍贵文物和一般文物；珍贵文物分为一级文物、二级文物、三级文物。

③ 可移动文化遗产是“物品(件)”类遗产的统称，不仅包括艺术品、石刻、工艺美术品、纪念物、碑雕、碑画、铭文、文学作品、音乐作品、摄影作品、电影作品、陶器、铭文、钱币、印章、珍宝、玻璃艺术品、陶瓷艺术品、金属艺术品、木材艺术品、徽章、集邮品、手工图画、绘画、雕塑、雕刻、版画、印片、平版画、艺术作品等，还包括文献资料、手稿、古旧图书资料、代表性实物、文字档案、地图、照片、摄影电影胶片、录音、机读记录、工具、武器、基葬遗物、木乃伊、挂毯、地毡、服饰、古物(一百年以前)、邮票、印花税票、票证、有声电影、照相、电影档案、旧家具物品、古乐器、历史纪念物等。

④ L. V. Prott and P. J. O'Keefe, *Law and the Cultural Heritage*, Volume Ⅰ, Professional Books, 1984, p. 34.

在过去的一百多年里,联合国教科文组织、欧洲理事会、国际古迹遗址理事会等国际组织和地区间组织通过了一系列关于文化遗产保护的重要文件,旨在促进国际社会保护人类共同的文化遗产。

美洲国家在1935年4月通过的《罗伊里奇协定》是国际上第一份关于文化遗产保护的多边条约,①该协定由美国的罗伊里奇博物馆发起,制定该条约的初衷是为了防止许多珍贵的文化遗产在战时遭到破坏。自20世纪50年代以来,随着两次世界大战的爆发,联合国教科文组织和其他政府间组织制定了一系列保护文化遗产的国际条约和法律文件,最早的一部是1954年5月通过的《海牙公约》。《海牙公约》在很大程度上是为了应对第二次世界大战期间纪念碑和艺术品的毁坏和掠夺而发展起来的。可见,保护文化遗产有关的国际法诞生的初始目标是战时保护文化财产。1956年,联合国教科文组织通过了一项关于进行考古发掘的建议,其中包含了联合国教科文组织随后发布的法律文件的基本理念:保护文化遗产是各国的责任,因为文化遗产对全人类而言都是至关重要的,也是鼓励国际合作,防止国际冲突的一种手段……研究过去的作品对增进国家间的相互了解有很大的帮助。② 20世纪六七十年代,联合国教科文组织通过了多项关于禁止和防止贩卖文化遗产的公约,即1962年通过的《关于保护景观和遗址的风貌与特征的建议》③和1968年通过的《关于保护受到公共或私人工程危害的文化财产的建议》。④ 1970年《关于禁止和防止非法进出口文化财产和非法转让其所有权的方法的公约》侧重于保护文化财产不受非法贸易的侵害,1972年《世界遗产公约》建立了一个指定和保护世界优秀文化和自然区域的国际制度,这两项具有重大意义的公约为联合国教科文组织随后几项关于保护文化遗产的建议奠定了基础。1972年通过的《世界遗产公约》于1975年生效,并要求各国(公约缔约国)参与。《世界遗产公约》规定,就本公约而言,对世界文化和自然遗产的国际保护应理解为建立一个旨在支持公约缔约国努力保护和确认的国际合作和援助制度。《世界遗产公约》的基本目的是认识到某些文化或自然遗产地具有突出的利

---

① Roerich Pact: Treaty on the Protection of Artistic and Science Institutions and Historic Monuments.

② UNESCO: Recommendation Concerning the Most Effective Means of Rendering Museums Accessible to Everyone, Dec. 14, 1960.

③ UNESCO: Recommendation Concerning the Safeguarding of the Beauty and Character of Landscapes and Sites, Dec. 11, 1962.

④ UNESCO: Recommendation Concerning the Preservation of Cultural Property Endangered by Public or Private Works, Nov. 19, 1968.

益,因此需要作为整个人类世界遗产的一部分加以保护。《世界遗产公约》反映了人们越来越接受文化国际主义的概念,并一致认为文化财产属于世界人民,不限于财产所在国的公民。① 《世界遗产公约》的特点是建立了一份被称为《世界遗产名录》的文化和自然遗产的重要遗址名单。《世界遗产名录》认为无论是文化遗址还是自然遗址,都有其保护的必要性,足以被国际社会承认和承担责任,并将其作为保护工作的目标。《世界遗产公约》在建立保护文化和自然遗产领域的国际清单机制以及建立允许各国政府和国际社会分享权力和责任的制度方面是独一无二的。除了建立正式的国际保护制度外,《世界遗产公约》还为提高社会对保护文化和自然遗产重要性的认识做了很多工作。除此之外,过去十多年间国家组织在文化遗产保护方面还采取了以下行动:2003 年《保护非物质文化遗产公约》,界定了"非物质文化遗产"的概念,并将其纳入文化遗产保护范畴;2005 年联合国教科文组织大会通过《保护和促进文化表现形式多样性公约》;2007 年联合国大会通过了《土著人民权利宣言》。以上公约或宣言均是国际文化法取得重大成就的重要标志。②

二、文化遗产保护的国内法依据

从文化遗产保护的国内法角度而言,新中国成立以来就十分重视对文化遗产的保护工作,并在新中国成立之初就颁布了一系列文物保护的法律法规。1949 年至 1978 年,我国制定和颁布了与文物保护相关的行政法规 5 部、法规性文件 7 部、行政规章 9 部、规章性文件 13 部。1982 年 11 月 19 日,《文物保护法》的颁布标志着我国关于文物保护的第一部法律的诞生。1985 年我国加入《世界遗产公约》,随着我国被列入《世界遗产名录》的文化遗产数量越来越多,原有的《文物保护法》已无法适应我国文化遗产保护的需要。因此,2002 年我国对《文物保护法》进行了修订,将内容进行扩展。至今,我国已对《文物保护法》进行了 11 次修订。

1989 年 10 月,国务院颁布《水下文物保护管理条例》,旨在加强对水下文物的保护和管理,并于 2011 年进行了第二次修订。该条例的实施为我国水下文物保护提供了法律保障。1992 年 5 月经国务院批准,由国家文物局发布的《文物保护法实施细则》是根据《文物保护法》所制定的。

---

① See Cinnamon Carlarne, *Putting the "And" Back in the Culture-Nature Debate: Integrated Cultural and Natural Heritage Protection*, 25 UCLA J. Envtl. L. & Pol'y 153(2007): 155-156.

② Mira Burri, *Global Cultural Law and Policy in the Age of Ubiquitous Internet*, International Journal of Cultural Property (2014).

2003年5月国务院又颁布了《文物保护法实施条例》。目前此条例已经过四次修订,对文物行政管理机构、文物保护单位职责、珍贵文物分级等均作出了明确规定。2011年制定并公布的《非物质文化遗产法》是我国第一部关于非物质文化遗产保护的法律,规定了负责非物质文化遗产保护的行政机关等事项。地方文物法规规章建设也迅速发展,截至目前,全国已有31个省、自治区、直辖市制定了文物保护相关的地方性法规规章。可以说,我国为文化遗产保护工作提供了充分的法律制度保障。

第四节　数字技术时代下文化遗产数字化行为及其意义

一、物质文化遗产数字化——以博物馆为中心

(一)传统博物馆的功能及其局限

博物馆是物质文化遗产的重要载体,是保存、展示文物藏品,传播历史文化的重要机构,其馆藏涵盖人类生活的各方各面,包括艺术、文化、历史或科学等领域。[①] 博物馆发展历史悠久,[②]学界也不乏对博物馆的讨论,但学者们所论述的博物馆定义一般指所有博物馆的共同点。[③] 如艾里斯·博寇(Ellis Burcaw)认为,博物馆可以被定义为一个非营利机构,目的是为教育或审美收集、保存和展示物品。[④] 乔治·麦克唐纳(George MacDonald)将博物馆描述为一个信息实用工具,并指出博物馆需要把信息而不是实物作为其基本资源。[⑤] 可见,学者们对于博物馆的探讨主要以其功能为中心,事实上,这也正是公众对博物馆这一机构的关注重点。

一般来说,传统博物馆主要有收藏、展示、研究和教育等社会功能。收藏是博物馆最基础的功能,尽管从旧石器时代起人类就已经存在不同目的

---

① 当前最为普遍接受的博物馆定义由国际博物馆协会提出,即是一种非营利性永久机构为社会及其发展服务,且向公众开放;旨在收集、保存、研究有关人类及其环境的物质的和非物质的遗产,以便展出,公诸于众,从而达到教育研究,供人欣赏的目的。

② 公元前3世纪托勒密·索托在埃及的亚历山大城创建了一座专门收藏文化珍品的缪斯神庙。这座"缪斯神庙"被公认为是人类历史上最早的"博物馆"。

③ See Werner Schweibenz, *The "Virtual Museum": New Perspectives for Museums to Present Objects and Information Using the Internet as a Knowledge Base and Communication System*, in Harald H. Zimmermann and Volker Schramm eds., Proceedings of the 6th ISI Conference Praque, 1998, p. 186.

④ See G. Ellis Burcaw, *Introduction to Museum Work*, Alta Mira Press, 1997, p. 2.

⑤ See George F. MacDonald & Stephen Alsford, *The Museum as Information Utility*, 10 Museum Management and Curatorship 305(1991).

的收藏行为,但现代意义上的收藏兴起于欧洲文艺复兴和殖民时期,彼时王公贵族、殖民主义者收集了大量具有文化艺术内涵的藏品并对其进行初步分类、研究。18 世纪以后,政治民主化推动博物馆对外开放,因而出现了博物馆的展示和教育功能;而 19 世纪中叶以后,随着第二次工业革命的深入和知识社会化,博物馆的展示、教育功能已经达到与收藏功能同等重要的地步。前国际博物馆协会中国国家委员会主席王宏钧认为研究也是博物馆的基本功能之一。[①] 笔者认为,博物馆的基本功能可分为两个层次,其中收藏和展示是研究、教育功能的前提,为研究和教育功能提供物质和理论基础,收藏和展示功能是可见功能,研究和教育功能是隐藏功能。

以美国的博物馆功能变迁为例,第一批博物馆是由一些富有的社会名流创立的,他们乐于分享自己的个人收藏品,在 19 世纪中叶,美国的博物馆通常利用非商业性的公共画廊进行藏品的展示——如大学、图书馆画廊、艺术学院、私人俱乐部等。[②] 美国国会在 1846 年建立了史密斯森学会,这是受詹姆斯·史密斯森的遗赠而创建的一座半官方性质的博物馆和科研协会组织,史密斯森学会现在是世界上最大的博物馆和研究中心,旗下拥有 19 座高水平的博物馆、9 个研究中心和国家动物园等。此外,美国的博物馆还具备教育公众的功能。利物浦国家博物馆馆长大卫·弗莱明(David Fleming)在其演讲中也说到:如果像我一样,你相信博物馆是关于学习的机构,那么你接受研究、收集文档、设计、展览出版物和所有其他形式的交流都是支持学习,并且是学习功能的一部分。[③] 另外,从博物馆藏品的历史价值来看,其还有记录历史的功能。“二战”之后,博物馆的数量猛增,并开始扮演着历史纪念碑看护者的角色。[④] 博物馆研究和管理逐渐专业化,明确了博物馆的功能包括存放、编目和归档,而博物馆研究的专业化导致其数量的激增,事实上世界上现存的博物馆中 75%是在 1950 年之后建立的,40%建立于 1970 年之后。[⑤] 美国博物馆协会在 20 世纪 80 年代中期编写了一份报告,旨在评估和澄清博物馆在社会中的作用,包括他们对

---

① 辛艺华、涂乐:《社会转型与公共视觉信息沟通的关系 ——以博物馆功能转型中的视觉信息设计为例》,载《华中师范大学学报(人文社会科学版)》2012 年第 3 期。

② See Bonnie Pitman, *Muses, Museums, and Memories*, 128(3) Daedalus (1999), p. 4-5.

③ David Fleming, *Managing Change in Museums-Keynote Address*, Vdocuments. net (Nov. 8, 2014), https://vdocuments. net/david-fleming-paper. html.

④ See Judith R. Blau, *The Disjunctive History of U. S. Museums*, 1869-1980, Soc. Forces, 1991, 70 (1).

⑤ See Ann Grogg & American Association of Museums, *Museums Count: A Report* 33, American Alliance of Museums Press, 1994, p. 317-320.

不断变化的受众的责任。该报告的结论是:“声音扩散,文化多元化,信息时代的影响,以及教育方面的挑战将会影响未来的博物馆。”此外,由于公共资金的减少,博物馆的盈利能力和私人投资问题显得格外重要,这就催生了博物馆商业功能的开发,博物馆逐渐成为文化旅游产业开发的重中之重。

博物馆的主要社会功能是固定的,但对具体的博物馆而言其定位并非一成不变。故宫博物院的功能定位便随中国历史环境的变化而不断改变。新中国成立初期,故宫博物院初建,以清理、修缮历史文物为主要职能;20世纪50年代后,吴仲超院长将其定位为宫廷、古代建筑和历史艺术三位一体的艺术博物馆;改革开放后,故宫博物院的功能需要更加符合时代的要求,张忠培院长提出要将故宫博物院建设成为一座综合博物馆。① 可见具体博物馆的社会定位和社会职能,会受到短期历史背景和管理者理念的影响。此外,还有学者提出博物馆应当具备各自的个性,避免千篇一律,具体可体现在主题个性、内容个性、传播形式个性、外形个性和服务氛围个性等,从传统博物馆功能的角度来说,其中最重要的是需具有主题个性和内容个性。② 主题个性为主题博物馆所独有,如今各式各样的主题博物馆如湿地博物馆、战争博物馆、金融博物馆、丝绸博物馆等,无疑是博物馆展现个性的最好方式。而以故宫博物院为代表的综合性博物馆尽管也有主题个性,但其综合性发展方向必定会淡化其主题色彩。内容个性是指博物馆进行展览时,在其展品选择编排、展览方式、内容表达方面体现个性,从而充分体现展览藏品的特征与文化内涵。

由此可见,在数字化技术未进入传统博物馆领域时,博物馆在社会中所发挥的功能就已经十分可观,数字时代的到来必将给博物馆发挥其社会功能带上“加速器”,帮助其突破时空的限制,使得博物馆更快更好地传播科学艺术文化。博物馆本身也应借助先进技术和管理方法,做好研究和展示等服务工作,深挖博物馆发展后劲和潜力,使博物馆成为文化传播、教育的圣地。③

(二)数字技术的兴起及传统博物馆的变革

随着新媒体的发展,文化藏品的保存、传播、观赏、体验和消费方式也

---

① 单霁翔、毛颖:《从“故宫”到“故宫博物院”——单霁翔院长专访》,载《东南文化》2016年第5期。

② 缪丽华、吴丽华:《博物馆的个性化与唯个性化》,载《东南文化》2015年第2期。

③ 盛天文:《与时俱进、拓展博物馆宣传教育功能》,载《兰州大学学报(社会科学版)》2010年第10期。

在转变。博物馆和其他公共文化机构不再是传统的物品静态存放处。文化保管人不再受其机构的空间、时间和藏品的物理性的限制。文化遗产中的部分实物形式已不复存在,但可以使用数字技术重新创造。观众不再作为被动的参与者和沉默的旁观者,反之可以新颖和体验的方式互动、参与和观看文化收藏。①

众多学者不断突破传统的束缚性思维,关注到了博物馆传递信息的重要性,②即博物馆不应当单纯被认定为实体物的储藏库,而是"知识仓库和物体仓库",③因此新型博物馆也就具有了产生与发展的可能性与必要性。例如,有学者提倡一种新型博物馆的运营方式,他们认为不应该将博物馆视为束之高阁的权威机构、研究中心,而是将注意力集中在交流上。④ 博物馆中的文物不应是绝对客观存在的物体,而可以将它们视为分析和解释的主观媒介。使用该媒介的主体应是用户,也就是博物馆参观者。胡珀·格林希尔(Hooper Greenhill)强调当前博物馆具有从"收藏驱动的博物馆"变为"受众驱动的博物馆"的趋势,它们试图与特定的访客群体联系,并专注于访问者而不是他们访问的馆藏。⑤ 本·戴维斯(Ben Davis)得出了同样的结论:"数字博物馆以访客为中心而不是以策展人为中心。"⑥朝向"以观众为中心"或"以访客为中心"是博物馆试图接触潜在的用户时迈出的重要一步。⑦ 美国博物馆在这一转型中走在前列,如史密森博物学院允许用户将随手拍到的生物照片上传至生命百科全书进行分享。美国国立邮政博物馆将虚拟现实(Virtual Reality,VR)的技术运用在"英雄邮差狗欧尼"的展览中,参观者只需点击屏幕就可以看到小狗的3D动画。美国航天航

① See Ann Marie Sullivan, *Cultural Heritage & New Media: A Future for the Past*, 15 J. Marshall Rev. Intell. Prop. L. 605(2016).

② See George F. MacDonald & Stephen Alsford, *The Museum as Information Utility*, Museum Management and Curatorship(1991).

③ Eilean Hooper-Greenhill, *Museums and the Shaping of Knowledge*, London and New York: Routledge, Chapman & Hall, 1992.

④ See Julia D. Harrison, *Ideas of Museums in the 1990's*, 13 Museum Mgmt. & Curatorship 160(1993).

⑤ See Eilean Hooper-Greenhill, *Museum Education: Past, Present and Future, Towards the Museum of the Future: New European Perspectives*, Ed. by Roger Miles and Lauro Zavala. London/New York: Routledge(1994), p. 134.

⑥ See Ben Davis, *Digital Museums*, Aperture. No. 136, Summer 70(1994).

⑦ See Werner Schweibenz, *The "Virtual Museum": New Perspectives for Museums to Present Objects and Information Using the Internet as a Knowledge Base and Communication System*, in Harald H. Zimmermann and Volker Schramm eds., Proceedings of the 6th ISI Conference Prague, 1998, p. 189.

空博物馆等也推出了自己的移动网站,用户可以浏览数字化藏品、发表评论。另外,博物馆也非常重视 App 的开发,通过各种形式将偌大的博物馆和无数的藏品装进人们的口袋,随时随地可以浏览。① 随着人们在家中通过互联网获取的内容越来越多,关于博物馆究竟应当扮演何种角色的问题变得越来越重要。20 世纪 90 年代末,博物馆的客流量很高,甚至从 1989 年的 6.78 亿人增加到 1997 年和 1998 年的 8.65 亿人,但是这些数字在过去十年中急剧下降。② 主要原因在于博物馆与观众互动的方式在发生剧变。美国奥兰多艺术博物馆举办的“图说佛罗里达”摄影展,采用观众在脸书(Facebook)上投票的方式,从 120 幅作品中选出了 45 幅,最终得以在场馆中展出。这就是由公众来选择展品,体现了博物馆中的公众参与。③ 圣安东尼奥艺术博物馆推出“Drawing the Buddha”(“画佛像”)活动,用户可以自己对照展品在应用程序上作画,绘画完成后可以打印出来带走。这让参观博物馆变成了不仅是单方的欣赏和获取,更是主动的创造和参与。参观者可以创造属于自己独一无二的与馆藏相关的作品,并有了更深的获得感和参与感。事实上,美国博物馆协会在“卓越与公平”报告中也提到鼓励博物馆利用新技术,④而逐渐被熟知的 NFC 技术(近场通信技术)逐渐开始被运用在博物馆之中。伦敦博物馆应用了该技术。用户只需将手机贴近馆藏展品标签,便可以获得展品和博物馆相关等信息,同时也可以将其进行分享。博物馆也会进行市场调查,来评估其消费者群体的人口结构和兴趣,包括公众想在博物馆里得到什么,以及他们准备花费多少时间和金钱。新型博物馆旨在增强参与性、创造内容体验,游客可以作为内容的创作者、合作者、消费者和评论家。尼娜·西蒙称,“在参与式项目中,博物馆支持多向的内容体验,为不同的游客提供了共同创造体验的机会”。⑤

(三)数字博物馆的界定及其数字化行为

数字技术的迅速发展使“文化法 1.0”步入“文化法 2.0”,⑥加之公众对新型博物馆的需求激增,数字博物馆应运而生。数字博物馆应当如何理

---

① 田蕊、龚惠玲、陈朝晖、杨琳:《基于移动技术的国外博物馆新型传播模式对图书馆服务的启示》,载《情报资料工作》2012 年第 5 期。

② See Jane Lusaka & John Strand, *The Boom and What to Do about it*, 77 Museum News 59 (1998).

③ 张靖、龚惠玲、陈朝晖、田蕊、刘雯:《基于社交网络的境外博物馆新型传播服务及其对图书馆的启示》,载《图书与情报》2013 年第 4 期。

④ See Ann Grogg, *Am. Ass'n. of Museums*, Museums Count: A Report 33(1994).

⑤ See Nina Simon, *The Participatory Museum* 3, Museum 2.0, 2010, p. 20.

⑥ See Mira Burri, *Global Cultural Law and Policy in the Age of Ubiquitous Internet*, International Journal of Cultural Property 21(2014).

解？我们首先必须对“数字”作出界定：建立在高计算能力处理器基础上的通信环境。[①] 从技术上理解，数字化是使一切存储装置信息网络、信息处理设施上的信息全部转变为以“0”“1”为代码所表示的数字信息。虽然目前数字博物馆没有一个确切的定义，[②]但实质上它主要是一个利用现代信息技术，对信息进行有效储存、传播、利用的跨地区、跨国家的信息空间，其并非一个实体，不可单独存在。

在博物馆和信息科学文献中，数字博物馆存在多个同义的术语，如电子化博物馆（electronic museum）、线上博物馆（online museum）、超媒体博物馆（hypermedia museum）、虚拟博物馆（virtual museum）、网络空间博物馆（cyberspace museum）、元博物馆（meta-museum）等。[③] 这些名词看起来大同小异，实际上内涵却相去甚远。相较于数字博物馆的概念，国外学者更爱称这种新型博物馆为“虚拟博物馆”或者“没有墙的博物馆”，[④]如维尔纳·施魏本茨（Werner Schweibenz）认为，虚拟博物馆是一种利用信息技术建立访问、背景和推广的手段。[⑤] 同时国内外学者在数字博物馆的定义上也存在一些共同点，即都认为数字博物馆涉及网络信息技术与传统博物馆的结合。这也体现了传统博物馆的转型特征，一方面，在技术层面上，博

---

① Yochai Benkler, *The Wealth of Networks*, Benkler. org (Sept. 30, 2016), http://www. benkler. org/Benkler_Wealth_Of_Networks. pdf.

② 关于数字博物馆的定义，国内比较早讨论相关问题的是张卫和宁刚，他们认为“数字博物馆是指那些将自身的文物与标本藏品及陈列展览采用计算机数字化技术进行处理、加工、整序、并网以供社会观众浏览观赏的多媒体数字化信息机构”。参见张卫、宁刚：《数字博物馆概述》，载《古今农业》2000 年第 4 期。陈刚、祝孔强认为数字博物馆是以采集、保护、管理和利用人类文化/自然遗产信息资源为目的建立的信息网络服务体系，并进一步指出一个完整的数字博物馆需要具备四个要素，即信息资源、数据库、网络以及虚拟展示平台。参见陈刚、祝孔强：《数字博物馆及其相关问题分析》，载《智能建筑与城市信息》2004 年第 9 期。李文昌认为，数字博物馆是建立在数字空间（cyberspace）之上的博物馆。它应该有两个特征，其一，它应该具备博物馆的基本特点；其二，它是虚拟的博物馆，现实中可以不存在。参见李文昌：《发展中的中国数字化博物馆》，载《国际博物馆》2008 年第 Z1 期。杨向明则认为，“数字博物馆是以数字形式对可移动文物和不可移动文物的各方面信息进行收藏、管理、展示和处理，并可以通过互联网为用户提供数字化的展示、教育和研究等各种服务，是计算机科学、传播学以及博物馆学相结合的信息服务系统”。参见杨向明：《数字博物馆及其相关问题》，载《中原文物》2006 年第 1 期。

③ See Tsichritzis & S. Gibbs, *Virtual Museums and Virtual Realities*, *Proceedings of International Conference on Interactivity and Hypermedia in Museums*, Pittsburgh, 1991(10).

④ See Sonia K. Katyal, *Technoheritage*, 105 Calif. L. Rev. 1111(2017).

⑤ See Werner Schweibenz, *The "Virtual Museum": New Perspectives for Museums to Present Objects and Information Using the Internet as a Knowledge Base and Communication System*, in Harald H. Zimmermann and Volker Schramm eds., Proceedings of the 6th ISI Conference, Prague, 1998, p. 185.

物馆在传统的文献管理基础上逐渐融合了影像化、数据库、网络化等数字信息技术；另一方面，在藏品展示和获取方式上，数字博物馆中人们可以突破时空的局限，在馆舍内外的数字终端上随时访问藏品，大大提高了馆藏物品的展览率，充分挖掘出博物馆藏品的文化价值。

博物馆的数字化手段中最常见的是为建立博物馆的数字图像集而制作的复制品，然后通过博物馆的网站展示馆藏。此外就是建立和管理数据库和数字档案馆，这两者有助于长期保护并且广泛地传播其文化作品。同时，博物馆也可能会考虑与第三方合作共同开发。最后，博物馆可能会考虑将数字化展览扩展到博物馆原有的有形艺术作品之外。因此，在梳理博物馆数字化涉及的知识产权问题之前，必定先要明确博物馆的数字化行为类型。一般认为，博物馆的数字化行为包括平面扫描技术、3D 打印技术、VR 技术、AR 技术等。

平面扫描又称为藏品的影像化，即将博物馆藏品转化为照片、视频的形式，并最终辅之以信息化技术使其能够在信息系统中被获取。与此操作相关度最高的是摄影作品，这是研究影像化著作权问题的切入点。

3D 打印属于快速成形技术的一种，在博物馆领域中，立体作品如雕塑、陶瓷、纸艺等是 3D 打印侵权的主要对象。3D 打印技术大大降低了复制立体艺术品的成本，为博物馆数字化活动带来了需要重点防范的侵犯作品复制权的风险，但是，对于已过著作权保护期的作品或者根本不构成著作权法意义上之作品的馆藏物品进行 3D 打印，若其中体现了作者独特的创意，也可能构成新的作品，成为博物馆所有的知识产权的一部分。平面扫描技术和 3D 打印技术的最大区别在于数字化成果最终是否呈现立体效果。

VR 技术，即虚拟现实技术，是由高性能计算机生成的，通过视觉、听觉、触觉等信息传播手段作用于用户，使之产生身临其境的感觉的一种交互式信息仿真技术。这一技术利用计算机来构建一种虚拟的环境，再利用传感器等交互设备使人们即使是在思考和想象中也能够虚拟地进入空间，与虚拟空间进行相互交流。VR 技术在博物馆中的运用体现在 VR 技术集所有视、听于一体，能够模拟博物馆展览中的所有场景，使观众具有全新的浏览体验。

AR 技术即增强现实技术，是在 VR 技术基础之上发展起来的新兴技术，是一种实时地计算摄影机影像的位置及角度并加上相应图像的技术，这种技术的目标是在屏幕上把虚拟世界套入现实世界并进行互动，把虚拟信息融入现实环境。这种技术自 20 世纪 90 年代提出以来，随着电子产品运算能力的提升也在逐步应用于各个领域。AR 技术在博物馆中的运用可以增强博物馆的互动性和引导性,这一技术的运用使观众在虚实融合之中拥有更好的互动体验,博物馆通过对 AR 技术的运用也能更好地引导观众进行更加立体的参观,通过 AR 技术和智能设备的结合让观众结合自己的定位进行文物的参观指引。

二、非物质文化遗产数字化

非物质文化遗产的数字化行为大多与博物馆无异,主要包括以下几种类型:

第一,以保存为目的的录音录像。录像制品是在录制技术的不断发展下而产生的概念,录像制品又可以进一步划分为以已有作品为基础制作的录像制品和不使用已有作品制作的录像制品。就非物质文化遗产的录像制品而言,既包括需表演者进行演绎的民间传统文化活动的录像制品,如舞龙舞狮、花鼓戏等,也包括对于一些非表演性的祭祀、婚嫁等习俗的录像制品。我国 2020 年 11 月修订的《著作权法》第 3 条第 6 项明确了视听作品这一作品类型,将原《著作权法》中的电影作品和以类似摄制电影的方法创作的作品(以下简称类电作品)等概念进行统一。

视听作品(audiovisual works)在《突尼斯示范法》中首次被提出,但是该法没有对这一概念作出明确界定。① 2012 年 6 月 26 日缔结的《视听表演北京条约》指出构成视听作品的条件之一须为活动图像。② 1976 年《美国版权法》将视听作品界定为"需通过机械或设备,如投影仪、幻灯机或电子设备等呈现一系列相关图像的作品,或伴之相关图像,或伴随声音(如果有声音),且不论承载作品的胶片或磁带等物质属性"。③ 可见,美国版权法所定义的视听作品是指那些无论有无伴音,也不论其载体如何的一系列通过机械、设备呈现的图像组成的作品。1993 年《俄罗斯联邦著作权和邻

---

① 1989 年通过的《视听作品国际注册条约》是第一个对"视听作品"进行定义的国际条约,《视听作品国际注册条约》第 2 条规定:本条约所称"视听作品"意指由一系列相关的固定图像组成,带有或不带伴音,能够被看到的,并且带有伴音时,能够被听到的任何作品。

② 《视听表演北京条约》第 2 条(b)规定:"视听录制品"系指活动图像的体现物,不论是否伴有声音或声音表现物,从中通过某种装置可感觉、复制或传播该活动图像。

③ 参见 1976 年《美国版权法》第 101 条规定:"Audiovisual works are works that consist of a series of related images which are intrinsically to be shown by the use of machines or devices such as projectors, viewers, or electronic equipment, together with accompanying sounds, if any, regardless of the nature of the material objects, such as films or tapes, in which the works are embodied."

接权法》第1263条[①]对于构成视听作品的要求是必须定影，并且明确提出了视听作品的类型，即电影作品和类似于电影手段表现的一切作品(电视片、录像片及其他类似作品)。根据以上国际条约及各国和地区的规定，可以看出视听作品是由一系列影像构成的制品，此外，绝大多数国际条约及外国立法对于视听作品都是规定既包括有伴音的情形也包括无伴音的情形。结合我国《著作权法》第三次修法的实践，以保存为目的，且由表演者进行演绎的非物质文化遗产的摄制可以认定为"视听作品"。

第二，建立非物质文化遗产影像数据库。非物质文化遗产的保护难度较高的原因在于其具有非物质性、地域性、无形性等特点，因此建立非物质文化遗产影像数据库迫在眉睫。相较而言，影像作品具有永久性、可复制性、直观性、真实性等特点，建立数据库有利于非物质文化遗产的保存和传播。非物质文化遗产依托于人本身，将文化通过声音、形象、技艺表现出来，可知传承人是建立影像数据库的关键。在过去，非物质文化遗产的传承主要依靠的就是传承人之间口耳相传进行继承和发扬，之后随着技术发展水平的提升，开始通过文字等手段进行记载，直至今日，我们将数字化作为非物质文化遗产保护的重要手段。现如今许多传承人年事已高、诸多的非物质文化技艺面临失传的境地，开展传承人的抢救性记录工作刻不容缓。虽然我国现阶段的数字化保护仍停留在拍照、摄像、录音、物品收集等简单的工作上，但对传承人开展抢救性记录，并建立数据库达到一定程度的资源整合与长久地保存，有助于传播非物质文化遗产中蕴含的优秀文化，也有利于后人进一步传承、研究，这同时也是非物质文化遗产数字化的必然要求。

自20世纪90年代初全球互联网热潮兴起，欧美发达国家率先开展文化遗产保护数字化探索。1992年，联合国教育、科学及文化组织启动"世界记忆"工程。开展初期主要以文献、音乐、图像等数字化采集全球范围重要文化遗产，建立可供线上检索的网站及数据库，并以文字、图片、录音、录像等形式进行多样化的展示与传播。在其影响下美国国会图书馆开展了文化遗产国家级项目"美国记忆"。该项目通过数字技术将诸多珍贵本土馆藏文献、影音、图片等资料进行数字化整理，现已建立历史、民俗、艺术、

---

① 《俄罗斯联邦著作权和邻接权法》第1263条规定，视听作品是"由一系列定影的彼此相联的(有伴音或者无伴音的)影像组成，借助适当技术装置可供视觉和听觉(有伴音的)感知的作品系为视听作品。视听作品包括电影作品和类似于电影手段表现的一切作品(电视片、录像片及其他类似作品)，而不论其首次或者随后的定影方式如何"。参见《十二国著作权法》，清华大学出版社2011年版，第435页。

人文等诸多分类的庞大数据库,并通过网络与公众分享。随后,法国于1997年启动了名为“Gallica”的国家数字图书馆项目。开展初期以馆藏文献的数字化及线上检索为主,中后期与谷歌(Google)等科技企业及出版社合作持续扩充其数据库。随后的几年间英国大英博物馆、日本国立国会图书馆、荷兰皇家图书馆等全球重要文献保护机构均已逐步建成各具特色的数字化线上数据库及网站。此外,新加坡国家图书馆的“新加坡记忆”项目采用影像记录的方法,藏品十分丰富。

各国所做出的努力对我国非物质文化遗产影像数据库的建立产生了不可忽视的影响。目前国内已有多家公共图书馆开始了对非物质文化遗产影史资料的采集制作。一些公共图书馆建立了具有地方特色的记忆项目,如首都图书馆的“北京记忆”、上海图书馆的“上海年华”、长春图书馆的“百年长春”。但各项目中对非物质文化遗产影像记录的部分占比都比较小,仍然停留在起步阶段,发展空间很大。① 不难看出,建立数据库来保护非物质文化遗产已经成为大多数国家的共识,相比于普通的数据、文字数据库,影像数据库的技术含量更高,对非物质文化遗产能够达到再现的效果。2004年国际博物馆协会将“非物质文化遗产”和“数字化活动”纳入博物馆领域,认为对非物质文化遗产的展示与保护也是博物馆的职责与功能。非物质文化遗产数字博物馆的主要工作是运用数字技术手段对非物质文化遗产各方面的信息进行存储、管理、保存,并提供数字化展示、传播、信息教育等服务,而其中影像数据库的建立将成为数字化活动的重中之重。但现阶段我国数据库的建立主要还存在两个方面的问题:首先,我国的进行数字化的内容和手段对比其他国家来说还是较为有限的。现阶段主要还是以文本形式的名录库建设为主。手段也较为单一,多采用简单的堆砌,对于活态的视频收录数量较少。其次,还没有建立起一个全国互通的资源数据库,各地的数字化建设都较为封闭,没有在全国范围内成为一个统一的整体,从而导致了信息碎片化、资源相对独立、重复建设等问题。

建立影像数据库需要将各种非物质文化遗产进行学术分类和信息化存储,建立资料性的符号库和影像素材数据库,将影像数据库功能最大化。首先,需要将非物质文化遗产的艺术特征、操作流程、艺传人档案等相关内容进行数字化编程后存入数据库;其次,是把影像存入数据库,编辑转化为

① 马晓娜、图拉、徐迎庆:《非物质文化遗产数字化发展现状》,载《中国科学:信息科学》2019年第2期。

数字化格式,保存于计算机硬盘、光盘等介质中。综上,运用影像数据库保护非物质文化遗产,是拓展与发扬非物质文化遗产生命力的重要形式,能够借之以传遍寰宇、存之永恒。① 虽然非物质文化遗产影像记录并不能够完全阻止非物质文化遗产的灭失,但建立相关数据库却能为世界的物质文化遗产保留珍贵的历史记录,形成影像标本,供后人研究。但应当注意的是,在通过各种方式对非物质文化遗产进行数字化整理和数据库建立的同时,我们也应当明确其知识产权归属。我们应当严格按照法律规定的程序进行知识产权合同的签订,并在记录好的非物质文化遗产资料上明确标注产权人的相关身份信息。对于核心技艺部分可以允许黑屏记录,但必须标注好相关原因,对相关信息做好保密处理。严格遵守网络信息传播保护条例的相关规定,对非物质文化遗产数字化视频、录音设置浏览权限限制,防止非物质文化遗产的信息被恶意篡改。在法律允许的范围内灵活地对非物质文化遗产传承人的知识产权进行保护,同时扩大公众对非物质文化遗产的认知。

三、非物质文化遗产数字化行为的意义

非物质文化遗产数字化保护就是利用数字化技术来保护非物质文化遗产、确保非物质文化遗产生命力的一种实践。数字化技术是一种信息处理技术,即将许多复杂多变的信息转变为可以度量的数字、数据,再以这些数字、数据建立起适当的数字化模型,把它们转变为一系列可以进入计算机的二进制代码的技术。数字化技术是计算机技术、多媒体技术、智能技术和信息传播技术的基础。②

非物质文化遗产具有经济与精神文化的双重价值,是中华民族的瑰宝,是区别于其他民族的标志。非物质文化遗产数字化在尊重原生态的基础上既保护其本质,同时也强调传统与现代技术的结合,从而产生新的燃点。正因如此,文化遗产数字化具有以下三个层面的重要意义:保证传承现实性、增强文化传播活跃性、强化文化反作用。

(一)保证传承现实性

科学技术的发展极大地影响了以数字化技术为核心的信息技术的进步,传统文化形态随着代码时代的到来而“更新换代”,非物质文化遗产的保护出现了新的契机。将非物质文化遗产转化为各种数字化形态,创新传

① 高有祥:《非物质文化遗产的影像化生存》,载《现代传播》2007 年第 6 期。
② 宋俊华:《关于非物质文化遗产数字化保护的几点思考》,载《文化遗产》2015 年第 2 期。

统的保护手段与方法，目的在于既能使非物质文化遗产通过数字化技术的方式得到更好地保存与保护，也能使非物质文化遗产的开发、利用、展示与传播时适应新的社会生存环境。[①] 数字化为非物质文化遗产保护、传承、共享与传播提供了新途径，甚至有人称“数字化与多媒体技术是非物质文化遗产档案保存的最好方式”。[②] 对于数字化非物质文化遗产项目的传承作用主要体现在以下三个方面。

首先，数字化其实是一种统一文化遗产、文化语言的行为，能够保证识别的同时更有传承的保障。文化遗产传承的断层很大程度上是由于文化语言的灭失，中华文化可以保持基本识别性是基于文化语言一贯性。汉字的组成结构与语言模式使得这套语言体系极易被识别。就物质文化遗产数字化而言，由于实体建筑是有一定保存期限的，数字化就是运用虚拟技术延长留存期限。而对于非物质文化遗产来说，此前非物质文化遗产保护工作还大多停留在简单的文献收集、摄像、录音等方式上。随着时间的流逝，其录音带、录像带都存在一定程度的老化和失真，不利于长期的保存和研究。由此，需要新型数字化技术对非物质文化遗产加以保护和传承，如图文扫描、立体扫描、全息拍摄、数字摄影、运动捕捉等。

其次，数字化非物质文化遗产项目能更好地活态传承。非物质文化遗产具有独特的生存发展规律和文化生存背景。相较于物质文化遗产，非物质文化遗产更多的是文化的传承。其具有明显的个性化的特征，与当地的居民的生活方式、爱好和历史传统紧密联系在一起。例如，湖南的湘绣工艺就带有鲜明的地方特色和民间艺术特质，其根植于湖湘大地，与湖湘文化紧密相关。对于湘绣的研究不仅仅要关注其本身的物质化产品，更加重要的是要探求其非物质文化传承人，也就是绣娘在进行湘绣创作中代代相传的传统技艺，和其表达出来的信仰、民俗和独特的审美。绣娘通过湘绣作品将历史和文化传承糅合在一起，使其精神能够通过物质表达出来，并长久地传承下来。所以，在解读湘绣作品时不能孤立地看某个作品，而是要结合其文化传统和民间习惯，将其与外在文化背景结合在一起，这样才能更好地进行活态传承。

规范化的原则与策略可以为非物质文化遗产数字化工作提供理论指

---

① 周亚、许鑫：《非物质文化遗产数字化研究述评》，载《图书情报工作》2017 年第 2 期。

② 彭毅：《非物质文化遗产档案的数字化保护》，载《档案与建设》2009 年第 1 期。

导。其中 Hong Yang 提出非物质文化遗产数字化策略非常具有可借鉴性，[①]他将研究重心放在传承人的保护上，关注非物质文化遗产的动态过程，区别对待不同类别的非物质文化遗产资料数字化问题。另外，在非物质文化遗产的传统保护方式逐步开放，并在市场化二次开发过程中保持一个合理的张力，对于促进非物质文化遗产数字化工作的顺利进行有着良好的作用。一方面，要注重对于非物质文化遗产的市场化二次开发，从而促进传承人经济效益提升，进而保持传承积极性；另一方面，也要注意避免过度开发对于非物质文化遗产本身的破坏与对传承人的负担。

最后，数字化非物质文化遗产项目能够激发受众参与意识，促进其互动，将现代元素同传统元素相结合从而提升其对于受众的吸引力。同时，数字化与网络的遍布也提升了非物质文化遗产的传播力，提升了公众对于非物质文化遗产的认知，从而对于非物质文化遗产本身的传承与发展而言大有裨益。

（二）促进传播活跃性

新的技术革命浪潮下，非物质文化遗产倘若不与现代技术相接轨就容易消失在社会发展的洪流之中。因此，我们应将数字化技术引入非物质文化遗产的保护事业中，提升其传播的活跃性，将极大地促进文化的传承和产业的发展。具体而言，主要体现在以下四个方面：

第一，增加非物质文化遗产的推广渠道。数字化在文化传播方面有较强的优势，通过信息技术渠道，借助互联网的依托从而能够保证非物质文化遗产信息完整、准确、迅速地传播到世界的每一个角落，进而拓宽了非物质文化遗产推广的渠道。除外，非物质文化遗产数字化使得受众可以更加便利、高效地了解非物质文化遗产，其中一部分受众有可能成为其潜在的传承人。当一个民族国家通过构建网络数字化平台来展示其民族非物质文化遗产文化，无形中将会增强整体民族自豪感、认同感。

第二，非物质文化遗产数字化可以打破地域限制。非物质文化遗产实

---

① Hong Yang 提出非物质文化遗产数字化应采取以下策略：(1)注意纪录片和声像档案的区别；(2)关注数字对象的选择，而不是盲目地数字化；(3)围绕非物质文化遗产传承人实施数字记录，避免影响其生活，改善知识产权和隐私保护，使用现代网络技术来挖掘和反映其境况及非物质文化遗产状况；(4)认真选择数字保存格式和媒介；(5)加强与相关知识和技术的结合，包括声像等技术。另外，Hong Yang 还提出四点原则：(1)将非物质文化遗产的动态过程从无形转化为可见是数字记录的核心内容；(2)遗产相关的物体并非非物质文化遗产保护和数字记录的核心；(3)对不同类别的非物质文化遗产资源需要采用不同的数字化手段；(4)以传承人为核心来实施数字化工作。Hong Yang, *The Pros and Cons about the Digital Recording of Intangible Cultural Heritage and Some Strategies*, ISPRS, 2015XL 5(W7).

际上是具有地域性的特征，这也就限制了其传播范围。然而，非物质文化遗产数字化可以突破地域障碍实现不同文化群体之间的互相沟通与交流，保证文化传播的客观性和准确性，增强传播效果，从而促进非物质文化遗产传播与相互融合。

随着20世纪“信息高速公路”的大规模建设，地球网状信息结构已然形成，其最显著的特点就是“零距离性”。文化遗产数字化更是如此。数字化显然可以很好地解决传播问题，当然也可以促进旅游业。更多的游客与发达的旅游区划能够带动当地发展，对于物质文化遗产来说则是拥有更加雄厚的经济实力加以维护、保存、开发各种创意衍生物，从而实现良性循环。而非物质文化遗产保护面临的困境之一就是传承人的管理和保护问题，因为主客观原因导致传承人管理和保护不当，从而使得非物质文化遗产失传并带来不可估量的损失。数字化方式能够客观上帮助传承人将其技能传承下去，能给予传承人必要的信心与尊严。

第三，通过数字化技术可以还原非物质文化遗产的原貌。对于非物质文化遗产，“我们不能只是把它看成与我们当下生活割裂的历史”。[①] 利用数字影像艺术，可以将历史再现出来，将某一种非物质文化遗产在历史上的产生、应用、发展、变迁等过程通过数字影像展现出来，向受众再现不同时代的人们在这种非物质文化遗产影响下的生活方式和状态，还原非物质文化遗产项目的历史文化背景。

第四，非物质文化遗产不仅需要被抢救、传承，更重要的是要通过新的技术手段将其从事业变身升级成为产业，创造更高的产业价值。数字化一方面可以对非物质文化遗产进行更好地保护，另一方面还能将传统的文化资源转化升级成为经济资源，并产生可观的经济价值。非物质文化遗产的保护不应该仅仅停留在简单的抢救上，而必须把非物质文化遗产的保护和开发结合在一起，利用非物质文化遗产的内在文化价值，将其与旅游业、文创行业等领域结合起来，形成一个保护与发展相结合的良性发展之路。在进行非物质文化遗产保护的同时使其反哺文化产业的发展，走具有中国特色的文化发展道路。

如今，通过电脑设计、数码喷绘、机器雕刻等科技手段的运用，使非物质文化遗产能够大规模的生产加工出来并发展成为文化产业。在非物质文化遗产的数字化中，一方面可以保存和记录文化遗产的信息，另一方面

---

① 李维：《消失的边界——岭南非物质文化专题展中的新媒体艺术演绎》，载《美术学报》2013年第4期。

可以将其信息通过数字化手段进行资源整合,更多地被人们开发与共享,并发挥其特有的文化价值与经济价值。

(三)强化文化反作用

非物质文化遗产数字化可以强化文化的反作用。文化作为一个社会学和哲学概念存在两种不同宽度的外延界定。广义的文化概念包括日常生活、法律、经济等一切精神性的社会活动,于是才产生生活文化、法律文化、商业文化等说法;狭义的文化概念则是与日常生活、经济等并列的社会活动。在第二种语境下,文化是由日常生活、经济行为等基础性社会活动决定的派生性产物,在产生过程上具有从属性。但文化也相对其他社会现象具有相对独立性,即文化可以对社会生活、经济发展、法律制度产生反作用。德国著名社会学家、哲学家马克斯·韦伯甚至提出过"文化决定论"。当代社会学家安东尼·吉登斯在其著作《社会的构成》中提到了社会科学中认知世界的两套范式,即结构主义与能动主义。而文化决定论则正是对结构主义宏观层面的反映,文化遗产数字化起到的文化解构作用能够促进人类内部的互相理解与文化融合。而根据文化决定论和结构主义的思想,文化趋同性也会带来各国经济政治趋同的现象,从而促进人类共同体抑或"地球村"的建设。但注重文化的反作用不意味必须秉持文化决定论。例如,在考量文化立法的基础理论时,若过分强调文化对法律制度的决定性效应,便会约束立法者充分发挥法律的能动性。在立法者的思维中,文化和法律应当是相互交织、相互促进的,而非单方面决定的关系。①

非物质文化遗产数字化对社会的反作用,可以理解成是一种文化数字化植入,体现了文化在现代经济基础背景下的新发展。文化数字化植入是指利用数字技术对文化内容进行处理,将文化内容转化为数字形态粘附、融合在一定的载体中的过程。无论是物理植入还是数字化植入方法,文化植入都缺少不了三个核心要素:植入主体、植入客体和植入途径。文化植入概念中的植入主体是指能够承载一切文化内容信息的各种载体形式。文化植入概念中的植入客体是指文化内容本身,是文化植入的核心内容,文化植入概念中的植入途径是指植入客体融合在植入主体中的方式、方法。② 非物质文化遗产数字化过程中的文化数字化植入,是以博物馆、图书馆为主的公共文化机构将非物质文化遗产文化以图片、声音、视频、数据及数据库等形式植入日常生活、经济和法律等社会活动中。

---

① 何锦前:《文化决定论抑或法律能动性——文化立法的前提性论争》,载《湖南科技大学学报(社会科学版)》2013 年第 6 期。

② 赵阳:《"文化植入"——文化教育的有效途径研究》,载《科教导刊》2015 年第 29 期。

非物质文化遗产数字化在强化文化的反作用这一意义上，具体体现在加强文化对日常生活的反作用、增进文化对经济发展的反作用两个维度。

1. 非物质文化遗产数字化加强文化对日常生活的反作用

第一，非物质文化遗产的数字化往往会引发公众重新思考非物质文化遗产与其生活之间的关系。数字化创新了艺术表达形式，参与式体验改变了艺术与受众的关系，一些非物质文化遗产也拥有了更多的受众，越来越多的人开始接受并学习非物质文化遗产相关传承技艺，并最终将其应用于生产生活之中。从一开始的少部分群体传承，到逐渐广为人知并争相学习，从最初的作为束之高阁的艺术被人们观赏，到逐渐回归生活为人们所使用，非物质文化遗产逐渐回到它最初的位置上，真正与人们的生产生活相结合。此外，我国非物质文化遗产中的文化内核可以通过其转化的文化产品对国外进行文化输出，这不仅仅给世界范围内对中国文化有着强烈兴趣的人们一个接触中国优秀传统文化的机会，更加重要的是给其他国家展现了中国的文化自信与文化底蕴，并对非物质文化遗产进行活态传承，让更多的年轻人在欣赏传统技艺的同时对非物质文化遗产产生更加浓厚的兴趣，拉近传统的非物质文化遗产技艺与公众之间的距离。

第二，非物质文化遗产数字化直接或间接地改变了人们的日常生活。非物质文化遗产是各族人民世代相传并视为其文化遗产组成部分的各种传统文化表现形式，以及与传统文化表现形式相关的实物和场所，①非物质文化遗产是我国优秀传统文化的重要根基，蕴含丰富的精神内涵，具有一定的历史价值与文化价值，保护非物质文化遗产也就是在保护和传承我国优秀传统文化。将数字化技术运用到非物质文化遗产保护中，实际上是在突破时间和空间限制的情况下运用数字化手段重新呈现传统文化精髓，使受众更好地在潜移默化的过程中学习我国传统文化。非物质文化遗产是“各族人民世代相承、与群众生活密切相关的各种传统文化表现形式和文化空间”。自 2010 年非物质文化遗产保护进入国家“十二五”规划后，通过数字化技术建立非物质文化遗产档案和数据库在全国范围内开展，建立数字博物馆对数据进行记录和管理，人民大众也可以通过网络对非物质文化遗产进行相关检索与学习，拓宽了人们获取非物质文化遗产的信息途径。

2. 非物质文化遗产数字化增进文化对经济发展的反作用

非物质文化遗产元素化是对其进行数字化的基础性步骤，有利于非物

---

① 全国人大常委会法制工作委员会行政法室：《非物质文化遗产法释义及行政指南》，中国民主法制出版社 2011 年版，第 1~2 页。

质文化遗产二次开发的市场化。提取非物质文化遗产中的传统元素,将现代技术同非物质文化遗产元素相互结合是当今市场环境下的可行之道。对传统文化的创新丰富了人们的文化生活,彰显了中华民族的民族精神,甚至创造了更高的产业价值。文化产品的生产方式、传播方式和消费方式在数字化技术的运用过程中产生了巨大的改变。利用数字化的信息技术,文创产品的原创性、独特性和创新性都有很大程度的提高。数字化技术增加了文化产品的核心竞争力与生命力,从而形成了当代中国独特的文化特色产业。系统研究非物质文化遗产数字化的创意转化工作,通过数字技术与设计观念的结合,将非物质文化遗产成果产品化,以此推进非物质文化遗产的数字化传承与创新。① 因此,在对非物质文化遗产进行生产性的保护的前提下,对其进行一定的市场性开发,加强建立具有中国特色和地域特色的非物质文化产业集群,这也是非物质文化遗产的文化力量。在对非物质文化遗产的开发与文化转化过程中,我们应该放弃传统的说教模式,与当前流行趋势结合起来,如利用非物质文化遗产的传统内核进行影视化的转化,制作相关的非物质文化遗产衍生品,扩大非物质文化遗产的传播范围和受众群体。目前,对于非物质文化遗产展示的数字化方式主要为文字、图片、音频、视频,交互、传感与虚拟现实还较少。②

在以后的经济发展过程中,现代的科技方式将在非物质文化遗产的传承中发挥更大的作用,例如,运用创新思维和科技化手段,将传统的非物质文化遗产工艺与现代的工业化设计、品牌设计等结合,用现代化设计思路对非物质文化遗产工艺进行重新排列组合,并通过手机软件(App)、网页、电视等传播媒介进行多渠道的传播,找寻传统文化与现代化技术之间的平衡点,创新传统的非物质文化形象,为受众提供一个具有融合性与综合性的文化碰撞。通过对非物质文化遗产进行功能性、产业性改造,在凸显其自身原生性特点的同时,也可以将非物质文化遗产的技艺与现代化生活相结合,延续其独特的文化价值。

---

① 参见马晓娜、图拉、徐迎庆:《非物质文化遗产数字化发展现状》,载《中国科学:信息科学》2019 年第 2 期(第 49 卷)。

② 同上。

保 护 篇

第二章　文化遗产保护机制

第一节　文化遗产保护的多重价值

文化遗产的传承是一个民族与生俱来的使命，更是时代赋予的不可推卸的历史责任。2003 年联合国教科文组织通过的《保护非物质文化遗产公约》是第一个旨在保护和传承“口头传统和表达”的多边公约。文件保护的内容包括表演艺术、社会实践、仪式和节日等多种实践活动，该公约签订的主要目的在于扩大 1972 年《世界遗产公约》对遗产的定义。《世界遗产公约》是联合国教科文组织历史上得到最广泛认可的文书，这个被普遍接受的公约强化了一种广泛认知，即世界文化和自然奇观是全人类的集体财产和责任。大部分学者认为，这两项公约突出了文化多样性的巨大作用与文化遗产杰作对全人类的普遍意义和价值。[①] 2001 年联合国大会通过的《世界文化多样性宣言》第 7 条明确表示：各种形式的文化遗产都应当作为见证人类经历和发展的成果，需要得到利用和保护以促进代代相传。[②] 不仅如此，《公民权利和政治权利国际公约》《经济、社会及文化权利国际公约》以及《世界人权宣言》中公民的文化自由和文化权利、民族及地区的文化发展权利都被定义为基本人权，因而认为保护文化遗产也是为了更好地实现和保障人权。[③]

推动文化遗产保护是中国构筑文化共同体的内在诉求，依托民族文化共同体的时代旗帜，洞悉物质文化遗产保护中民族文化共同体的价值，以民族文化特有的内在关系、外在承载，促进物质文化遗产自我主体保护，是新时期保护物质文化遗产的必然选择。[④] 文化遗产从存在形态上分为物质文化遗产（有形文化遗产）与非物质文化遗产（无形文化遗产），物质文化

---

① See Michael De Souceya & Michael A . Elliottb & Vaughn Schmutzc, *Rationalized Authenticity and the Transnational Spread Tangible Cultural Heritage*, 75 Poetics(2018).

② 《世界文化多样性宣言》第 7 条规定：“每项创作都来源于有关的文化传统，但也在同其他文化传统的交流中得到充分的发展。因此，各种形式的文化遗产都应当作为人类的经历和期望的见证得到保护、开发利用和代代相传，以支持各种创作和建立各种文化之间的真正对话。”

③ 黄玉烨：《论非物质文化遗产的私权保护》，载《中国法学》2008 年第 5 期。

④ 张璐：《基于文化共同体构建的民族非物质文化遗产保护探究》，载《贵州民族研究》2019 年第 6 期。

遗产包括古遗址、古墓葬、古建筑、石窟寺、石刻、壁画、近现代重要史迹及代表性建筑等不可移动文物,历史上各时期的重要实物、艺术品、文献、手稿、图书资料等可移动文物,以及在建筑式样、分布均匀或与环境景色结合方面具有突出普遍价值的历史文化名城(街区、村镇),其通过可见的形态传承历史文化是比较容易发现的历史文化传承媒介。每个地区的物质文化各具特色,由此成为世界历史发展的见证者与参与者,在现代有着不可估量的价值。

根据联合国教科文组织《保护非物质文化遗产公约》的定义,非物质文化遗产(无形文化遗产)是指各族人民世代相承的、与群众生活密切相关的各种传统文化表现形式,如民间文学、民俗活动、表演艺术、传统知识和技能,以及与之相关的器具、实物、手工制品和文化空间等,以及定期举行传统文化活动的场所,如歌圩、庙会、传统节日庆典等。非物质文化遗产最大的特点是将具有民族个性、民族审美习惯的生活生产方式"活"的展现出来。它依托于人本身而存在,以声音、形象和技艺为表现手段,并以身口相传作为文化链而得以延续,是"活"的文化及其传统中最脆弱的部分。正是由于非物质文化遗产的脆弱,更突出非物质文化遗产的珍贵。有学者指出:非物质文化遗产关注的是属于整个社会并由特定成员享有的"实践、表现、表达、知识和技能",它并不是静态的,而是随着社会的发展在不断地变革和创新。非物质文化遗产的要素深深扎根于整个民族和社会,并深刻反映了全球竞争局面的关键因素,非物质文化遗产在一定程度上激发了整个社会文化和经济的创造力。① 也就是说,文化遗产数字化的价值并不仅仅在于其表面所呈现出的艺术或高科技的表现形式,更多在于其经济价值、精神文化价值以及对整个社会文化创造力的激发和对社会经济发展的激励。

第二节　文化遗产公法保护的"公地悲剧"

一、行政保护的时代意义及其局限性

目前,我国已出台《非物质文化遗产法》等国家级非物质文化遗产保护法律文件 9 件,原文化部(2018 年 3 月改为中华人民共和国文化和旅游部)牵头下发的部级法规文件 23 项,江苏、云南等 16 个省制定的地方性法

① See Francesca Cominelli & Xavier Greffe, *Intangible Cultural Heritage: Safeguarding for Creativity*, City, Culture and Society(2012).

规16件,其他相关法律10余件。尽管中国在非物质文化遗产的行政法律保护方面已建构出一套比较完善的法律体系。但对现有法律规范进行分析就会发现非物质文化遗产保护的相关法律规定并不理想,存在重数量轻质量的情况,且立法存在诸多不足。[①] 此外,数字技术时代下文化遗产保护与传承正面临严峻的局势——许多传统技艺后继无人,面临失传的危险;大量非物质文化遗产的代表性资料得不到妥善保护;珍贵文化遗产资料流失海外,因此我国政府高度重视文化遗产保护,并在经过漫长争议和不懈努力后通过了第一部法律层面的非物质文化遗产保护规范性文件,为我国十年来的非物质文化遗产保护工作提供了坚实的法律保障。[②] 与此同时,我国文化遗产的行政保护呈现明显缺陷,主要表现为以下三个特点:第一,"长臂管理",大包大揽。地方政府对文化遗产保护过度干预,导致非物质文化遗产核心元素丧失。第二,重视经济效益,忽视文化多样性。政府受市场指引选择投资项目,对于热门文化遗产项目,政府热衷于投入,却忽视具有极高文化艺术价值、鲜有商业价值的文化遗产,在一定程度上导致了小众文化的濒危和灭绝。非物质文化遗产保护是保持文化多样性、坚定民族文化自信的重要举措,政府过度重视经济效益将有损非物质文化遗产文化多维度、多样态发展。第三,缺乏长期效应。我国对非物质文化遗产的行政保护停留在举办各类文化节、成果展和制定非物质文化遗产保护名录等活动上。《非物质文化遗产法》实施以后,我国非物质文化遗产行政保护的制度推进停滞不前,非物质文化遗产保护缺乏长期效益。不利于非物质文化遗产保护的长期发展。[③] 由于非物质文化遗产传承人权利难以得到真正的保护,导致其对非物质文化遗产保护事业的积极性不高,无法在根本上促进非物质文化遗产的传承和发展。总体而言,目前我国对于文化遗产的保护偏重"输血式"行政干预保护,缺乏"造血式"私权激励机制。[④] 这样的保护措施在短期内能够达到突飞猛进的效果,却无法长期对

---

① 丁朋超:《论中国非物质文化遗产的行政法律保护》,载《北京理工大学学报(社会科学版)》2018年第1期。

② 2002年8月,原文化部向中国人大教科文卫委员会报送了《民族民间文化保护法建议稿》;人大教科文卫委员会成立专门起草小组,于2003年11月完成了《民族民间传统文化保护法草案》;同年原文化部、财政部启动"中国民族民间文化保护工程"项目;2004年8月人大教科文卫委员会又将草案名称改为《非物质文化遗产保护法》;2005年3月,国务院办公厅颁发《关于加强我国非物质文化遗产保护工作的意见》;2011年2月25日中华人民共和国第十一届全国人民代表大会常务委员会第十九次会议通过了《非物质文化遗产法》。

③ 杨明:《非物质文化遗产保护的现实处境与对策研究》,载《法律科学》2015年第5期。

④ 黄玉烨、钱静:《我国非物质文化遗产传承人认定制度的困境与出路》,载《广西大学学报》2016年第3期。

文化遗产进行保护。除此之外,我国文化遗产的行政法律保护主要存在三个缺陷:非物质文化遗产客体的内涵规定存在偏差、有关非物质文化遗产的行政立法缺乏内部协调性和外部协调性。

第一,非物质文化遗产行政法律保护客体内涵规定存在偏差。非物质文化遗产作为保护客体,是非物质文化遗产相关法律的核心要素。非物质文化遗产作为与物质文化遗产相对的概念,其主要成果形式具有非物质性(无形性)、精神性和抽象性;非物质文化遗产是非物质的各民族传统文化与物质的作为传统文化表现形式的道具、作品、场所的有机结合。《非物质文化遗产法》第2条对非物质文化遗产的法律界定中,将保护客体二分为传统文化与实物和场所,这显然忽视了非物质文化遗产中物质要件和文化要件的相互依赖性。例如,蒙古族马头琴音乐作为国家级非物质文化遗产项目,不能被简单视为马头琴表演技艺、曲目,也不能视为马头琴这一表演乐器与表演技艺、曲目的简单相加,而是两者有机融合后形成的综合性文化形式。立法对非物质文化遗产这一法律保护客体范围界定的偏差,会间接导致后续非物质文化遗产项目认定、申请以及代表性传承人的选定等工作难以开展,①甚至会忽视本应受到保护的重要非物质文化遗产元素。

第二,非物质文化遗产的相关立法缺乏内部协调性。中国对非物质文化遗产的保护活动出现较晚,作为非物质文化遗产行政保护的基本法,《非物质文化遗产法》直至2011年才正式颁布施行。在此之前,我国各地为落实对传统文化的行政保护,根据各地实际情况出台了许多地方性法规、规章等。而中央出台的规定往往具有滞后性,出台的法律或条例往往只是对紧急问题予以解决,这种立法状态导致中国关于非物质文化遗产的立法预见性较差,而颁行的法律或条例因具有先天缺陷,往往解决不了现实的问题。另外,中国非物质文化遗产保护的立法规范呈现三足鼎立局面,各部门协调性较差。目前,中国关于文化遗产的立法主要由《文物保护法》《非物质文化遗产法》《传统工艺美术保护条例》构成。单行立法的最大缺点在于,执法权力分散于不同的部门,一方面,执法对象存在重叠,重复执法问题突出;另一方面,国家保护政策实施过程中的协调成本畸高,需要花费较多的时间、精力和费用。

第三,非物质文化遗产行政立法与私法部门缺乏外部协调。作为非物

---

① 丁朋超:《论中国非物质文化遗产的行政法律保护》,载《北京理工大学学报(社会科学版)》2018年第1期。

质文化遗产保护领域的基本法应当具有指导作用,但是单行立法往往为解决具体问题而忽视整个文化遗产保护法律的指导思想与基本原则,尤其缺乏与司法部门特别是知识产权法部门的衔接、协调。例如,《非物质文化遗产法》第44条对非物质文化遗产的知识产权保护采用了指向性规定,即"适用有关法律、行政法规的规定"。显然,在涉及非物质文化遗产的知识产权问题时,立法指引的方向应是知识产权的相关立法。但是,知识产权是私权,而非物质文化遗产更侧重于公法保护,其指导思想和基本原则都不相同。因此,私权和公权同时对非物质文化遗产进行保护时的协调问题是我们未来探讨的重点。中国知识产权的立法并没有关于非物质文化遗产的保护规定,相关的行政法规并未制定出来,显然不具有可操作性。因此,对于文化遗产无论是行政保护还是私法保护都存在诸多缺陷,无论是从行政部门本身,还是从立法与法律适用的角度来看都具有诸多不足之处。

二、文化遗产滥用的"公地悲剧"

(一)经济学视角下的文化遗产滥用:"公地悲剧"与租金耗散理论

1968年英国加勒特·哈丁教授在 *The Tragedy of the Commons* 一文中首次提出"公地悲剧"理论模型。他在文章中阐述到:在公共草地上,每增加一只羊会出现两种结果:一是获得增加一只羊的收入;二是增加草地的压力,并可能导致草地受损。经过思考,牧羊者决定为了自身利益不顾草地的承受空间,继续增加羊的数量。① 看到有利可图,许多牧羊者也纷纷加入这一行列,因为羊群无限制地加入,致使牧场被过度使用,草地状况迅速恶化,悲剧就这样产生了。② "公地悲剧"又称"公共地悲剧",是一种涉及个人利益(privacy good)与公共利益(common good)对资源分配有所冲突的社会陷阱(social trap)。具体是指有限资源注定因自由使用和不受限而被过度剥削。由于每一个个体都企求扩大自身可使用的资源,最终就会使资源变得有限进而引发冲突,损害所有人的公共利益。③ 之所以为悲剧,是因为每个当事人都心知肚明,资源的过度使用会导致其枯竭,但为了满足自身的私欲每个人都放任事态继续严重,由此产生利己主义的心态。④ 该

---

① Garrett Hardin, *The Tragedy of the Commons*, Science 162(1968).

② Jia-he. Jiang, *Essential Equilibrium Points N-person Non-cooperative Games*, Scientia Sinica (1962).

③ 李晓峰:《从"公地悲剧"到"反公地悲剧"》,载《经济经纬》2004年第3期。

④ 阳晓伟、杨春学:《"公地悲剧"与"反公地悲剧"比较研究》,载《浙江社会科学》2019年第3期。

理论模型同样适用于文化遗产领域。目前文化遗产作为一种公众可以随意获取的资源,因为免费或者成本低使得公众进行商业使用成为可能,从而过度开发利用文化遗产,亦有可能为迎合市场需求而改变原有的文化内涵。这会导致文化遗产丧失本身的纯洁性,进而会让文化遗产逐渐丧失文化活力。

"公地悲剧"展现出来的是一幅私人为了享用免费午餐而狼狈不堪的场景。根据哈丁教授的言论我们同样可以如此理解——勤劳的人们为了个人的生计,在一番忽视远期利益的算计后,开始为眼前利益而"杀鸡取卵",最后,导致公共利益的崩溃。[①] 在文化遗产领域,虽然我国出台了很多相关的法律规范,但是无法真正保证权利人的利益,加之缺乏对于各个部门权责的明晰,最终损害的是文化遗产资源本身。"公地悲剧"的更准确的表达方式是:无节制的、开放式的、资源利用的灾难。[②] "公地悲剧"的发生即使与人性内在的自私或不足有密切关系,但公共资源缺乏严格有效的监管也是其中不可或缺的条件。可见,"公地悲剧"并非完全不可避免。

同时,租金耗散理论作为"公地悲剧"的经济学理论基础,对于研究文化遗产的公地悲剧问题具有重要作用。租金耗散,是指社会存在过多的致力于发展和创新的劳动和投入时,私人利益和社会利益就会被消耗。[③] 其中"租金"是指社会对某一创新的付出与创新的事实成本之间的差额。[④] 就文化遗产而言, 如果不对文化遗产给予私法保护,也将增加有关租金耗散量。传统文化遗产的现代功能主要是作为现代有关研究和创作的起点和基础,从而降低其开发成本, 这是以传统文化的可自由获取为前提的。但在传统文化遗产利用时, 传统文化遗产权利相关人,尤其在非物质文化遗产传承人没有激励机制的情况下, 他们会封锁传统文化遗产, 控制传统文化遗产, 拒绝与该领域研究者分享传统文化遗产。[⑤] 租金耗散理论认为,应综合考量文化遗产的价值和创新能力两个要素进而得出是否可以将

---

① Garrett Hardin, *The Tragedy of the Commons*, Science 162(1968).

② 张磊:《温室气体排放的财产权属性和制度化困境——对哈丁"公地悲剧"理论的反思》,载《法制与社会发展》2014 年第 1 期。

③ See. Matthew Erramouspe, *Staking Patent Claims on the Human Blueprint: Rewards and Rent-dissipation Races*, 43 UCLA Law Review 961(1996).

④ See Lester I. Yano, *Protection of the Ethnobiological Knowledge of Indigenous Peoples*, 41 UCLA L. Rev.

⑤ 严永和:《传统知识知识产权保护正当性的经济分析》,载《知识产权》2006 年第 2 期。

文化遗产私权化的结论。[1] 根据有关学者的研究，在事务对社会没有什么价值但有很大改进的可能时对其授予私权，可使租金耗散最小。[2] 借助租金耗散理论，也就不难解释不具有排他性的文化遗产之上“公地困境”是如何出现的了。由于法律并没有给予文化遗产传承人相关私权利，因此文化遗产就被放置于“公地”之中，进而导致过度投资的局面，造成效率的耗散，即为“租金耗散”。正是因为任何人都可以对文化遗产所获得的财产分享利益，最终就会导致这项财产没有给社会增加任何净利润的结果。但假如我们赋予集体或相关人私权，即赋予该财产排他性权利，它就能给我们带来净利润。[3] 公私权利边界是影响文化遗产，特别是非物质文化遗产能否得到合理有效保护的关键因素，即使通过相关法律法规来确定非物质文化遗产权利人的权利范围，是否就能达到预期效果是我们下一步需要思考的问题。

（二）“公地悲剧”的产生原因：非物质文化遗产的产权界定不明

非物质文化遗产在法律上缺乏清晰的权利基础，没有明确的产权界定导致资源配置失调，是其“公地悲剧”产生的主要原因。随着数字化技术的发展，人们慢慢对那些有极大经济利益和商业价值的文化遗产趋之若鹜，当人们面向公众开放式的资源无节制利用时，“公地悲剧”也就随之降临了。在非物质文化遗产领域中普遍出现的“公地悲剧”，严重影响和制约了我国非物质文化遗产开发进程。需要注意的是，非物质文化遗产领域产权归属较为明确，但看似界定清晰的名义产权在实践中无可操作性，缺乏一个独立性、人格化的单一性的产权代表和执行机构。在相对较长的历史时期内，通过“群体记忆”和“群体传承”的传承方式，各个社会群体肩负着非物质文化遗产传承与发展的重任，因此，在立法领域，一些国家或地区将特定群体作为权利主体，共享权利，共担风险。权利主体的不确定在学术讨论中可能会引起观点碰撞和学术思辨，但在实践领域中，非物质文化遗产所有权问题的“公地悲剧”现象，则会引起一系列利益博弈和严重内耗。由于产权界定不清晰，多个相关主体在非物质文化遗产开发过程中会尽可能提高自身所获产业化收益的比重，减少保护和传承非物质文化遗产的责任和义务。这就产生一种糟糕的结果：当需要大量人力、物力、财力投入来保护和传承非物质文化遗产时，群体或组织因为没有激励机制，可能在保护方面没有太大动力，反而，当非物质文化遗产市场开发有望带来经

---

① 严永和：《传统知识知识产权保护正当性的经济分析》，载《知识产权》2006 年第 2 期。
② 张五常：《经济解释——张五常经济论文选》，商务印书馆 2000 年版，第 427 页。
③ 杨明：《非物质文化遗产保护的法律结构》，载《电子知识产权》2008 年 1 月刊。

济收益时,各主体都会争夺其所有权。综上所述,非物质文化遗产是一个群体、民族在一个特定的环境下长期积淀下来的文化。一般认为,它的所有权属于某个群体或民族乃至国家,[①]文化遗产在精神文化层面属于全人类共有财产,当这一文化财产成为各私权配置制度不愿涉及的公物,就会引发"公地悲剧"。

以"安顺地戏"案为例,本案中地方政府部门试图以自己为产权主体、将"安顺地戏"这一非物质文化遗产项目界定为其产权内容,并试图在《著作权法》的框架下主张其对这一非物质文化遗产项目的精神权利。"安顺地戏"是我国贵州省安顺地区"屯田戍边"将士后裔屯堡人为祭祀祖先而演出的一种傩戏,是流行于我国贵州省安顺地区的一种地方戏剧。2006年6月,"安顺地戏"被国务院列为国家级非物质文化遗产。电影《千里走单骑》放映至6分16秒时,画面出现了戏剧表演,此时出现画外音:"这是中国云南面具戏"。安顺市文化和体育局认为新画面有限公司及张艺谋等没有在任何场合为影片中"云南面具戏"的真实身份正名,影片将"安顺地戏"误导成"云南面具戏",极易导致观众认为影片中的面具戏的起源地、传承地就在云南,歪曲了"安顺地戏"这一非物质文化遗产和民间文学艺术,侵犯了"安顺地戏"的署名权,违反了《著作权法》的相关规定,并在客观事实上误导了中外观众,造成观众纷纷前往云南寻找影片中的面具戏的严重后果。最终,安顺文化和体育局以新画面公司及张艺谋等侵犯著作权为由诉至法院。经一审、二审后,法院认为鉴于"安顺地戏"作为一个戏剧种类,既非署名权的权利主体,亦非署名权的权利客体,其不符合《著作权法》第10条署名权的规定,故任何主体均无法对"安顺地戏"这一剧种享有署名权。[②]

《著作权法》等知识产权法律固然具有清晰界定产权、优化资源配置的制度效果,但是其具有保护客体上的局限性。非物质文化遗产在不能被认定为《著作权法》意义上"作品"的情况下,就不能借助《著作权法》的资源分配机制来清晰其产权界定,以破解公地悲剧。非物质文化遗产"安顺地戏"作为我国贵州省安顺地区的一种非物质文化遗产,其权利主体不应当是安顺市文化和体育局。由于"安顺地戏"是一种传统的文学艺术表达,应当是凝结了前人心血的"集体性作品"。但是,以"安顺地戏"为代表的传统文学艺术表达往往有着很长的历史。在传统的著作权框架下,作品

① 谭宏:《"公地悲剧"与非物质文化遗产保护》,载《上海经济研究》2009年第2期。

② 参见北京市西城区人民法院(2010)西民初字第2606号民事判决书。

著作财产权的保护存在不可逾越的限制——法定期限性，著作权的保护将截至作者死亡或作品发表后若干年。承认民间文学艺术表达为世世代代集体创作、传承，却无法回避其创作者不具现代私法主体的资格，既没有可以推定的“作者死亡”时间，也无可以确认的“作品发表”时间，因而保护期限就无法计算。[①] 但是，《民间文学艺术作品著作权保护条例(征求意见稿)》的发布，在一定程度上突破了著作权法的桎梏。针对民间文学艺术作品的历史性，上述征求意见稿在第 7 条规定，“民间文学艺术作品的著作权的保护期不受时间限制”。尽管我国现有著作权法体系在不断扩大保护客体的范围，但对于这一类的非物质文化遗产始终难以全部囊括，由于著作权法是在调整文学艺术表达使用和传播中形成的社会关系的行为规范，因此其就应当对不当利用民间文学艺术表达而产生的利益关系进行调整。在著作权法框架内应当从法定义务角度来规制他人的作为或不作为，以该强制性规定来约束不特定主体必须遵守，否则将产生相应的法律责任。[②] 其实，无论是对非物质文化遗产文学艺术表达进行赋权式保护，还是对不法行为进行规制，都是在保护非物质文化遗产上特有的财产性利益。

第三节 文化遗产的私法保护模式及其困境

一、传统知识产权保护模式

传统知识产权保护模式就是用私权方式保护文化遗产，如用著作权、专利权、商标权、地理标志权等模式来进行全方位保护。在文化遗产的知识产权保护中，著作权保护主要体现在保护文化遗产的衍生作品上，例如对民间文学、音乐、舞蹈进行演绎而形成的作品。文化遗产的利用同样适用著作权的合理使用，但在作品利用时应当尊重著作权人。文化遗产合理使用时应当尊重权利主体的精神权利及当地的风俗习惯，在约定的基础对其加以利用，不能侮辱、贬损文化遗产及其衍生作品。

另外，在以专利权模式保护非物质文化遗产上，支持者认为，如果非物质文化遗产是自然存在并能够直接利用的，那么这种资源不应当被授予专利权。但是，融入了原住民再创造智慧的非物质文化遗产，例如传统医药、传统制造工艺等，则不处于自然状态，而应当授予其专利权。非物质文化

---

① 丁丽瑛：《民间文学艺术表达的著作权保护》，载《厦门大学学报》2013 年第 3 期。

② 同上。

遗产的专利权保护适用于传统手工艺技术，包括陶艺、冶金技术、剪纸等。我国现行的非物质文化遗产专利权的保护客体主要涉及发明专利，如苗医药的发明；手工技艺，如陶艺、冶金技术；实用新型和外观设计专利，如承载非物质文化遗产的工具、道具、家具及服装等，其中外观设计专利申请条件低，申请费用少，实用新型和发明专利申请的时间周期长一些，特别是发明专利还要经过实质性审查，不过，发明专利稳定性较其他两类专利要强。

非物质文化遗产的商标权保护是指对非物质文化遗产的名称或者图像进行商标注册，将其作为商品或服务的识别标志加以保护，“铜梁火龙”便是非物质文化遗产进行商标注册的典型。[①] 商标权保护与著作权保护都有着各自的优势：第一，保护非物质文化遗产的侧重点不同。非物质文化遗产的核心在于传承和发展，对于记载非物质文化遗产的文稿而言，重要的不是文稿的内容本身，而是传承人的演绎，例如“蒙古族呼麦”“左权开花调”等民歌，其真正有传承价值的并不是歌词文稿，而是与当地民风相呼应的表演。因此，《著作权法》对非物质文化遗产所创作的内容及其演绎具有独创性的表达进行保护有其优势，而商标权保护模式更侧重于识别非物质文化遗产商品来源，保护非物质文化遗产符号所蕴含的经营者的商业信誉。第二，在非物质文化遗产的利用与开发上，商标权更能发挥功能性作用。非物质文化遗产自身的局限性，导致其在市场竞争中无法像其他商品一样进行大批量的生产，传播的广度也不具备竞争性，例如“皮影戏”“南音”等，而商标权的保护模式则为非物质文化遗产的市场竞争带来了一定的助力，非物质文化遗产的文字、图形可以申请商标，与商品建立联系，这为非物质文化遗产的利用及开发者带来相当可观的经济效益。第三，在保护期限上，商标权更加符合非物质文化遗产的内在要求。非物质文化遗产的特征之一就是传承性，即非物质文化遗产是由特定群体在数百年的生产生活中根据当地风土人情或自然地理状况长期形成的文化技艺等。商标权到了保护期可以进行续展，所以会出现百年老字号等时间较长的商标。注册商标续展制度可以很好地解决保护期限的问题，为权利人提供不受时间限制的法律保护，在期限上，商标权较其他保护模式更加适合

① 铜梁龙舞是流传于重庆市铜梁县境内的一种以龙为主要道具的传统民俗舞蹈艺术形式，被国务院列入首批国家级非物质文化遗产代表作名录，是重庆十大文化符号之一，于 2006 年正式列入第一批国家非物质文化遗产名录，是我国宝贵的非物质文化遗产之一。国家商标总局于 2004 年 6 月 4 日核准铜梁县高楼镇火龙文化服务中心注册“铜梁火龙”为商品商标的申请。将该商标注册的核定服务项目为：文娱活动、组织表演、演出、节目制作、录像等。2005 年，商标注册人变更为重庆市铜梁区高楼镇文体服务中心。

对非物质文化遗产的保护。不过，非物质文化遗产主体大都是集体或族群，所以地理标志权保护模式更加符合非物质文化遗产主体的特征所需。

具体而言，非物质文化遗产的商标权保护可以类推适用我国商标法中的地理标志商标制度。[①] 我国《商标法》第 16 条的规定实际上与《与贸易有关的知识产权协定》(TRIPs)第 22 条第 1 款的规定基本一致，[②]其规定的地理标志的内涵与《保护原产地名称及其国际注册的里斯本协定》中界定的原产地名称也是一致的，[③]因此地理标志又可称为原产地名称。在我国，地理标志权也属于知识产权的一种，[④]通过将地理标志注册为证明商标或集体商标加以保护。非物质文化遗产具有群体性和地域性特征，而集体商标和证明商标同样是由特定地区内的相关组织所掌控，因此用集体商标或证明商标对非物质文化遗产进行保护具有较大的可行性，如“桂林米粉”“恭城油茶”就注册了证明商标。然而在实践中，当前注册的证明商标和集体商标的地理标志大多限于农产品、酒类、手工艺品、服装等商品，还没有将服务类吸收进来，而各种演出、旅游等相关的服务类非物质文化遗产项目是否也适用于地理标志权进行保护亟待研究。

实际上，我国学界关于非物质文化遗产保护的讨论焦点主要集中在传统知识的地理标志保护的法律问题上。近年来，世界各国都存在传统知识被发达国家窃取或盗用的情况，如“印度 Basmati 稻案”中印度方面认为美国 RiceTech 公司的相关行为侵害了其 Basmati 稻的地理标志权，要求美国联邦贸易委员会限令美国出产的稻类不得在有关广告中使用“Basmati”一词，认为 RiceTech 公司所使用的“Texmati”、“Kasmati”概念与“Basmati”均具有相似性，美国稻产品关于“Basmati”的这种不正确使用已经对消费者造成损害。“Basmati”不是商品的通用名称，因此非该地区生产的稻产品在其标识中使用“Basmati”名称就构成虚假使用，从而误导消费者，使消费

---

① 根据我国《商标法》的规定，地理标志可以注册为集体或证明商标，以“商标”的形式予以保护。对地理标志进行规定的文件还有《地理标志产品保护规定》《集体商标、证明商标注册和管理办法》《产品质量法》《农产品地理标志管理办法》等。

② TRIPs 第 22 条第 1 款规定：“地理标志”是指识别某一货物来源于成员领土或该领土内某一地区或地方的标志，该货物的特定质量、声誉或其他特性主要归因于其地理来源。我国《商标法》第 16 条第 2 款规定：前款所称地理标志，是指标示某商品来源于某地区，该商品的特定质量、信誉或者其他特征，主要由该地区的自然因素或者人文因素所决定的标志。

③ 《保护原产地名称及其国际注册的里斯本协定》第 2 条第 1 款规定：在本协定中，原产地名称系指一个国家、地区或地方的地理名称，用于指示一项产品来源于该地，其质量或特征完全或主要取决于地理环境，包括自然和人为因素。

④ 我国自 1994 年就将地理标志纳入了知识产权保护体系。

者认为该种稻产品真的源于南亚。2001 年 5 月,美国农业部和联邦贸易委员会拒绝了印度的要求,确认“Basmati”是一个通用名称,“美国 Basmati 稻”这种用法不构成对消费者的误导。对此,印度针锋相对地认为,“美国 Basmati 稻”这种说法是不准确的,是一种矛盾的修饰法(oxymoronic),最终美国并没有采纳印度的这一观点。① 世界知识产权组织(WIPO)的文件和《生物多样性公约》中对于传统知识的保护有所体现,②发展中国家的安第斯共同体在《知识产权共同规范》的总则中,将传统知识纳入了知识产权保护客体。除此之外,对于传统知识的保护,许多国际组织也做出了相应的努力,③学术界的主流观点认为应当在知识产权框架内对传统知识进行保护,目前的研究主要是主张通过专利法和植物新品种及商业秘密进行保护,也有少部分用于独创性的民间艺术表达可通过著作权加以保护,但这些保护都具有较强的针对性和保护不足的劣势,如通过专利法保护传统知识就会面临无法确定发明人身份的问题,此外,因为传统知识本身的传承性,也不满足专利的“新颖性”要求。而如果通过地理标志权对传统知识加以保护,则能够克服其他知识产权对其保护的不足。地理标志权的优势具体体现在以下几个方面:第一,地理标志权的保护期限不受限制。这一点契合了传统知识的特性,传统知识是通过数十代人传承下来的,保有当地的历史文化、风土人情等人文特质,有继续传承并加以保护的需求。第二,传统知识通常是集体智慧的结晶,并且公众对其广为知悉,因此传统知识不能为私权所垄断,这一特性使现有的大多数的知识产权制度无法对其进行保护,而地理标志是在前人创造的基础上经由后人改进并传承下来的技艺和声誉,从这个意义上来看,地理标志是特定地域内群体智慧及劳作的结果,既不能归个人所有,也不能归国家所有,而是属于该地区内集体共有,并且只有符合标准的个人才能使用,可见,地理标志的特征较为符合传统知识的群体属性。第三,一般的知识产权仅仅作为一项财产权,往往并不具备人文特质,而对于传统知识来说,除了具有财产权属性,还凝聚了

① See Sumathi Subbiah, *Reaping What They Sowa: The Basmati Rice Controversy and Strategies for Protecting Traditional Knowledge*, B. C. Intl. & Comp. L. Rev. (Spring 2004).

② WIPO 将传统知识定义为:传统的或基于传统的文学、艺术或科学作品;表演;发明;科学发现;设计;商标、商号及标记;未披露信息以及工业、科学、文学或艺术领域中的智力活动所带来的其他所有以传统为基础的创新和创造。WIPO, *Traditional Knowledge-Operational Terms and Definitions*, May 20, 2002.《生物多样性公约》第 8 条将传统知识定义为:“土著和地方社区体现传统生活方式而与生物多样性的保护和持续利用相关的知识、创新和实践。”

③ 世界知识产权组织、联合国粮农组织(FAO)、联合国教科文组织等就传统知识的保护制定了一系列国际公约。

特定区域的地理、文化特征。特别是地理标志,它是特定区域内的民众对其生产与生活经验的总结,兼具财产属性和人文属性,与传统知识的特征高度契合。也有外国学者认为地理标志不能用来保护传统知识,他们认为地理标志保护的客体是商品的标志,而不是商品本身。① 但在国际层面,无论是实践还是立法上显然都不认可这种意见。②

那么,如何在制度上将传统知识纳入地理标志权保护框架呢？有关国际组织已经进行了相应的尝试。③ 在这个问题上,国内学者大多从保护模式角度进行探讨,如反不正当竞争法保护模式、商标法保护模式和专门法保护模式。严永和教授认为用专门法的保护模式对传统知识进行保护是更优的选择,这是从积极角度对权利人授予一种财产权性质的权利,保护力度较大。同时,专门法的保护模式也更注重发挥国家在地理标志保护中的作用。④ 专门法的保护模式无疑可以提供更全面的保护,在地理标志专门立法中还可以就传统知识保护作出特别规定,使其获得高位阶的法律保护。

二、知识产权保护存在固有障碍

尽管非物质文化遗产的知识产权保护模式讨论热烈,但该模式仍存在一定障碍。第一,制度机理不一致。知识产权制度尤其是著作权和专利权主要是对智力创造的激励,若将非物质文化遗产纳入知识产权制度的范畴,那么其必须适应知识产权法律体系,以满足制度所需的基本条件,即有完成创作或发明的日期、一个或多个知识生产者的身份、相关产品的技术限定参数及有限的保护期,等等。但是非物质文化遗产的保护制度却无法

---

① See A. Kur & R. Knaak, *Protection of Traditional Names and Designations*, in S. von Lewinski ed., Indigenous Heritage and Intellectual Property Genetic Resources, Traditional Knowledge and Folklore, The Hague, Kluwer Law International(2004), p. 221-258.

② 例如,"法国香槟"地理标志,其保护的对象不仅仅是酒类的商标,还包括其酿造的方法,即生产香槟酒的传统工艺。立法方面,2006 年 3 月关于保护农产品和食品地理标志和原产地名称的欧洲理事会第 510/2006 号条例就确认了地理标志和技术知识的内在联系。

③ 世界知识产权组织"知识产权与传统知识、遗传资源、民间文艺政府间委员会"(IGC)秘书处在《现有传统知识的知识产权保护的回顾》一书中指出:"传统的技术的形成是当地社区将人文和自然因素与商品相结合的产物。地理标志将商品区分开来,可以是葡萄酒、烈酒、奶酪、手工艺品、手表、银器和其他商品,传统知识的构成要素有多少种,商品的地理标志的表达就有多少种。"WIPO, ICIPGRTKF, Third Session, Geneva 13-21 June, 2002, WIPO/GRTKF/IC/3/7, 6 May 2002.

④ 严永和:《论传统知识的地理标志保护》,载《科技与法律》2005 年第 2 期。

遵循上述的原则。① 首先,非物质文化遗产不存在明确的创造完成日期,非物质文化遗产虽然是智力创造成果,但其创造时点并不明确,可能为几百或者上千年前;其次,非物质文化遗产的创造是公开的且具有集体性。现在知识产权的创造性是指当代创造的不为人知、未公开、未使用智力成果,尤其是专利权,要求具有一定程度的新颖性。第二,具体规则上的冲突。首先,非物质文化遗产客体不明晰。非物质文化遗产作为一个整体,与知识产权保护的客体还存在较大的差异。我们可以将这些客体与著作权客体进行一个比较。从著作权的客体来说,其需要具备独创性,往往要有固定的载体,而非物质文化遗产中的一些传统习俗、社会实践并非有固定载体,与传统的著作权客体不相符。从专利权的客体来说,其需要有新颖性,然而,有些传统知识如传统医药,家喻户晓,代代相传,或是直接来自对自然的发现,传承人发现某种草药具有治疗某种疾病的功能,但没有对其进行加工,往往不具备专利权所要求的新颖性。以"乌苏里船歌案"为例,作曲家郭颂在赫哲族的民间曲调《想情郎》的基础上创作了《乌苏里船歌》,在最后判决中,法院认为赫哲族享有《乌苏里船歌》的著作权。在该案件判决中,虽然保护了民间文学艺术或者说是非物质文化遗产,但是其中非物质文化遗产与著作权客体之间的界分并不明确,更重要的是关于权利主体认定没有任何标准。在客体问题上,我们都知道著作权的客体是作品,而非物质文化遗产中的民间文学艺术是否可以被视为作品呢?实际上值得商榷的地方很多。民间文学艺术和民间文学艺术作品是两个截然不同的概念,前者是具有传统文化元素,在特定群体中世代相传的文学艺术表现形式;而后者是从民间文学艺术中获取素材,由特定的作者创作出来的文学艺术作品。简言之,首先,主体不同,一个是具有群体性的族群,另一个是特定的作者;其次,创作时间不同,一个是世代相传不断积累变化的,另一个是完整的静态的作品。而《著作权法》第6条规定:"民间文学艺术作品的著作权保护办法由国务院另行规定。"以被视为"用著作

① 杨明:《非物质文化遗产的法律保护》,北京大学出版社2014年版,第150页。

权法保护文化表达”的经典案例为例①,原告根据其部落文化创作了一幅六色油毡浮雕图案,该作品对其部落而言有着特殊的意义,被视为一种“神圣的图案”,而被告未经许可从越南进口了复制有该图案的地毯。原告认为将这一“神圣的图案”复制在地毯上任人践踏给其造成了极大的痛苦,这不仅影响她的艺术生涯与经济生活,还影响她在本部落社区文化实践的参与能力。从原告的诉讼理由来看,原告的诉讼请求不仅是对其作品的保护,还有对其部落非物质文化的保护。但是,法官最后只是根据著作权法相关规定认定原告的作品是受著作权法保护的作品,被告未经许可从越南进口复制有该图案的地毯,是侵犯原告作品著作权。由此可见,六色油毡浮雕所承载的土著文化并未直接获得著作权法的保护。

综上所述,笔者认为文化遗产权利主体存在缺位,文化遗产所属主体具有群体性和不特定性特征,而现代知识产权制度授予的权利主体为著作权人、发明创造人,权利主体必须是特定的主体。知识产权是私权,私权必须赋予特定的权利人,且作为一种绝对权,具有独占性和排他性。文化遗产在授予的主体上产生了冲突,但这种冲突并非不可调解。通过扩大知识产权保护主体,即可将文化遗产这一客体纳入知识产权保护的体系下,由此不仅可以更好地保护文化遗产所属人的权利,还能够加大对文化遗产的开发创新力度。

---

① George M. , Payunks, Marika & Others v. Indofum Pty Ltd. , (1994)54 FCR 240. 该案背景为澳大利亚进口了许多采用原住民设计的越南编织地毯。申请人是三位在世的原住民艺术家,这些艺术家的作品要么在为澳大利亚国家美术馆(ANG)制作的土著艺术作品集中被复制,要么在由澳大利亚政府印刷机构为澳大利亚信息服务局(AIS)发行的作品集中被复制。有证据表明,土著艺术家允许在著名的出版物(例如 ANG 作品集和 AIS 出版物)中复制其作品,这些出版物的设计目的是帮助白人社区成员了解有关土著文化的知识。在 ANG 作品集和 AIS 的出版物中,对作品的描述都清楚地表明,作品的主题涉及对艺术家具有精神和神圣意义的故事。有人还提出,绘画技术以及图腾及其他图像和符号的使用在许多情况下都是重要的。而在重要的创作故事中,则始终受到原住民法律和习俗的严格控制。由于艺术品是记录这些故事的重要手段,因此有人指出,复制中的错误可能会导致严重犯罪。有人指出,在未经授权的情况下复制故事或设计的行为,根据原住民法律,传统所有者有责任采取行动维护传统并惩罚违法者,这些惩罚包括处死。在当下也包括排除参加仪式的权利和取消复制氏族故事的权利,在某些情况下还包括针对或排斥。原告证明,关于复制权的原住民习惯法和作品的共同所有权概念与其创作者对作品的版权转让的有效性无关。法院认为,几乎没有证据表明申请人可能因发生侵权而蒙受金钱损失。艺术家曾对他们的作品进行过某种形式的经济利用,即出于促进原住民文化的目的将其用于作品集或海报中以作教育用途。显然将其艺术品用于在地毯等物品上进行描绘是艺术家们所不愿看到的。因此,不能说被告的活动造成了明显的经济损失。在此基础上,法院仅判给了少量的损害赔偿,以反映地毯对艺术品声誉的有害影响以及地毯的“独特性”的损失。

三、私权保护的"反公地悲剧"

所谓的反公地悲剧理论的创立就是为了更好地解释和解决现实问题,因此它具有非常鲜明的政策导向:仅仅明晰产权并不足以保证经济效率,对产权(或资源本身)加以过度细分甚至可能会降低效率;排他性权利掌握在过多行为主体手中时,过高的社会交易成本会导致资源使用不足或者闲置。尽管长期以来大部分法学家和经济学家忽视了"反公地悲剧",但事实上只要政府创造新的产权,都可能导致反公地问题。反公地一旦形成,其解决通常需要付出高昂的交易费用,有时甚至是极其强烈的社会对抗。

在非物质文化遗产领域中,也普遍出现了"反公地悲剧"的现象,其特性是"碎片化"与"隔离化"的产权,导致资源的闲置或利用不足。其具体表现为:

1. 相关产权事实分割严重。非物质文化遗产所具有的群体性特点使得我国公权力对其进行管理。但在非物质文化遗产管理和开发过程中,上级政府把各地的非物质文化遗产资源委托给下级政府管理,最终由地方政府行使对非物质文化资源的管理权和使用权。从纵向来看,上级政府会将非物质文化遗产管理权委托给下级政府,下级政府也会根据具体情况将相关权利移交给其下级政府或让渡给代表性传承人或者企业。从横向来看,由于牵扯空间、地域等群体性特点,政府在非物质文化遗产申报中采用了联合申报、拓展项目等政策,可能会向两个或两个以上的下级平行政府授权,一级地方政府内部,也会有文化、文物、宗教、旅游等多个平行部门获得"碎片化"产权,形成了由于多个主体共同行使不完整产权而导致的典型的"反公地悲剧"现象。[①]

2. 授权谈判的权利人过多导致资源闲置。非物质文化遗产具有经济效益与精神文化层面的双重价值,因此非物质文化遗产作为我国的传统文化资源,不仅关涉民族文化精神,而且涉及民族经济利益。为了更好地保护与传承非物质文化遗产,给予其私权保护存在一定必要性。但国家给予传承人的权利应该与排他性所有权(支配权)、知识产权(专有权)存在本质区别,杨明教授将其定义为"排除不正当之利用与占有的权利"。[②] 原因在于非物质文化遗产的公共性比知识产权所保护的产品广阔很多,知识产

① 鲁春晓:《非物质文化遗产开发与"公地困局"问题研究》,载《东岳论丛》2014年第10期。

② 杨明:《非物质文化遗产保护的法律结构》,载《电子知识产权》2010年第8期。

品的保护虽然要平衡权利主体与社会公众之间的利益，但对其加以保护仍是以激励创新为主要目的。非物质文化遗产对于维系社区和原住民的生存和发展具有不可估量的价值，“它除了构成一个社区与民族国家的经济、文化资源财富以外，还具有重要的生态、遗传、社会、经济、教育、文化、娱乐及美学价值，总之，对非物质文化遗产的保护应是全人类共同关切的问题，而不单单是一个私主体的权利问题”。①

因此，如果单独采用知识产权模式来对非物质文化遗产进行管理，对于非物质文化遗产的开发利用者来说，在利用之前需要与之进行授权谈判的权利人过多，也就是拥有排除权的人数过多，于是就有可能产生所谓的“反公地悲剧”，②即非物质文化遗产的产权形态导致资源被闲置，资源的闲置就使其文化性元素失去活力，直至诸多非物质文化遗产“安乐死”。因此，即使对非物质文化遗产进行事先的产权确认也会因为产权过度带来的杠杆效应导致非物质文化遗产丧失活力。由此不难看出，用绝对私权保护非物质文化遗产不仅不利于激发非物质文化遗产活力，还有可能会导致非物质文化遗产的进一步封闭，适得其反。用私权保护非物质文化遗产需要明确其本意是为了捍卫非物质文化遗产权利人的正当权益，保证非物质文化遗产的安全，激发非物质文化遗产的活力。因此给予私权的权利人不能过多，给予的权利也不能过多。此外，我们需要考虑的是非物质文化遗产的传承过程是否具有足够的“独创性”，用知识产权保护是否赋予其过多权利。从非物质文化遗产的特征进行分析，其最大的特点是源远流长，一脉相承。所以，非物质文化遗产的权利人大多也都是传承人，其之所以被称为传承人，是因为其主要做的工作是传承而并非创造。这也代表着非物质文化遗产达不到知识产权“独创性”的要求，故而非物质文化遗产传承人的权益是否可以用著作权中的邻接权进行保护是值得思考和探讨的问题。

综上，多个产权的事实分割，造成了非物质文化遗产资源的闲置和效率低下，而这也使开发主体进行非物质文化遗产再次开发的难度无形中加

---

① See Robert K. Paterson, Dennis S. Karjala, *Looking beyond IP in Resolving Protection of the Intangible Cultural Heritage of Indigenous People*, Cardozo J. Int'l & Comp. L. (2003).

② 美国赫勒教授(Michael A. Heller)于1998年在*The Tragedy of Anti-Commons*一文中提出了“反公地悲剧”的理论模型，将“反公地”定义为：“一种产权制度，在该制度下众多(multiple)所有者对某项稀缺资源掌握有效的排他性的权利。”后来，赫勒教授又对反公地的概念作了进一步解释：“当太多人拥有某物的部件(pieces)时，就会出现没人能够使用它的局面。通常，产权私有化能够创造财富，但是过多的产权却会造成相反的结果——导致浪费性的使用不足。”

大,从而降低了非物质文化遗产开发的市场吸引力。同时,由于产权进行分割后造成了产权范围缩小,产权转化和整合难度加大,可能会出现其价值远远小于整体价值的情况,资源没有得到最优的使用,造成“反公地悲剧”。

综上所述,非物质文化遗产保护似乎陷入了两难的困境,如果不赋予非物质文化遗产排他性权利会导致其陷入“公地悲剧”,而即便是建立私权制度也会导致其进入“反公地悲剧”。如何在私权与公权中选取一个恰当的平衡点是解决该难题的关键因素。鉴于非物质文化遗产有人文价值和经济价值的双重内涵,非物质文化遗产的法律保护体现出对公法兼顾私法的双重制度需求。① 现代法学一般认为,凡涉及公共关系、公共利益、公共权力和上下服从关系、强制关系的法即为公法,而凡是涉及自由选择、个人利益、个人权利、平权关系的法即为私法。②对非物质文化遗产进行适度开发,以开发促保护已成为全社会共识,但在非物质文化遗产开发过程中,“公地悲剧”与“反公地悲剧”现象普遍存在,出现了利益博弈、内耗加剧、产权整合困难等问题,严重制约了非物质文化遗产的传承与开发。因此,应采取产权制度化厘定、多元主体联席管理与开发、流转市场建设等制度与措施,有效突破“非物质文化遗产”开发中的“公地困局”,使我国“非物质文化遗产”的传承与开发取得良性社会经济效益。

第四节　文化遗产法律保护新论

我国的文化遗产法律保护体系是不充足且略显混乱的。对文化遗产的法律保护,应当带着整体的眼光,立足本土,面向全球,构建最符合我国现状和国情的文化遗产保护体系。一方面,我们需要因地制宜,因为文化遗产的保存和保护现状在国内乃至世界各国都是迥然不同的;另一方面,我们也不能放弃开放借鉴的思维,应将国外文化遗产保护的先进经验运用到我国相应的保护工作中来。“法制现代化不是孤立封闭的法律现象,也不是某一个国家或某一个地区的个别态势,而是一个开放式国际性的法律发展过程。”③

一、价值选择和权利(力)体系

(一)确立正确的文化遗产保护价值观

对文化遗产的保护应当出于一种怎样的目的、基于一种怎样的价值理

---

① 黄玉烨、戈光应:《非物质文化遗产的法律保护模式》,载《重庆工学院学报》2009 年第 5 期。

② 张文显主编:《法理学》,法律出版社 1997 年版,第 89 页。

③ 公丕祥:《国际化与本土化:法制现代化的时代挑战》,载《法学研究》1997 年第 1 期。

念,是建构文化遗产保护法律体系的前提和基础。在人与自然的关系问题上,曾有学者提出文化遗产法律保护的价值可分为人类中心主义和非人类中心主义两种。例如,日本于1950年颁布的《文化财产保护法》,[①]其立法的最终目的在于利用文化财产并以此提高日本公民的文化素养,该法采取了以人类发展为中心的价值理念;而非人类中心主义则以1982年的《世界自然宪章》为代表,其强调自然界中所有物种都是生态圈的一部分,都应当平等地生存、交往。[②] 事实上,无论是人类中心主义还是非人类中心主义,世界各国法律以及国际公约都是建立在"人本"的价值基础之上的。尽管两种价值观在自然是否有"固有价值"问题上存在分歧,但这种固有价值的最终发现者和挖掘者仍然只有人类,因此可以说承认自然的价值就是在承认人类自身的价值。在文化遗产的保护过程中,我们需要建立敬畏自然、尊重历史的价值取向,因为这最终会为人类自身福祉做出贡献。除此之外,做好文化遗产保护工作,还需要我们正确处理好文化遗产的地域性价值和普适性价值。[③] 前者来自各地文化遗产不同的、丰富的地域性特征,不同的文化遗产只有在相应的历史文化环境中才能成为"遗产",才能够传承下去;而后者来源于全人类对于文化遗产在文化多样性语境下潜在价值的深刻把握,每一种文化遗产都是不同的,但却同样地形成了文化的多样性。从国内法和国际法的关系角度来把握这个问题,我们应当做到以国内法为出发点、以国际法为参照点,共同打造好我国文化遗产的传承乐园,为世界的文化多样性增添具有中国风的色彩。

---

① 日本用以表述文化遗产的术语为"文化财",日本的文化财保护由文部科学省的文化厅主管,与此相关的一系列制度、法规始于明治时代初期。日本《文化财保护法》自1950年颁布实施以来,先后历经过六次大规模的修订并沿用至今。《文化财保护法》是明治时代以来颁布的保护文化财的诸多法律法规的遴选与统合,是日本全面保护文化财的第一部大法,标志着日本自战前"崇古求美"的单一保护模式过渡到战后的以活用为主的新阶段。参见张松:《日本历史景观保护相关法规制度的特征及其启示》,载《同济大学学报(社会科学版)》2015年第3期。

② 1982年10月28日,联合国会员国通过了《世界自然宪章》。它宣布了五项保护原则,以此来指导和评判影响自然的所有人类行为。①自然应得到尊重,其基本过程不得受到损害。②地球上的遗传可行性不应受到损害;所有生命形式(野生和驯养)的人口水平必须至少足以维持生存,为此必须保护必要的栖息地。③地球的所有地区,无论是陆地还是海洋,都应遵守这些保护原则;应对特殊区域,所有不同类型生态系统的代表性样本以及稀有或濒危物种的栖息地给予特别保护。④应该管理生态系统和生物以及人类利用的土地、海洋和大气资源,以实现和保持最佳的可持续生产力,但不得以危及其他生态系统或物种的完整性的方式进行管理。⑤应保护自然免受战争或其他敌对活动造成的退化。参见联合国官网(https://www.un.org/documents/ga/res/37/a37r007.htm)。

③ 叶秋华、孔德超:《文化遗产法律保护中的几个问题》,载《法学家》2008年第5期。

（二）实现公权和私权的合力

在非物质文化遗产公共属性前提下，行政机关成为非物质文化遗产的管理者。行政法规及规章成为非物质文化遗产保护的有利手段。① 笔者认为，对非物质文化遗产加强行政手段保护，应从行政机关的职能出发，其行政行为包括行政命令、行政许可、行政确认等。具体到非物质文化遗产保护的方面，体现在行政机关对于非物质文化遗产的合理开发和适当的商业利用采取的激励措施，以及对于濒临消失的非物质文化遗产的保护。总而言之，行政机关在此过程中应能动地发挥职能，以最大限度地维护非物质文化遗产的传承。但欲实现契合市场，增加商业价值，对非物质文化遗产进行私权保护是必不可少的手段，即以知识产权保护其衍生物，而非在非物质文化遗产上设置一种新型的民事权利。知识产权法的框架包罗万象，人类的智力创造成果符合法律规定的都可纳入其中。著作权、专利、商标、商业秘密、地理标志、不正当竞争等知识产权保护体系足以实现非物质文化遗产的市场价值，而无须单独设置所谓的非物质文化遗产权。② 例如，表演艺术虽无法确定原始的创作者，但对于表演艺术的表演者，可赋予其表演者权；通过传统技艺创作的作品，如书法作品可通过著作权法规制；在经营活动中，针对其商品或服务也可申请商标等。由此，知识产权法体系足以涵盖非物质文化遗产在市场中的利用与开发。有学者同时指出，以知识产权法规制，实际上会出现非物质文化遗产的权利人不明的问题。笔者认为，非物质文化遗产的原始权利人与其衍生物的权利人并非同一概念，应将知识产权赋予在这一传承并创造过程中做出贡献的主体，如果是依赖于集体创作完成的，权利归属不明的，应该由该集体或者保护单位等对这一类非物质文化遗产进行特殊管理，行使相应的职权，履行应有的职责，由此看来，对于非物质文化遗产私权保护不宜统一，应该针对不同类型的非物质文化遗产进行区别利用及保护。综上而言，在非物质文化遗产的

---

① 例如，1997 年国务院颁布实施《传统工艺美术保护条例》、2005 年国务院办公厅印发《关于加强我国非物质文化遗产保护工作的意见》，各省也纷纷颁布非物质文化遗产保护条例。

② 参见李立：《非物质文化遗产应披上知产保护铠甲》，载《法制日报》2008 年第 8 期。不过也有学者提出设置一项新型民事权利，参见韩小兵：《非物质文化遗产——一种超越知识产权的新型民事权利》，载《法学杂志》2011 年第 1 期。该文还提到英属哥伦比亚大学法学院教授罗伯特·帕丁森（Robert Paterson）和亚利桑纳州立大学法学院教授丹尼斯·卡尔亚拉（Dennis Karjala）在其《超越知识产权框架的原住民非物质文化遗产保护》一文中指出，“提供给原住民的新的非物质文化遗产权利并不是所有权性质的，它是一种有自身特点的独立的权利”。我国云南省知名非物质文化遗产保护专家赵晓澜主张，“应借鉴和利用著作权法、专利法、商标法、商业秘密和反不正当竞争法规等现有知识产权制度中有关适合非物质文化遗产保护的内容，确定非物质文化遗产权是一项新的民事权利”。

传承过程中，单独采用公权或私权保护的模式不足以完全涵盖，应采取公私法二元保护，两者互相弥补，既可以实现非物质文化遗产文化传承的目的，也可使其传承人在市场流转中获取经济利益，进一步推动非物质文化遗产的传承。

二、立法布局与重点

（一）优化文化遗产保护法律体系

截至目前，我国并未出台一部专门的文化遗产保护法，而是根据保护客体、保护方式等不同，以各种分散的法律法规试图对物质文化遗产和非物质文化遗产进行保护。除了各地不尽相同、纷繁复杂的地方规范性文件之外，我国目前出台的在全国范围内适用的规范性法律文件有《文物保护法》《文物保护法实施条例》《非物质文化遗产法》《著作权法》《风景名胜区条例》等。[①] 其中《文物保护法》和《非物质文化遗产法》是有关物质文化遗产和非物质文化遗产的法律，《著作权法》虽然并非为文化遗产保护专门制定，但是在相关保护工作中具有普遍适用性。《风景名胜区条例》等国务院及其下属部委制定的条例、办法等，则属于由非立法机关制定的行政法规、行政规章，与《文物保护法》《非物质文化遗产法》相比效力较低。由此可见，我国对文化遗产的保护、管理整体上采用分散的立法模式，基本形成了文化遗产保护法律体系。这样的立法模式尽管包含了众多文化遗产保护对象，但未形成统一有序的适用规则，难免产生混乱与冲突。例如，对于物质文化遗产与非物质文化遗产保护适用的法律不同，在其相关部门法之间并没有形成良好的衔接，又如，《非物质文化遗产法》第 44 条第 1 款规定："使用非物质文化遗产涉及知识产权的，适用有关法律、行政法规的规定"，但实际上，与此相关的行政法规，如"民间文学艺术作品著作权保护条例"仍在起草过程中，非物质文化遗产涉及的知识产权问题无法适用。此外，许多地方性法规与《非物质文化遗产法》也没有很好地衔接起来，连基本概念都不统一，如《云南省民族民间传统文化保护条例》中使用的是"民族民间文化""民族民间传统文化"这样的概念。诸如此类的法律适用上的冲突，其最终源头是文化遗产保护立法不完善，保护机制不健全。面对法律保护体系的不足，我国应该加强开展调研，为立法、修法工作做准备。我国幅员辽阔、文化丰富，各种形式的文化遗产具有不同的特征

---

① 此外在国际上也有相关的国际公约为我国文化遗产保护立法提供国际法依据，例如 1954 年《海牙公约》、1972 年《世界遗产公约》等。

和保护现状，因此对文化遗产法律体系的优化及统一也不可能一蹴而就，我国可效仿日本，逐渐整合目前散乱的法律、法规、规章后，在条件成熟时制定统一的“文化遗产保护法”，以此来统领全国各种形式的文化遗产规范性法律文件，不断优化文化遗产保护法律体系。

（二）相关犯罪行为的刑法规制

文化遗产的保护需要公法与私法共同作用与支持，两者相辅相成、缺一不可。对破坏文化遗产及其管理活动的严重违法行为，有必要将其纳入刑法进行规制，进而严厉打击相关的犯罪行为。我国《刑法》尚无规制破坏文化遗产及其管理活动的刑法条文，仅在第 324 ~ 327 条规定了有关破坏文物管理秩序的犯罪，尚无规制破坏非物质文化遗产的刑法条文。刑法理论认为，刑法条文所确立的构成要件实质是类型化的侵犯法益的行为。[①]即一种行为在社会生活中并非罕见地出现并对法益有重大侵犯，刑法才有必要将之规定为犯罪。我国《宪法》第 22 条第 2 款规定：“国家保护名胜古迹、珍贵文物和其他重要历史文化遗产。”可见，非物质文化遗产有其历史传承性，发挥着促进社会安定、团结凝聚人心等社会作用，具有宪法价值，毫无疑问是一种重大法益。近年来，各地出现的对非物质文化遗产过度商业开发的现象，不仅有损非物质文化遗产的文化价值，更可能使其走样变形，从而消亡。例如，花木兰传说，美国迪士尼电影公司从一个自称花木兰故事著作权人处获得授权，制作了有名的电影《花木兰》并赚得盆满钵满，然而迪士尼电影公司在花木兰的故事中加入了大量的个人主义元素，极大地扭曲了传统的花木兰传说所传达的精神意蕴，客观上对这一文化遗产造成了不可弥补的损失。对于这些商业开发者扭曲民间文学艺术表达等精神权利的唯利是图的行为，完全可以研究设立一种罪名列入刑法。

（三）行政管理的有序化

文化遗产的行政管理无论是从立法还是行政执法来看，目前在我国都缺乏统一性和有序性。一套高效有序的文化遗产行政管理制度应当趋于统一的管理模式。目前，我国对文化遗产的管理和保护无明确而统一的行政管理权属，一方面，由于政出多门，文物、住建、环境、文化等多个部门都可能在某一起文化遗产案件中行使对文化遗产的管理权。但另一方面，也有可能存在多个行政部门相互推诿，怠于行使文化遗产的保护、管理职责的情形。这样职权分配不明的状况与我国文化遗产这一概念的形成过程不无关系，对内容的过度关注导致缺乏对文化遗产形式的统一管理思

① 张明楷：《刑法学》（第 5 版），法律出版社 2016 年版，第 115 页。

维,从而形成行政管理体制上的缺陷。而职责分工不明确的行政管理体制,显然不利于文化遗产的统一管理和有效保护,这样的案例也时有发生。例如,由国际著名建筑设计师邬达克于1930年设计并建造的上海市巨鹿路888号老洋房被业主野蛮拆除这一事件,部分原因就在于城市建设、城乡规划和城管三家当地行政部门在接到市民投诉后相互推诿、置之不理。[①]尽管相关负责人在此次事件后被问责,但被拆除的历史建筑已经消失,即使重建也难以恢复其完整的历史价值。要杜绝此类事件重演,就必须从源头上重新配置各行政部门的文化遗产管理权责,促进行政管理的有序化。在立法上也存在同样的问题,因此有必要在行政执法和立法领域进行适当的改革。在机构设置方面可以考虑设置统一的文化遗产主管部门,必要时也可以设置议事协调机构,直属一级政府,在文化遗产管理过程中出现不同政府部门职权交叉的,可以协商处理。

三、非物质文化遗产公益诉讼

对非物质文化遗产的保护不仅可以通过完善实体法律,也可以通过构建相应的诉讼制度实现。非物质文化遗产的诉讼大体可以分为私益诉讼和公益诉讼两种。私益诉讼的提起主体是非物质文化遗产的直接权利人,例如非物质文化遗产传承人、知识产权人乃至基于部分学者提出的“文化遗产权”[②]而形成的“文化遗产权人”。直接权利人提起私益诉讼的实体法依据主要为《非物质文化遗产法》及《著作权法》,而其诉讼法依据则在于《民事诉讼法》和《行政诉讼法》。但基于对我国非物质文化遗产保护状况的探查和国民权利保护意识较差这一现状的认识,笔者认为有必要在我国建立起非物质文化遗产公益诉讼制度,并完善相关程序法,为非物质文化遗产的公益诉讼提供法律依据。由于非物质文化遗产的公益诉讼和环境公益诉讼极其相似,因此建立非物质文化遗产公益诉讼的理论基础也基本可以借鉴环境公益诉讼。[③] 只要稍加论证,就可以得出非物质文化遗产

---

① 宗贺:《历史建筑被拆除谁之过》,载《中国商报》2017年6月21日,“大观”版。

② 邢鸿飞、杨靖:《文化遗产权利的公益透视》,载《河北法学》2005年第4期。

③ 美国密执安大学教授约瑟夫·萨克斯(Joseph Sachs)于1970年提出“环境公共信托理论”,主要包括三个原则:第一,像大气、水这样的特定利益对全体公民是极其重要的,因此将其作为私的所有权的对象是不贤明的;第二,由于人类蒙受自然的恩惠是极大的,因此这些大气和水与个人的经济地位无关,全体公民应当可以自由地利用;第三,增进一般公众利益是政府的主要目的,就连公共物也不能为了私的利益将其从可以广泛的、一般使用的状态而予以限制或改变分配方式。在“环境公共信托理论”的指导下,美国密歇根州于1970年通过了《密歇根州环境保护法》,后来又被其他18个州作为立法参照。非物质文化遗产公益诉讼也可参照“环境公共信托论理论”论证其理论基础。

具备公共属性，属于公共利益的这一结论。因此，建立非物质文化遗产公益诉讼具备完善的理论前提。

公益诉讼的历史悠久，最早可以追溯到罗马法时期，当时的罗马法理论将诉讼基于私人利益和公共利益分为私益诉讼和公益诉讼两类。[①] 公益诉讼与私益诉讼相比，最大的不同在于其诉讼主体并不一定是遭受权利侵害的主体。公益诉讼涉及社会公众在环境、消费等方面的共同利益，且并非任何个人、组织都能成为公益诉讼的适格原告，诉讼法对现有公益诉讼主体资格提出了严格的要求。非物质文化遗产具有公共性质，[②]是全体国民甚至全人类的共同财富，其公益诉讼事关传承者、传播者、使用者、管理者等多个主体利益，因此必须准确定位非物质文化遗产公益诉讼的诉讼主体，防止非物质文化遗产公益诉讼提起的混乱。笔者认为，符合要求的自然人、社会组织和人民检察院可以成为非物质文化遗产公益诉讼的适格诉讼主体。

首先，符合条件的社会组织可以成为非物质文化遗产公益诉讼的适格原告。新修订的《环境保护法》第 58 条规定了符合相应条件的社会组织可以成为环境公益诉讼的适格原告，并对提起环境公益诉讼的社会组织须具备的条件进行详细安排。[③] 非物质文化遗产公益诉讼对社会组织这一诉讼主体的原告资格要求，也可以参照《环境保护法》中对社会组织原告资格的规定。结合非物质文化遗产本身的特性和公益诉讼的特点，笔者认为可以将非物质文化遗产公益诉讼对社会组织作为原告的要求设置为以下两点：第一，依法在设区的市级以上人民政府民政部门登记；第二，从事文化相关活动连续五年以上且无违法记录。其次，人民检察院也应当是非物质文化遗产公益诉讼的适格原告，且是代表国家提起非物质文化遗产公益诉讼的最佳主体。一方面，人民检察院提起非物质文化遗产公益诉讼符合人民检察院的设立目的。[④] 作为我国的法律监督机关，依法监督《非物质文化遗产法》《著作权法》等法律的实施情况，是人民检察院的法定职责。另

① 吕霞：《环境公益诉讼的性质和种类——从对“公益”的解剖入手》，载《中国人口·资源与环境》2009 年第 3 期。

② 孙昊亮：《非物质文化遗产的公共属性》，载《法学研究》2010 年第 5 期。

③ 《环境保护法》第 58 条规定：“对污染环境、破坏生态，损害社会公共利益的行为，符合下列条件的社会组织可以向人民法院提起诉讼：（一）依法在设区的市级以上人民政府民政部门登记；（二）专门从事环境保护公益活动连续五年以上且无违法记录。符合前款规定的社会组织向人民法院提起诉讼，人民法院应当依法受理。提起诉讼的社会组织不得通过诉讼牟取经济利益。”

④ 《宪法》第 134 条规定：“中华人民共和国人民检察院是国家的法律监督机关。”

一方面,人民检察院具备提起非物质文化遗产公益诉讼的专业能力和资源。人民检察院常年行使法律赋予的公诉和检查职能,对提起公益诉讼具有先天的专业优势。部分地方检察院还设置了民事行政部门,专门负责提起公益诉讼事宜,因此人民检察院提起非物质文化遗产公益诉讼,可以最大化发挥其专业资源。[①] 此外,行政机关不适宜成为非物质文化遗产公益诉讼的适格原告。行政机关具备法律赋予的行政管理权,对违反法律并损害非物质文化遗产及其管理活动的行为,行政机关本来就有权通过抽象行政行为和具体行政行为对其进行规制,而无须通过诉讼手段达到目的。若承认行政机关具备提起非物质文化遗产公益诉讼的资格,则会导致行政机关的定位错乱,不利于行政机关职能的发挥。

① 鲁幽、周安平:《非物质文化遗产法律保护的新路径》,载《知识产权》2017 年第 2 期。

第三章 文化遗产数字化的著作权问题

第一节 文化遗产数字化之“合理使用”讨论

一、数字技术时代“合理使用”的立法模式思考

著作权的合理使用制度是指在特定条件下,他人在未获得著作权人许可且无须支付报酬的情况下,可以使用其作品。2020 年 11 月我国新修订的《著作权法》第 24 条对合理使用制度进行了一定的修改,由原来“列举+封闭”的立法模式转变为“列举+开放”式立法模式,[①]将原来《著作权法实施条例》第 21 条内容(“三步检验法”)内化到具体的法条中,符合时代发展的要求和司法实践的需要,这样一来,法官可以在侵权行为和合理使用上有自由裁量的空间。合理使用的有关规定,特别是与公共博物馆的数字化复制行为有关的合理使用制度,应当进一步研究并加以完善,促进并推动公共文化遗产数字化建设的发展。版权法体系的国家对合理使用制度设计采开放式立法模式,法官自由裁量的空间较大,有较多先例可循。我国刚修订的合理使用制度,具体的司法适用可以参考版权法体系的经验,为“三步检验法”的具体适用提供具体化路径,以完善合理使用制度,平衡相关主体的利益。

斯托里法官在 1869 年 Lawrence v. Dana 案[②]的判决中首次使用了“合理使用”的概念,这一概念最终为 1976 年《美国版权法》所采纳。1976 年《美国版权法》第 107 条[③]对过去涉及英美版权合理使用案件的裁判要点进行了总结,归纳出了构成合理使用的四要素:(1)使用作品的目的,是否

---

① 《著作权法》第 24 条规定:在下列情况下使用作品,可以不经著作权人许可,不向其支付报酬,但应当指明作者姓名或者名称、作品名称,并且不得影响该作品的正常使用,也不得不合理地损害著作权人的合法权益:……

② Case No. 8,136. [4 Cliff 1;1 2 Am. Law T. Rep. (N. S.) 402; 7 O. G. 81.]Public Resource Org (April 30, 2019), https://law. resource. org/pub/us/case/reporter/F. Cas/0015. f. cas/0015. f. cas. 0026. html.

③ §107 of US Copyright Act 1976, U. S. Copyright Office (April 30, 2019), https://www. copyright. gov/title17/.

为商业或非商业目的;(2)作品的性质;(3)作品使用部分的内容与多少;(4)使用作品的行为对作品价值的影响。[①]而对于数字图书馆将馆藏作品进行全文扫描以供搜索的情形是否属于合理使用,美国法院运用"四项标准原则"进行了认定,首先,对于作品的性质与使用目的,法院认为其构成转换性使用,符合合理使用;其次,对于作品类型的认定,虽然法院认为被扫描作品应当予以保护,但法院并未因此而否定综合考量全部要素后,该案使用作品的合法性;再次,法院认为全文扫描的行为基于搜索目的是必要且合理的,其使用的质与量未超出必要限度;最后,图书馆的行为并不会对权利人的市场经济损失造成不当影响。因此,法院判决博物馆对馆藏作品数字化的行为构成合理使用。

在欧盟,《欧盟数字化单一市场指令提案》第4条就教育领域的数字作品合理使用问题给予了明确的建议。依据该条款,数字作品的使用在满足下列两个条件时可以被认定为合理使用:(1)通过教育机构办公场所获取作品使用或者通过仅对教育机构工作人员或者学生开放的电子网络平台获取作品使用;(2)除无法明确作品来源外,作品使用的同时必须标明作品来源,包括作者的信息。此外,有关文化遗产数字化保存活动的问题,《欧盟数字化单一市场指令提案》第5条给出了明确的建议。依据该条款,成员国应当通过立法确保文化遗产机构为保存目的采取必要措施,对其永久馆藏的任何作品展开任何形式的数字保存工作。[②]

我国新修订的《著作权法》中的合理使用制度,采用了"列举+开放"模式来规范合理使用制度。原来的列举式又被一些学者称为"封闭式立法"模式,[③]因为列举出来的12种情形将合理使用框定在一个具体的、封闭的范围之中。与之相对应的是"概括式立法",它与"封闭式立法"的区别之处在于概括式立法只明确了构成合理使用的几个要件,难以找到明显的边界,因此又称为"开放式立法"。很显然,美国的合理使用制度使用的"概括式立法"模式也与美国的判例法传统有关。在判例法体系中,法官有较

---

① …be considered shall include—(1) the purpose and character of the use, including whether such use is of a commercial nature or is for nonprofit educational purposes; (2) the nature of the copyrighted work; (3) the amount and substantiality of the portion used in relation to the copyrighted work as a whole; and (4) the effect of the use upon the potential market for or value of the copyrighted work. The fact that a work is unpublished shall not itself bar a finding of fair use if such finding is made upon consideration of all the above factors.

② 周玲玲:《〈欧盟数字化单一市场指令提案〉之著作权例外条款解读》,载《图书情报工作》2017年第3期。

③ 李琛:《论我国著作权法修订中"合理使用"的立法技术》,载《知识产权》2013年第1期。

大的自由裁量权,就算是成文法也多是对以往判例观点的总结,此种情况下美国的成文法立法行为就会尤为谨慎,从而避免影响法官的自由裁量权,维护其判例法传统。我国新修订的《著作权法》合理使用制度打破了原来僵化的列举式立法模式,能够较好地适应变化多端的科技文化发展。为此,有学者提出在合理使用的立法层面,可以参照"规则/标准二分法"(Rule/Standard Dichotomy)[①]的方式,即一方面通过成文立法确立法律规则,另一方面通过裁判标准来确定规则的适用方法。[②]

数字化中的合理使用主要体现在复制行为,尤其是馆藏资源的数字化过程,其利用数字化技术将藏品进行复制保存,落入复制权的管控范围。我国《著作权法》第10条对著作权人的复制权规定为:以印刷、复印、拓印、录音、录像、翻录、翻拍、数字化等方式将作品制作一份或者多份的权利。其中"等"表明了复制方式与手段的多样性。《著作权法》第24条对于图书馆等特殊机构数字复制中合理使用的规定,仅仅局限于目的为"陈列或者保存版本的需要"。

但是,随着我国《著作权法》第三次修改,三步检验法已经内化到合理使用制度当中,[③]使合理使用制度更加完善。三步检验法对于数字化馆藏品的适用主要有两方面因素需要考量:首先,对于界定图书馆的数字复制行为是否妨碍对作品的正常使用,可以通过复制的地域范围、时间期限以及复制作品的数量与内容等通盘考虑。其次,对于馆藏数字化复制行为而言,其往往可以和复制作品的主观目的和市场影响结合考虑。

二、保护期内文化遗产数字化

文化遗产数字化包括(博物馆)物质文化遗产数字化及非物质文化遗产数字化。如前文所述,出于保存目的的非物质文化遗产数字化行为即指录像并建立影像数据库。若采用公权力保护模式,将非物质文化遗产定性为"公共产品",则数字化行为不受《著作权法》的拘束;若以知识产权等私权保护非物质文化遗产,则需考量相关的数字化行为是否属于合理使用。一般而言,保存目的下的非物质文化遗产数字化在于更好地传承和延续优秀传统文化,因而其数字化行为——录像应当被认定为合理使用,且无论

---

① 该模式可参见美国《科罗拉多州法》。See Colorado Law (April 30, 2019), https://lawweb.colorado.edu/profiles/pubpdfs/schlag/schlagUCLALR.pdf.

② 孙阳:《演进中的合理使用规则及其启示》,载《知识产权》2018年第10期。

③ 所谓三步检验法是指使用可以不经著作权人许可的已经发表的作品的,不得影响该作品的正常使用,也不得不合理地损害著作权人的合法利益。

其是否在著作权保护期内，对非物质文化遗产的表现形式进行录像均不存在著作权侵权风险。相对而言，由于博物馆中文物藏品纷繁复杂，来源多样，数字化行为是否属于合理使用具有探讨的必要性，也有助于其规避知识产权侵权风险。下文以博物馆数字化行为为例，对其是否属于著作权的合理使用进行分析、解读。

文化机构是作品的重要使用者和传播者，肩负着公平获取、研究、教育和保护公众利益的使命。他们对著作权所有者和公众负有责任，也有重大机会以数字形式利用他们的藏品。以博物馆为例，收入的大部分文物藏品创作时间较早，而近现代藏品仅为少数。若被博物馆收入的文物藏品已超过著作权保护期，博物馆在数字化过程中自然无须考虑侵犯原著作权人权利的问题；若部分藏品，尤其是近现代创作的作品，未超过著作权保护期，则该作品尚未进入公共领域，博物馆对其进行数字化时便须查明其权利状态，待著作权人许可或符合合理使用条款之条件时方可进行将其影像化、建立数据库、信息网络传播等行为。

2011 年，南京市鼓楼区人民法院在齐某芷、齐某末诉江苏某出版社侵犯著作权纠纷案[①]中齐白石五女、齐白石七子等 9 名原告共同起诉江苏某出版社，理由为江苏某出版社未经权利人同意，擅自以营利为目的，将齐白石作品汇编成册并出版，侵犯了 9 名原告的著作权。法院认为："被告出版《煮画多年》一书是为了配合齐白石去世 50 周年的纪念活动，其出版行为具有一定的公益性质，并在出版前与齐白石纪念馆签订了书面合同，得到了齐白石部分继承人的许可，被告的出版行为并不会妨碍齐白石继承人对作品的正常使用也不会损害其合法利益。"因此，法院认为被告取得齐某平、齐某根的许可即应视为已获得了合法授权，其出版《煮画多年》不构成侵权。2011 年 3 月 15 日，南京市鼓楼区人民法院判决江苏某出版社一次性给付齐某芷等稿酬人民币 5150 元。原告齐某芷等不服一审判决，向南京市中级人民法院提起上诉。在二审中，原告于 2011 年 9 月撤回上诉，南京市中级人民法院作出民事裁定准许原告撤回上诉。因此，基于合作作品规定体现的原则，"鼓励有益于社会主义精神文明、物质文明建设的作品得以产生和传播"，在被告已经得到齐白石部分继承人许可的基础上，法院判决被告出版的《煮画多年》不构成侵权。

此案具有重要影响力的原因在于对《著作权法》立法宗旨的考量。尽管如此，作品是否在著作权保护期内依然成为法院论证的前提条件。鼓楼

---

① 该案选自《最高人民法院公报》2012 年第 9 期（总第 191 期）。

区人民法院认为,“在作者生前及其死亡后50年的保护期限内,作者的发表权、复制权、发行权、获得报酬权等权利受法律保护。在此期间内,未经作者或作者继承人的许可,任何人不得使用作者的作品。齐白石于1957年9月16日去世,根据法律规定其作品著作权保护期截止时间应计算至2007年12月31日,被告江苏某出版社出版《煮画多年》的时间为2007年10月,仍在该保护期内,故被告的出版行为应依法得到许可”。只有确定作品仍在著作权保护期内,才具有后续论证如何获得许可的可能性。

《著作权法》附则中对《著作权法》的生效日期及溯及力作出了规定。该部分虽然是附则,但往往与法条主文部分的知识产权保护期紧密相关,严格来说也可算是法律的溯及力问题。在该案中,齐白石先生死亡于1957年9月16日,其著作权将被《著作权法》保护至2007年12月31日,然后其所有作品便会流入公共领域,成为人类共同文化遗产,其智力成果将供全人类享用。知识产权之所以不同于一般的民事实体权利,其关键不在于知识产权的客体为无形的智力成果,而在于其权利表现形式是一种“有期限的垄断权”,物权的对世效力也可被理解为一种垄断权,但其一般并无期限;而债权的效力是相对的,并不属于绝对权,因此也与知识产权不同。“有期限”和“垄断权”实则为一种妥协与平衡——因此知识产权可以说从本质上鲜明地体现了法律的社会利益分配功能——该种平衡是对公共利益和个体利益的平衡,一方面现代社会必须出台一部法律来保护个体的智力成果,另一方面该种保护又不能毫无限制,否则便会违背知识产权法立法的宗旨,即通过对个体智力成果的垄断性保护来激发社会成员的创造力,从而最终实现社会智力成果大发展大繁荣的愿景。

(一)超保护期文物藏品数字化

博物馆注重保护自己的作品,如此有利于鼓励它们从自身的收藏品中制作出高质量的复制品。博物馆拥有大量的工作人员、专业知识和资源用以生产高质量的作品,它们可以复制各种各样的材料,而不仅仅局限于“最伟大的作品”。[①] 事实上,直至该馆藏文物的著作财产权保护期限届满,博物馆才有权进一步处置文物藏品。一件作品的物权及著作权具有可分离性、相对独立性,物权的相对独立性自不用多言,但著作权的相对独立性被社会公众理解的程度却不如物权。在博物馆通过转让、捐赠等途径取得一件尚在著作财产权保护期内的作品,且并未与原著作权人约定权利归

① Robin J. Allan, *After Bridgeman: Copyright, Museums, and Public Domain Works of Art*, 155 U. Pa. L. Rev. 961(2007).

属,那么博物馆对于该作品的处置,如复制、发行、传播等行为实际上受到极大的限制。事实上对博物馆馆藏物品的著作权进行管理,第一步,要考虑的是馆藏文物是否可构成著作权法意义上的作品,这部分主要涉及作品的独创性;第二步,需考虑该作品是否已超过保护期,若作品已超过保护期,博物馆利用该作品自然不存在侵权风险;第三步,若作品尚在保护期内,则存在一个重要的侵权"免疫区",即著作权的合理使用;第四步,若直接使用无法避免地会导致侵权,则只能寻求著作权人的许可或著作权转让,以求在意思自治层面获得合法授权。著作权保护期的问题是在第二步流程中需考虑的问题。

(二)保护期间文物藏品数字化

在博物馆藏品数字化著作权管理过程中,若判定藏品尚在著作权保护期内,则意味着博物馆需要承担较大的著作权侵权风险,但值得注意的是,博物馆同样拥有两种途径来规避此类风险:第一,该行为为"合理使用";第二,获得著作权人或其授权代表人、继承人的许可。就文化遗产数字化这一主题而言,我国《著作权法》第 24 条第 1 款第 8 项的规定[①]显然最为重要,博物馆在数字化过程中恰当准确地利用该条规则可以在很大范围内便利著作权管理工作,节约侵权风险审核成本。博物馆欲对尚在著作财产权保护期内的作品进行数字化,若无法构成"合理使用",则只能寻求著作权人的授权许可。我国法律对著作权许可和转让进行了专章规定,并对其合同的主要条款进行了列举。著作权许可和转让均可针对其中一种或几种权利类别,博物馆数字化主要涉及作品的复制权、信息网络传播权等,若为数字化而获取作品全部著作财产权权利项,无疑成本太过高昂且无必要,因此有针对性地进行权利受让是一条可行的途径。另外需要考虑的是,博物馆藏品众多,若为数字化而欲获取权利人的授权,需要花费较大的鉴别和签约成本,如今文创产品的开发利用逐渐成为我国博物馆重要的经费来源,但对大多数规模较小的博物馆而言,数字化所需著作权授权成本仍然是一个难题。

(三)孤儿作品的数字化及其救济

美国版权局于 2006 年在《孤儿作品报告》[②]中对孤儿作品下了定义:权利人无法确定或经过勤勉查找仍无法找到的作品。而后,国内外专家学

---

① 《著作权法》第 24 条第 1 款第 8 项规定,图书馆、档案馆、纪念馆、博物馆、美术馆、文化馆等为陈列或者保存版本的需要,复制本馆收藏的作品。

② USCO, *Report on Orphan Works, A Report of the Register of Copyrights*, January 2006.

者对孤儿作品的理解和阐释基本源于此。① 孤儿作品之所以成为学术研究者们热议的话题，是因为对孤儿作品的商业使用需求日益增长，归根结底是由数字化的时代趋势所推动。

孤儿作品的著作权问题曾在谷歌数字图书馆案②中引发较大争议。在传统的信息传播方式中，若涉及孤儿作品相关的著作权侵权问题，传播者很可能不会放弃对该作品的复制、传播，因为确定单个作品的权利归属状态的检索成本较低。但在数字图书馆或数字博物馆等大型机构中，对馆藏作品的数字化往往是全面的、不加选择的，这正符合公共文化机构数字化的目的——建立庞大而全面的藏品资源数据库，使得公众更加快捷、便利地获取该藏品复制件，从而充分实现馆藏作品的文化价值。在这种情况下，数字化活动实施者难以确定并从中挑选出具体的作者或无法找到作者的作品，也就无法就孤儿作品的著作权侵权问题进行预判和处理，故其面临著作权侵权的指控也就在所难免。数字化活动中处理孤儿作品著作权侵权问题成本高昂的另一个原因是，根据国内外学者共识，确定一件作品为孤儿作品之前，必须尽到"勤勉"的权利人检索义务，这对公共文化机构动辄数十万或者上百万的数字化数量来说，无疑是难以实现的。

孤儿作品数量庞大，对其使用方式的思考已经成为学者们无法逃避的任务。欧洲议会版权负责人 Dr. Tilman Lueder 表示，在欧洲公共文化机构中，孤儿作品的比例非常高，在图书馆中孤儿作品比例为 5%～10%，大英博物馆藏品中，无法确定作者的藏品比例高达 40%，而在部分文化机构中这一比例甚至可高达 50%。③ 在世界上数据量最大的图书馆联合目录数

---

① 如 2012 年《欧盟孤儿作品指令》将孤儿作品定义为无法确定版权人，或者虽然可以确定版权人，但经过勤勉寻找仍无法联系上权利人的作品。《加拿大孤儿作品报告》也指出：如果申请人通过合理努力未能找到版权人，那么版权委员会应认定该版权人无法联系。国内王迁教授认为孤儿作品是其著作权人身份不明或著作权人身份确定但无法联系的作品。参见王迁：《"孤儿作品"制度设计简论》，载《中国版权》2013 年第 1 期。何炼红教授认为孤儿作品是指那些经过使用人勤勉尽力寻找，仍然无法被确认或无法找到权利人且仍处于版权保护期内的作品。参见何炼红、云姣：《论公共文化机构对孤儿作品的合理使用》，载《知识产权》2015 年第 10 期。

② 2004 年年末，谷歌着手建立世界上最大的数字图书馆，寻求与图书馆和出版商合作大量扫描图书，让用户可搜寻在线阅读。2005 年 9 月，美国作家协会起诉谷歌版权侵权。同年 10 月，美国出版商协会对谷歌也提出起诉。2008 年 10 月，谷歌迫于版权法的压力与美国作家协会达成庭外和解，并建立版权登记处。2011 年 3 月，纽约南区法院驳回了谷歌与美国作家协会达成的总额 1.25 亿美元的和解协议。2012 年谷歌再次与美国出版商协会达成和解协议，美国出版商可以自主决定出版的图书是否允许融入谷歌图书馆计划之中，已经扫描上传的图书也可以在其要求下移除。2013 年，法院裁定谷歌扫描图书的行为属于合理使用。谷歌和美国作家协会持续 8 年之久的纠纷落下帷幕。

③ Tilman Lueder, *The "orphan works" Challenge*, Slidelegend.com.

据库 WorldCat 中，高达 75%的图书数据无法确定著作权人，而其收录的数据基数已经高达四亿条。① 这一数量无疑是惊人的，传统的著作权使用制度在孤儿作品数字化的浪潮中，正面临巨大的挑战。

博物馆应该如何恰当地处理孤儿作品的权利问题，进而完成下一步数字化工作？美国 2008 年《孤儿作品法案》提供了孤儿作品的限制救济模式，其内容大致为：孤儿作品的使用者在经过勤勉查找后仍无法确定或找到作品权利人，则可以先行使用该作品；在权利人“浮出”并发现使用人的侵权行为时，其可向司法机关依照著作权法进行救济，但该救济将被限制。在该法案中，美国议会对限制救济的具体程序作出了规定，例如勤勉查找的认定。该法案认为孤儿作品的使用者至少经过必要的查找程序，如在美国版权局网站上检索权利人信息，或者通过出版商、技术工具、专家等途径进行查询。限制救济模式具有明显的优势：首先，将对权利人的权利主张程序后置，先将孤儿作品的文化和经济价值有效开发，然后再处理权利人的权益问题，因此有利于对无法找到权利人的作品的文化价值的转化；其次，对使用者的侵权责任进行限制，也促使权利人时刻关注自身享有的著作权保护情况，积极表明自己的身份；最后，该种模式较好地缓解了著作权法的基本原则与孤儿作品特殊性之间的矛盾，使用者在勤勉查找之后使用孤儿作品，即使被认定为侵权，其侵权责任也被大大减轻，不至于对文化传播和发展产生阻碍。因此，我国有学者主张借鉴该种模式，将权利人的救济后置。②

但笔者认为该种模式并不适合中国。“救济后置”主要有两方面的争议点，一方面，虽说该模式的制度设计不仅规定了使用者的责任，还规定了版权人的救济，似乎是平衡保障版权人和使用者权利的一种不错的选择。但是该制度可能会大幅度提高孤儿作品使用者的法律地位，并且对禁令救济的限制也提高了用户将孤儿作品用于演绎作品的法律确定性。另一方面，法条规定的“合理而勤勉地搜寻”的评判和认定标准模糊，这使得在实践中许多使用者很可能并不想采取实际行动真正地去查找版权人，不少版权信息不明的作品由此会完全沦为真正的“孤儿”而让人随意使用。③ 我国对孤儿作品著作权的救济应当侧重保护权利人，权利人在合理期间内主

① Inside WorldCat: *The Worldwide Catalog of Library Resources*, OCLC(Mar. 28,2019), http://www.oclc.orb/en/worldcat/insideworldcat.html.

② 周艳敏、宋慧献：《关于孤儿作品著作权问题的立法设想》，载《电子知识产权》2011 年第 3 期。

③ 管育鹰：《欧美孤儿作品问题解决方案的反思与比较——简论我国〈著作权法〉相关条款的修改》，载《河北法学》2013 年第 6 期。

张权利的,可以依照不当得利条款要求使用者对作品的使用利益予以折价补偿,并且让使用者承担“已尽勤勉查找义务”的举证责任,如果不能证明,则应认定为其构成著作权侵权,要承担相应赔偿责任。

专利强制许可模式有一定的条件,或为怠于实施,或为垄断风险,或为国家利益、紧急情况等,体现了行政权力在此类情形下出现之必要。从此角度来看,强制许可在孤儿作品权利人怠于主张权利的情形下,不失为一种行政权合理介入著作权的途径。因此有学者[①]在我国《著作权法》修正过程中提议采用加拿大的“准强制许可+提存”模式[②]。强制许可模式最大的特点是行政权力的介入,与限制救济模式不同,该模式并未将对双方利益的平衡后置到诉讼程序,而是在孤儿作品的利用阶段就对其进行规制,相对而言双方权利的掌控更加到位,不至于发生过度的偏差。特别是在“勤勉查找”这一认定孤儿作品的关键性环节中,限制救济模式中需要孤儿作品使用者自身对查找途径的穷尽进行审视,这无疑会为恶意侵权人大开方便之门;而强制许可模式中著作权行政管理机构会在许可使用者使用该作品之前对前提条件进行审查,这使得“勤勉查找”这一环节在行政权的监督下运行得更加规范。

但与限制救济模式相比,强制许可模式存在一个明显的弊端,即实施成本过高、效率低下。尽管知识产权在某种意义上是一种垄断权,但著作权的垄断性显然不及专利权。专利法中之所以存在强制许可制度,很大一部分原因是专利具有不可替代性,权利人的拒绝许可会导致其他发明成果难以取得国家权力的认可,最终会阻碍科学技术的发展。如前所述,对孤儿作品使用者勤勉查找这一行为的举证本身就很艰难,再由行政机关对其进行审查,无疑对使用者和著作权行政管理机构都提出了很高的要求,这会加大该制度运行的社会成本。另外,强制许可模式的高额实施成本也会导致其效率低下。据悉,加拿大孤儿作品强制许可制度实施之后的 20 年间,一共只颁发了二百多份强制许可。[③] 现如今公共文化机构的数字化趋势已经如潮水般迫近大量的孤儿作品,如此低效的许可模式是肯定无法在中国发挥出其应有的效果的。

著作权集体管理制度是集体管理组织代著作权人进行许可、收费甚至

① 王迁:《“孤儿作品”制度设计简论》,载《中国版权》2013 年第 1 期。

② 《加拿大版权法》第 77 条规定,使用者可在尽到合理查找努力后向著作权委员会申请使用该孤儿作品,著作权委员会经过审批后授予使用者使用该作品的权利,但使用者必须缴纳费用,由著作权委员会代为收取,待权利人出现后可从著作权委员会处提取使用费。

③ See Jeremy de Beer and Mario Bouchard, *Canada's "Orphan Works" Regime: Unlocatable Copyright Owners and the Copyright*, Board-Jeremy de Beer and Mario Bouchard, 2009, p. 33.

提起诉讼，以解决著作权人难以全面了解、控制作品使用情况的问题。延伸性集体管理（Extended Collective Licenses）起源于北欧诸国，是指在全国范围内具有代表性的著作权集体管理组织与部分著作权人或邻接权权利人订立的著作权集体管理合同，根据法律规定其效力也及于其他权利人。[①]其“延伸性”主要体现在权利人对集体管理组织的授权效力自动及于未参与直接授权的著作权人。在延伸性集体管理中，权利人无须作出意思表示即被纳入集体管理的范围之内，但可通过书面声明退出该机制，“进入强制、退出自由”是其与普通著作权集体管理模式的最大区别。笔者认为，该种延伸性集体管理实质上是一种介于著作权实施许可与强制许可之间的模式，著作权集体管理组织是这一模式运行的载体。和强制许可模式不同，这一模式中的强制性并非体现在国家行政机关直接实施，而是由法律授权给著作权集体管理组织这一社会机构来间接作用及沟通著作权人和邻接权人，进行两主体之间的衔接。

要针对孤儿作品实施延伸性集体管理模式，重要条件之一就是该著作权管理机构必须具有代表性，否则延伸集体管理广泛性带来的效率收益就无法弥补其强制性给权利人造成的损失。而目前我国并无特别典型的著作权集体管理组织，这意味着这一情况下著作权集体管理组织无法有效地代表广大创作者，也就难以真正发挥高效率的著作权许可服务的作用。我国《著作权法修订草案（送审稿）》中首次引进延伸性集体管理模式，从外国立法中吸收移植完善有效的立法经验固然重要，但在立法和执法的具体层面尚需商榷。除了应对孤儿作品的著作权问题，数字化带来的其他海量作品的著作权许可也同样需要延伸性集体管理的助力。也有学者认为可直接采用强制性集体管理制度。[②] 笔者认为，尽管该种制度强制性过高，不利于目前我国社会创造性的迸发和科学文化的发展，但长远来看，延伸性集体管理已成为我国著作权集体管理的趋势，在节省使用作品成本的考虑下，将会整体上有利于我国文化产业发展。

三、文化遗产数字化的著作权侵权风险及其合理使用判断

著作权的直接侵权是指未经著作权人许可，又缺乏合理合法的抗辩理由而实施专有权利控制的行为。从这一层面而言，判断是否构成著作权侵权，主要依据行为人实施的行为是否进入著作权人专有权利控制的范围。

---

① 梁志文：《著作权延伸性集体许可制度的移植和创制》，载《法学》2012年第8期。

② 孙新强、姜荣：《著作权延伸性集体管理制度的中国化构建——以比较法为视角》，载《法学杂志》2018年第2期。

著作权侵权并非侵权责任法意义上的侵权，前者“侵权”的英文为“infringement”，后者“侵权”为“tort”。“infringement”的构成无须主观过错，[①]也就是说只要行为人的实施行为进入了著作权人专有权利控制的范围，且无抗辩理由，无论行为人是否存在主观过错，皆可认定行为人构成著作权侵权。间接侵权是指行为人并未实施任何受著作权专有权利控制的行为，但基于主观过错教唆、引诱他人实施直接侵权或帮助他人实施直接侵权。我国《著作权法》中没有出现“间接侵权”“帮助侵权”“引用侵权”等用语，但在网络传播技术飞速发展的时代，“间接侵权”行为的规制具有相当的必要性。与直接侵权不同的是，间接侵权行为人实施的行为并不在著作权专有权利控制的范围之内。因此，间接侵权的成立必须要求行为人存在主观过错。

（一）博物馆著作权侵权典型案例

博物馆对其藏品进行展览时应当确保其展出的藏品的权利状态符合法律的规定，对于处在著作权保护期内的作品应该得到著作权人的许可，否则容易构成著作权侵权。

2006 年北京胡天博胜公司诉称故宫博物院长期播放其制作的动画片，侵犯了胡天博胜公司的著作权。法院经审判认为，原告胡天博胜公司提出其应为该动画片的著作权人的主张，证据不足，无法认定。最终北京市第二中级人民法院判决驳回胡天博胜公司的诉讼请求。[②]

该案中被告故宫博物院被诉侵权行为是播放原告主张权利的陶瓷制作和运输动画片，该动画片并未成为博物馆的藏品，不具有博物馆藏品（文化遗产）著作权问题的特征，但对于研究博物馆整体著作权管理和侵权风险防范，仍具有较强的参考价值。该案故宫博物院虽未败诉，但并不意味着故宫博物院在拥有成千上万件作品的情况下，著作权风险管理毫无破绽，更不意味着我国的公共文化机构在获取藏品时对藏品的著作权权属审查程序已经成熟。博物馆藏品著作权权属复杂、数量巨大，其著作权法律风险防控也是一项浩大的工程，因此有条件的博物馆尤其是如故宫博物院

① 王迁：《著作权法》，中国人民大学出版社 2015 年版，第 405、406 页。

② 2006 年，原告胡天博胜公司起诉称该公司于 2005 年 9 月创作完成了明景德镇瓷器烧制的三维动画片产品，并交给《中国国家地理》杂志社的马泳宇。后胡天博胜公司发现被告故宫博物院陶瓷馆长时间播放其制作的该动画片，经公证取证后，即于 2006 年 2 月 19 日致函故宫博物院，但其拒绝提供该片来源情况。原告认为，被告故宫博物院的行为侵犯了其对涉案动画片所享有的著作权，故诉至法院。可参见北京胡天博胜数码信息技术有限公司诉故宫博物院等侵犯著作权纠纷案一审民事判决书，北京市第二中级人民法院（2006）二中民初字第 09960 号。

这样规模的大型博物馆,有必要在内部成立专门的知识产权法务部门,对著作权进行专业、全面的管理。

该案中原告胡天博胜公司之所以被驳回诉讼请求,关键在于其提供的证据难以达到证明自身是该案所涉动画作品作者的标准。尽管民事诉讼法允许使用证据间接证明案件事实,但若证明过程未达到法院认为的高度盖然性标准,则当事人的著作权主张仍可能被否定。在著作权权属纠纷频发的文化创意产业中,权利主体一定要注重生产出来的每一件作品的著作权管理,保留能够在日后诉讼纠纷中证明自己是著作权人的原件、底片、底稿等证据,或者有条件的可以对经济价值较高的作品进行版权登记、认证等,以成为在诉讼中拥有较为有力证据的一方。该案中原告胡天博胜公司向法院提交了两份涉案动画片的成稿以证明其著作权人身份,然而这两份成片中一份时长与案件所涉动画片不一致,另一份创建时间在诉讼过程中,两份证据都存在瑕疵,单独或共同都难以充分证明原告是动画片作者的事实。

博物馆对其有权处置的数以万计的馆藏作品进行二次商业开发,是博物馆"开源"的一种重要方式。博物馆进行文创开发具备得天独厚的优势,大量的馆藏资源便是博物馆进行文化创意开发的最好素材库,博物馆不仅仅是发行出版物,还可以将文学、艺术创意运用到实用商品上,开发出富有文艺气息的产品。如此不仅为博物馆运营开拓了新的经费渠道,更重要的是利用市场将博物馆中可能难以通过传统方式陈列展览出来的馆藏作品的文化价值充分挖掘,促进社会文化创意的迸发和人们精神世界的丰富。当前,在馆藏作品文化创意开发方面做得最好的当属故宫博物院,其每年的文创产业就能为其带来数以亿计的收入,可以说是中国博物馆管理运营的一座标杆。但博物馆在文创产业开发时也极有可能引发著作权侵权纠纷。通常来说,在没有约定的情况下,博物馆对于明确著作权人的藏品所拥有的著作权仅限于展览权,其他著作权利仍归著作权人享有,如果博物馆擅自行使除展览权以外的其他权利则当然构成侵权。张某英等 4 人诉广元公司、中国革命博物馆、工美集团侵犯著作权纠纷案①就是关于博物馆在没有经过著作权人许可的情况下行使了对作品的使用权及获得报酬权从而导致侵权的情形。

1999 年,中国革命博物馆提供《开国大典》原作底片,授权广元公司制作纯金画,原告张某英、董某贝、董某雷、董某沙向法院起诉,要求广元公司

---

① 张林英等 4 人诉广元公司、中国革命博物馆、工美集团侵犯著作权纠纷案,载《最高人民法院公报》2003 年第 6 期(总第 86 期)。

和中国革命博物馆停止侵权行为,要求工美集团停止销售侵权制品。油画《开国大典》原作已由中国革命博物馆收藏,中国革命博物馆作为美术作品的物权所有者,依照法律规定仅享有该作品的展览权,但该油画作品著作权的其他权利仍应由著作权人享有。① 未经著作权人的许可,中国革命博物馆无权以著作权人的身份授权他人使用其收藏的作品。中国革命博物馆在明知未经著作权人授权的情况下,以营利为目的,擅自向广元公司提供油画《开国大典》的底片用于制作成金箔画并参与发行,该行为侵害了油画《开国大典》的著作权人的继承人张某英、董某贝、董某雷、董某沙依法对该作品享有的使用权及获得报酬权,应承担停止侵害、消除影响、公开赔礼道歉及赔偿损失的责任。

中国革命博物馆在未获取涉案画作版权的情况下擅自将其授权给广元公司使用,显然是存在侵权的故意,因此应当承担相应的侵权责任。但被告中国革命博物馆绝对不是最后一个以该种方式侵犯他人著作权的博物馆。正如上文所述,博物馆若持有美术作品的原件,则将一并享有其展览权,但这只是对物权和著作权相分离原则的极小部分的突破,并不意味着博物馆因此而拥有所持有美术作品的全部著作权利,否则著作权的存在便失去其意义。因此,博物馆持有的美术作品尚未取得其著作财产权或尚未获得权利人许可时,不能被授权给他人使用,因为许可和转让都是著作权人的专属权利,博物馆在发展文创产业时应当注意维护原著作权人的利益。

(二)博物馆数字化侵权风险

由于数字博物馆的构建需要传统博物馆借助各类数字化手段对文物藏品进行复制或者再创作,这一过程增加了博物馆著作权侵权的范围及可能性。我国《文物保护法》明确规定,文物属于国家所有。② 公共博物馆保存和管理的文物可被认定为作品,但是其往往超过保护期限,因此一般情况下不会存在著作权的风险。非文物类藏品中,如果一些藏品能同时满足构成作品和处于著作权保护期内这两个条件,则博物馆应注意其数字化行为是否侵犯作者的相关著作权。对一些知识产权意识淡薄的博物馆工作人员来说,在数字化活动中必须要在思维上将藏品的物权和知识产权相分

---

① 《著作权法》第 20 条第 1 款规定:"作品原件所有权的转移,不改变作品著作权的归属,但美术、摄影作品原件的展览权由原件所有人享有。"

② 《文物保护法》第 5 条规定:"中华人民共和国境内地下、内水和领海中遗存的一切文物,属于国家所有。古文化遗址、古墓葬、石窟寺属于国家所有。国家指定保护的纪念建筑物、古建筑、石刻、壁画、近代现代代表性建筑等不可移动文物,除国家另有规定的以外,属于国家所有。国有不可移动文物的所有权不因其所依附的土地所有权或者使用权的改变而改变。"

离。博物馆通过购买、赠与、调拨、交换等方式获取藏品的所有权，但隐藏在藏品介质内的、受著作权法保护的抽象的作品却不能被任意处置，因此博物馆在藏品数字化的很多环节都应注意侵犯著作权的风险。

博物馆对藏品数字化过程中存在侵犯复制权的风险。博物馆对馆藏作品进行数字化首先会经过影像化，此外在数字化的中间环节也同样存在复制作品的需要，这时也应注意著作权风险防控。正如上文所述，对博物馆馆藏物品进行影像化所涉著作权问题需分别分析。首先，应判断影像化藏品对象是否构成著作权法上的作品，如博物馆中收藏之古化石、花草昆虫标本等未经过人工创造的纯自然类藏品，就不存在影像化过程中侵权的风险；其次，对于经过人类加工形成的藏品，要分析其是否满足构成著作权法意义上的作品之要件，如需具有独创性；最后，若馆藏藏品符合构成作品的全部要件，则需要从中排除已超过著作权保护时效、属于博物馆合理使用或已获著作权人授权或已受让著作权转让的部分，如此剩下的馆藏作品，才有在影像化中侵犯他人复制权的风险。

博物馆的数字化进程还可能侵犯馆藏作品原权利人的展览权。展览权指"公开陈列美术作品、摄影作品的原件或者复制件的权利"，其展览权的客体限定为美术作品和摄影作品。进行馆藏文物藏品的展览陈列是博物馆等公共文化机构的日常活动之一，为促进文化交流传播，美术作品原件的展览权随所有权转移，这是为了使买受人"向大众展示自己的艺术收藏或者在适当的时机出售"时不受从原件所有权上分离出去的著作权之影响。①

在一般原理上，买受人通过物权转让获得美术作品所有权之后，只能行使原件的展览权。而不享有复制件展览权。正如上文所述，《著作权法》对美术作品展览权的规定不同于其他著作权，并非违反了"著作权需与作品物权区分对待"这一原则，而是针对美术作品本身物权价值也需通过公开展示即展览来体现这一特点，对美术作品原件所有人获得原件所有权后却因不享有展览权而难以真正行使其所有权权能这一法律漏洞的弥补。因为若不能展览，美术作品原件所有权人便只能行使占有权能，其他三大权能包括使用、收益、处分会直接或间接②因为不能行使展览权而无法或难以行使。该规定的另一原理是防止物权和著作权的过度冲突导致著作权难以实现。此外，通常情况下，知识产权和物权冲突时，知识产权须让

① 王迁：《知识产权法教程》，中国人民大学出版社 2011 年版，第 149 页。

② 如美术作品原件买受人因无法向众人公开展示而不能传播商业信息以致难以对该美术作品原件进行收益、处分。

位于物权。例如,某人将一幅自己创作的书法作品捐赠给博物馆,博物馆虽获得了所有权,但并不影响原作者的著作权行使,博物馆本身在没有授权的情况下也不得随意行使该书法作品的著作权。很多情况下,著作权的行使须以接触或占有该作品为前提,而著作权和物权分离时,往往难以轻易得到物权人的许可。当两个权利人不能就此达成一致时,物权人依法享有对该书法作品实物的独占、排他的支配权往往导致著作权会因物权的对抗而难以实现。① 博物馆对美术作品、摄影作品进行数字化的行为和展览受到《著作权法》第20条的特殊保护,但这并不意味着其展览陈列活动完全无知识产权风险。例如,将著作权尚未超过保护期的文学作品进行数字化后,即使是通过数码摄影等技术所形成的"复制件",也可能侵犯著作权人的展览权,因为摄影作品的展览权不随物权的转移而转移。

信息网络传播权是著作权人在互联网络环境下一项控制交互式传播的财产权利。博物馆数字化一方面可以利用互联网和信息技术突破时空的限制,促进信息传播。另一方面,公众通过博物馆的数字平台访问藏品自由度更高,他们可以根据自己的需求或喜好进行操作,利用检索系统找到自己所需的作品,而不用像在传统的实地博物馆展厅里那样,看到的藏品类型完全取决于馆方的安排。同时,在陈列藏品数量上,数字化的博物馆也更有竞争力,一个大型博物馆的藏品数量动辄数十上百万,受到场地大小、管理难度等因素的限制,将其完全放在展厅中或一次展览活动中陈列是不现实的。以我国台北故宫博物院为例,自1965年新馆开放以来,虽展品被更换过很多次,但超过八成藏品仍未被展出过——而这对于数字化技术来说,不过是数据库的大小区别而已。

由于博物馆数字化与信息网络的紧密关联性,不可避免地会产生侵犯藏品著作权人信息网络传播权的风险。我国《著作权法》中的信息网络传播权源于世界知识产权组织于1996年通过的《世界知识产权组织版权公约》(WCT)中的向公众传播权。按照世界知识产权组织专家委员会的解释,向公众传播权规范的是以提供"获得作品(可能性)"的方式(by providing access to it)向公众提供作品的行为,其关键是"提供作品的初始行为"。具体而言,将某一作品置于信息网络空间中,使得公众可以在其选定的时间、地点获取它。在不同的技术设置下,公众可以在线任意浏览作品,或者只能在指定的时间或地点(如ISP可把能够获得作品的终端IP范围限定在一国境内或一所大学内)获取作品,或者甚至能在任意时间下载

① 刘春田主编:《知识产权法》,高等教育出版社、北京大学出版社2010年版,第23页。

作品至个人终端,这些都构成向公众提供这一行为。[①] 博物馆数字化后的馆藏作品尤其是视觉美术作品的信息网络传播权极易被侵犯。因此博物馆在将数据向公众开放之前,应当审查这一行为是否涉及那些作者尚保留著作权的作品的信息网络传播权。

综上所述,在数字化时代,博物馆中知识产权的重要性不言而喻,公共文化机构有必要做好知识产权管理与风险防控工作。

(三)文化遗产数字化属于合理使用

博物馆打造沉浸式与参与式体验吸引观众,可能面临著作权侵权问题。《著作权法》第10条规定著作权人享有复制权、发行权、展览权等专有权利。著作权与物权存在一定的区别,因此博物馆无论是购买了作品还是租借展示了作品,可能并不拥有这些作品的著作权。博物馆必须深刻了解这些问题,以便在需要的时候及时作出调整,修改相应合规计划或者争取获得授权,如某种程度上展览计划涉及精神权利或者是因对作品造成扭曲、损害或其他修改,而对作者声誉造成影响的,作者则有权阻止使用其名字作为视觉艺术作品的作者。[②] 瑞士日内瓦大学博士亚尼夫·贝纳穆(Yaniv Benhamou)指出在以下四种情况下博物馆对文物藏品进行数字化可能不需要权利人的授权:第一,当一件作品永久置于公共场所;第二,作品是某件档案的组成部分;第三,版权例外可适用于在展览目录上使用的参展作品图片;第四,在无法找到或联系到作品作者的情况下,博物馆就可以使用这些作品。[③] 本节所讨论的范围不包括第一、二、四种情形。对于针对孤儿作品的相关问题,上文已作分析,不再赘述。因此关键在于第三种情形,即博物馆的数字化行为是否可适用版权例外。

博物馆的新型数字化模式包含了文本与数据挖掘(Text and Data Mining,TDM)的相关内容。譬如通过AR成像技术来营造一种沉浸式的氛围,通过将博物馆藏品以摄录抑或三维建模的形式实现数字化,从而使得大众足不出户便可参观各大博物馆。数字化博物馆的基本建模流程是:第一,将展品以及博物馆进行扫描以及摄录,从而完成语言转录。这一步是为了将视觉听觉语言转换为二进制语言从而能够让计算机加以识别作品信息。第二,计算机基于这些数据通过建模形成数据化的博物馆模型。

---

① 刘银良:《信息网络传播权及其与广播权的界限》,载《法学研究》2017年第6期。

② Megan M. Carpenter, *Drawing a Line in the Sand: Copyright Law and New Museums*, 13 Vand. J. Ent. & Tech. L. 463(2011).

③ Yaniv Benhamou, *Copyright and Museums in the Digital Age*, 3 WIPO Magazine 26(2016).

这其实类似于创立一个 3A 级游戏。著名游戏公司 Ubisoft 在制作旗下的游戏《刺客信条:大革命》时就派遣了专业考古技术人员,历时两年采集了大量巴黎圣母院的数据以在游戏中尽可能复原巴黎圣母院的每一个细节。2019 年 4 月 15 日,巴黎圣母院意外失火,毁坏严重,法国政府通过与 Ubisoft 公司的协调合作,取得了巴黎圣母院几乎所有建筑部位的精确数据,从而为复原工作减少了工作量。博物馆将物理藏品转化为数字化信息的转录行为,就类似设计游戏过程中建立实物的数字化模型行为,这种行为可能侵犯到著作权人的复制权。

2015 年 10 月,美国联邦第二巡回上诉法院判决谷歌图书馆等行为属于合理使用,符合《美国版权法》第 107 条的规定,实质上开创了“谷歌数字图书馆”项目利用合理使用制度进行商业化应用的新时代。但是,之后联邦最高法院给予联邦第二巡回上诉法院的回复中却认为其判决存在问题。首先,联邦第二巡回上诉法院不应该为了迎合数字化趋势,为了减少类似谷歌图书馆这类数字化行为带来的侵权可能性就抛弃过去国会制定的合理使用四要素检测法。① 这种做法超出了宪法给予法院的法定权限。因为联邦第二巡回上诉法院的判决相当于无视国会的观点和意见。如果国会认为谷歌的行为对社会有益,它可以制定法定许可规范。但是联邦第二巡回上诉法院不能为了避免大规模侵犯版权而扩展合理使用的界限,仅基于它认为有益就从根本上改变版权法。国家与社会倘若对于数字化与著作权的价值权衡有所动摇,则应该由国会来重新设置规则而不是由法院通过判决的方式产生类似的结果。其次,法院对于合理使用界限的不当扩张可能带来其他公司和个人开始效仿建立数据库以及进行数据安全措施的防控,这些都可能给市场带来冲击,增加社会成本。因此,联邦最高法院认为,联邦第二巡回上诉法院的判决是不妥的,其应坚持四要素检测法进行综合分析。欧盟对合理使用则强调非营利性、具备公益性质。博物馆毫无疑问是符合非营利性、具备公益性质这一要求的机构。而在打造沉浸

① 四要素检测法:第一个因素是使用目的,它研究新作品是否仅仅取代原始作品的对象,或添加新的东西,创设进一步的目的或不同的角色,改变其表达、含义或信息。新作品是否以及在何种程度上是变革性的。此外,如果用途是商业,这不利于判定为合理使用。第二个因素是“受版权保护的工作”,要求法院考虑所使用的材料,认识到一些作品是更接近预期的版权保护核心而不是其他。纯粹的事实作品更加接近核心的版权保护。第三个因素是“使用的部分”,要求法院分析不仅要考虑所用材料的数量,而且要考虑其质量和重要性。在评估第四个因素时,法院必须不仅要考虑涉嫌侵权者特定行为造成的市场损害程度,而且要考虑被告的行为是否会产生对潜在市场的不利影响。例如,复制行为不仅对原件造成损害,还会损害衍生作品市场。

式、参与式环境吸引观众的部分，博物馆不仅要严格遵循上述规制条件即“仅限于相关对象的复制与提取，并且被复制提取的作品或者其他内容必须是通过合法手段获得的，同时还要注意不能将这种作品通过某种形式从而转移给第三人，而只可自己使用”。2017 年 6 月澳大利亚通过《2017 年版权法修正案（障碍者获得和其他措施）》，该修正案改善了《1968 年版权法案》在数字环境下的运用情况，合并简化了允许图书馆和档案馆出于保存目的制作版权材料复制件的例外。如果图书馆以原始形式保存作品，且不能获得符合最佳保存方式所需要的版本或形式，上述修正案允许图书馆或档案馆的授权工作人员使用版权材料。可见档案馆出于“保存”目的复制作品属于“合理使用”或者“著作权的例外情形”是许多国家的共识。背后动因在于著作权法的创设目的是激励公众创作和传播知识，而博物馆数字化行为符合著作权法基本价值取向。

对于博物馆数字化的规制应该尽可能宽松。著作权固然应该得到保护，但实际情况是能够进入博物馆的作品往往双方事前已经进行过磋商。在这种情况下以著作权方式抵抗所有权的情况实际上很少出现，因为双方已经在事前进行了约定。倘若没有约定，也应当注重博物馆对于作品数字化行为的公益性。博物馆以一种创新方式呈现作品来达到沉浸式与参与式感染大众的目的，这种行为客观上并不会对作品原作者造成显而易见的实质性损害。当今许多博物馆实际上已经采取了类似的数字化活动，而被诉侵犯著作权的案例实属罕见。但是博物馆对于参观人员的约束却非常必要。观众不可以将博物馆呈现的光影效果或者是同著作权相关的内容以摄录等方式公之于众或者是谋取商业利益，因为这超出了公益性的范畴。

对于博物馆数字化问题的讨论，会回到知识产权的基础问题——著作权人的经济利益与公众获取传播知识的利益如何权衡。我们注重保护著作权人的权益，势必会导致公共领域的缩减。知识产权并非先验概念，而是基于功利考量而设立的制度。很多条文都具有非常强烈的政策性与时代性。在数字化技术大力发展和对于著作权人利益保护日渐完备的当下，显然博物馆数字化行为更加值得法律关注。首先，在博物馆数字化层面讨论的作品所有权流转显然不是日常交易行为，而是博物馆付出了巨大成本或者是著作权人的慷慨捐赠。在这种条件下，著作权人的权益已然得到了保障与回馈，这可能是精神上的也可能是物质上的。倘若是博物馆购买，那高昂的转让费已然使得著作权人获得经济收益，博物馆基于严格限制和公益目的再对作品进行数字化,对于著作权人的经济损害有限;如果是著作权人捐赠,这种行为往往体现出著作权人本身对于物质利益的价值取向,因而相较于经济利益,著作权人更加注重作品传播与社会认可,博物馆将作品数字化并进行传播,使得作品更加广为流传,而这往往是符合著作权人心理预期的。否则他当初何必去捐赠他的作品而不是拍卖呢?大多数博物馆对于作品进行数字化都是出于公益目的,博物馆的这种数字化行为应被归为合理使用。至于私人博物馆以创设数字化博物馆来盈利的行为,由于其商业目的和非公益性则不属于合理使用。

美国联邦最高法院认为版权法应当注重时代性与国家需求,这种理念值得我们参考。我国《著作权法》在第三次修改之前,其合理使用制度的封闭性就已经颇受学界诟病。有观点认为我国合理使用的立法模式应当立足于我国的需要,借鉴美国的"四要素检测法",采列举式立法与概括式立法相互补充的方式来综合处理博物馆数字化问题。2020 年修法之后,《著作权法》中的合理使用制度在两个方面进行了开放性上的突破,一是将"三步检验法"从《著作权法实施条例》中移至合理使用的总括性条款,二是在保留列举合理使用具体情形的同时,加入"法律、行政法规规定的其他情形"之兜底条款。但这样的修法同样存在局限性。首先,我国将《伯尔尼公约》中的"三步检验法"与具体情形列举同时置入合理使用条款中,但并未明确两者之间的关系,"三步检验法"在合理使用条款中的地位和作用并不明晰。其次,"法律、行政法规规定的其他情形"之兜底条款看似将封闭式列举转变为开放式列举,但其仍须援引法律、行政法规的具体规定,而这样的法律、行政法规能否出台仍未可知。可以说,合理使用情形在我国《著作权法》中的开放进度,目前仅进行到作品类型开放历程的上一环节。在没有受到单独列举情形"特殊照顾"的情况下,博物馆数字化行为能否适用合理使用制度,取决于我国著作权合理使用制度的开放性程度,取决于立法者平衡著作权人和公共文化利益的态度和手段。当前博物馆数字化活动能为公众传播文化,推广教育与科普知识。但是与此同时艺术家权利、展览者权利和公众权利之间的界限也变得越发模糊。因此,博物馆应慎重行事,尊重艺术家的权利,厘清相关的法律,平衡公众和著作权人利益。

第二节　文化遗产数字化行为是否产生新作品

一、物质文化遗产数字化是否产生新作品

（一）平面扫描是否产生新作品——以 Bridgeman Art Library, Ltd. v. Corel Corp. 案为例

影像化是博物馆对大多数文物藏品进行数字化处理时最常用的手段之一。所谓影像化，就是通过对藏品进行胶片的或数码的摄影、录像或利用其他影像记录手段，使藏品在不同介质中，呈现出的平面的、立体的、能用肉眼直观感觉到的一种过程。[①] 其中，以数字化为目的的影像化往往需要使用数码设备进行拍摄，建立起有关藏品的高清晰度的图片、视频或者三维模型。因此，在这个过程中形成的影像资料，博物馆对其是否享有著作权，是博物馆数字化知识产权管理最先需要解决的问题。对藏品影像化形成的作品，一般包括有关藏品的摄影作品或视听作品等，在这里相关度最高的是摄影作品。

对于以恢复原作原貌为目的的文物或艺术品的摄影是否构成著作权法意义上的摄影作品这一问题，我国存在颇多争议，目前尚无相关法律和司法解释进行确认。美国纽约南区联邦法院于 1999 年对 Bridgeman Art Library, Ltd. v. Corel Corp. 案[②]作出的判决，对文物摄影作品是否具有独创性，能否成为著作权上所保护的作品具有重要启示意义。该案判决中，法院认为是否构成作品，取决于作者的技巧、判断和劳动是否可以用另一种方式转化。若不进行添加、修改、转化或融合而仅仅从原作品复制，则不具有创作性，不应受著作权法保护。[③]

案例：Bridgeman Art Library, Ltd. v. Corel Corp. [④]

原告 Bridgeman Art Library, Ltd.（以下简称 Bridgeman）是一家在纽约设有办事处的英国公司，其主营业务是获取博物馆拥有的公共领域艺术品或其他藏品的复制权，并由博物馆摄影师或 Bridgeman 聘请的自由摄影师拍摄照片。Bridgeman 以两种形式分发图像，高分辨率的照片通过许可安排提供给客户，而低分辨率的照片作为数字目录免费提供给客户。被告

---

① 李瑞红：《博物馆藏品影像化中的著作权问题》，载《山西财经大学学报》2014 年第 S1 期。

② Bridgeman Art Library, Ltd. v. Corel Corp. ,25 F. Supp. 2d 421; 36 F. Supp. 2d 191.

③ Ibid.

④ Ibid.

Corel Corp.(以下简称 Corel)是一家从事计算机软件产品创建和营销的加拿大公司,它制作了一套名为“Corel Professional Photos CD-ROM Masters Ⅰ-Ⅶ”的 CD-ROM,其中包含 700 位欧洲大师著名绘画的数字复制品。Bridgeman 称 Corel 大约有 120 张图像属于原告享有著作权的高分辨率文物图片,并声称艺术品虽然进入公共领域,但其所有者严格限制了对艺术品的访问并且 Bridgeman 拥有唯一的授权复制品,因而通过逻辑推论,Corel 的 CD-ROM 中的图像必是 Bridgeman 照片的副本。同时 Bridgeman 声称享有照片的版权,并且根据英国和加拿大的法律以及《伯尔尼公约》,摄影作品受到版权法保护。在解决侵权问题之前,法院必须明确 Bridgeman 是否享有照片版权。法院认为尽管在不同媒介中,Bridgeman 的照片是公共领域作品的精确复制品,从基础作品中复制而没有任何添加、更改或转换,因而 Bridgeman 的照片不具有版权。作出裁决后,Bridgeman 认为法院在原创性问题上存在错误,要求重审和复议。1999 年法院在重审中支持原审观点,并且认为虽然原告 Bridgeman 获得许可去努力创造公共领域艺术作品的复制件,然而它仅要求了技巧和努力,并没有原创性的火花,因此这种情境下不存在版权。

案件审理中,法院认为原告摄影师对文物的拍摄确实存在较高的技巧,但衍生著作的原创性关键在于作者的技巧、劳动、判断等是否实现以另一种方式转化,而若仅有技巧、劳动、判断而不具有实质性的修改、转化等,则不能认为该著作从整体上显示出了原创性。据此推断,法院认为原告对文物藏品的摄影仅是对原物的复制,不存在任何实质性的修改、转化、结合,故原告对文物的摄影没有独创性,不享有著作权。尽管 Bridgeman 案只是纽约地方法院的判决,但由于其确立原则的广泛适用,该判例在美国许多其他法院判决中都有所提及,例如,在联邦第十巡回上诉法院审理的 Meshwerks v. Toyota① 案中,法院就引用 Bridgeman 案中的原理来论证通过线框网络(wireframe meshes)途径将立体物品(本案中为丰田牌汽车)数字化为 3D 文档的行为纯粹是对原物进行的复制,不应享有著作权。

文物摄影属于“精确复制品”,缺乏原创性而不受版权保护,这就形成了摄影作品著作权问题上的重要差异。对于一般的摄影作品,只要其具备独创性,都可受到著作权法的保护,未经摄影作品著作权人的许可而使用、复制和传播即可能构成侵权;相反的是,对于博物馆中的文物进行摄影却往往要求尊重原物物理形态本身,而这直接导致对文物的摄影因缺乏独创

① Meshwerks, Inc. v. Toyota Motor Sales U. S. A. , 528 F. 3d 1258.

性而无法得到著作权法的保护。文物摄影之所以要求是对文物原物的真实反映,是因为文物摄影的成果价值在于使使用者获得与观看原文物一样的效果,这可与拍摄人物证件照相类比。公安部根据国际民航组织 DOC 9303 文件制定的《出入境证件相片照相指引》中,对证件相片拍摄进行了全方位、严格的限制,包括光线、人像位置、坐姿、眼睛、遮挡物等。其一般要求就包括"不着制式服装,不佩戴头巾、耳环、项链等饰品,常戴眼镜者应佩戴眼镜。要求人像清晰,层次丰富,神态自然,无明显畸变,尽量深色着装,不能穿蓝色或白色衣服。背景色为蓝色或白色"。这意味着在此情况下对人像的摄影几乎无独创性存在的空间,于是有人就以此证明文物摄影不能构成《著作权法》上的"摄影作品"。这就迫使文物摄影的作者只能通过合同约定维护自身权益。在此种情况下,公共文化机构也面临困境,即对文物摄影无法取得著作权而难以实现其馆藏作品的文化价值、发挥其社会功能。

Bridgeman 案提出一个可预见的问题,即对二维作品及三维作品的摄影复制是否可以同等对待?有学者认为,三维作品的摄影不受 Bridgeman 案的影响,立体作品的照片并不是原始作品的副本,照片不能精确复制,只能捕捉作品的一部分,而法院未能在两种形式之间划清界线——甚至可能无法划出界线。①

但是对于判断文物的摄影是否具备独创性而构成摄影作品,不应一概而论,而应依具体情形进行分析。一方面,对立体文物的摄影因其取景、选择角度等方面至少包含了作者独特的构思或风格,故一般可认为构成摄影作品。正如我国台湾地区"经济部智慧财产局著作权会议及调解委员会"于 2005 年 5 月就"'故宫博物院'为古物所摄影之摄影作品是否属'著作权法'第五条第一项第五款所称之'摄影著作'"展开的讨论,最后得出结论:应将所涉文物分为平面文物和立体文物,对平面文物的摄影纯属复制再现,不具有创作性;对立体文物的摄影在场景、角度、光影、焦距等方面存在选择判断,具有创作性,故可构成"著作权法"上之摄影作品。② 与此相反,对于平面文物摄影没有取景角度之分,独创性有限,且出于博物馆真实展现原文物的目的,不应当将平面文物摄影认定为《著作权法》意义上的"摄影作品"。

---

① Robin J. Allan, *After Bridgeman: Copyright, Museums, and Public Domain Works of Art*, 155 U. Pa. L. Rev. 961(2007).

② 冯震宇:《论文物艺术品摄影著作之保护与利用》,载《月旦法学杂志》2016 年第 249 期。

(二)3D 技术是否产生新作品——以美国典型案例为参考

尽管 3D 技术自 20 世纪 80 年代以来就已经存在,但直至近年 3D 打印和扫描才发展到切实可行的程度。2011 年《经济学人》发表了一篇文章,将 3D 技术的兴起描述为一场将改变制造业并允许更多人开始制造产品的工业革命。这一新兴技术也被纳入了博物馆的实践范畴。2014 年 11 月,大英博物馆与 Sketchfab 公司①合作,共同推出了一项使公众受益的服务,其主要内容是:自 2014 年 11 月下旬起,大英博物馆位于 Sketchfab 的网页上将会向公众展示大英博物馆馆藏的雕塑作品、石像等文物的两百余件 3D 模型,包括知名的法老头像、复活节岛石像、宙斯雕塑作品等。世界各地的用户都可以在 Sketchfab 平台上在线浏览这些 3D 模型,此外,平台还支持免费下载这些 3D 模型的任意 3D 打印机使用的格式文件。②

然而,在 3D 技术给博物馆带来诸多便利的同时,也对我国现行著作权法体系造成了不小的冲击,其中很大一部分原因是 3D 技术降低了著作权侵权成本。3D 打印机的用户可能会自己设计原始产品或从设计师那里获得经过授权的原始文件,但用户也可能会在没有适当权限的情况下打印受著作权保护的项目。③ 此外,利用数字、激光扫描、3D 打印等技术,人们现在可以越来越多地复制二维和三维物体,而这些物体与原始物体通常是难以区分的,三维扫描和打印技术不仅可以制作精确和廉价的公共领域雕塑作品的复制品,而且可以以很低的成本在全球范围内传播。

1. 3D 技术与立体文物的复制

铸造是博物馆对文物进行复制的传统方法之一。④ 但由于用铸造法复制文物需要提前创建一个模具,但创建模具的这个过程不仅步骤烦琐,而且在这个过程中文物与金属液体或石膏等化学材料会有直接的接触,可能对文物产生一定程度的损害,因此,铸造法这项文物复制技术应用的范围非常有限。而 3D 扫描和打印技术迅速发展使文物的复制变得简单便捷,并且不会对文物造成任何的破坏。它不同于传统的建材制造工艺,后者通常需要取一块材料(如塑料),然后对该材料进行切割或打磨,直到制造出相应的三维立体产品,而 3D 打印则是通过逐层叠加材料构造一个三

---

① "Sketchfab"是一个可以让用户在线发布和分享 3D 内容的平台,该平台共有三百多万的 3D 内容。

② Sketchfab (Feb. 27,2019), https://sketchfab.com/britishmuseum.

③ Ben Depoorter, *Intellectual Property Infringements & 3D Printing: Decentralized Piracy*, 65 Hastings L. J. 1483 (2014).

④ 铸造,是指将固态金属熔化为液态倒入特定形状的铸型,待其凝固成形的加工方式。

维立体产品,[①]该过程是通过一台配备有辅助软件的3D打印机来实现的,该辅助软件控制着材料存放设备,而该设备根据由CAD文件提供的地形数据添加各种材料层,每个CAD文件将原始模型分为多个部分,并向3D打印机提供有关如何逐层构建最终对象的说明。

3D打印主要分为数字建模及实物制造两个阶段。数字建模是3D打印的初始阶段,也是整个打印流程的核心。生成3D打印机所能识别的数字模型分为两步:3D建模与数据格式转换。3D建模存在两类不同的方法,第一类方法是利用三维计算机辅助设计,即CAD或建模软件,如Maya等建立数字模型。第二类方法是利用三维扫描设备,如激光扫描仪、三坐标测量机、结构光扫描仪等获取生成3D模型数据进而得到数字模型。通过三维扫描设备获取生成3D模型的数据准确性[②]相较传统CAD建模更依赖于设备自身精确校准和图像对齐能力。3D建模完成后,需将其转换为3D打印通行标准文件类型STL格式文件。因3D打印本质是通过打印薄层的层层叠加使物体成型,故而对STL格式文件模型切片成薄层是3D打印的第三个阶段。切片而成的虚拟薄层通过最佳打印路径规划后,由3D打印机通过微滴喷射或数字光处理等[③]技术逐层叠加成型。

2. 3D数字模型的著作权问题

3D数字模型在计算机虚拟三维空间中以一种可感知的形式存在,因此它们构成了思想的表达,而非思想本身。[④] 著作权法保护的客体为作品,根据各国的立法通例,要构成著作权法意义上的作品,必须要具备一定程度的独创性。[⑤] 因此,判断3D打印数字模型是否构成作品,关键就在于3D数字模型本身是否具有独创性。如前所述,3D打印数字模型主要由两种途径产生,一是运用CAD设计软件进行三维建模而成,二是借助3D扫描设备将计划打印的实体对象扫描转化为3D数字模型。对应这两种不

---

① See Amanda Scardamaglia, *Flashpoints in 3D Printing and Trade Mark Law*, 2 Int. & Sci. 23 (2014)(2).

② See Petya Emilova Pavlova, *Training in Creation of 3D Printed Products*, International Scientific Conference Electronics 12(2019).

③ 刘利刚等:《3D打印中的几何计算研究进展》,载《计算机学报》2015年第6期。

④ Cf Harper & Row Publishers, Inc. v. Nation Enters., 471 U. S. 539, p. 556.

⑤ 我国《著作权法实施条例》第2条规定:"著作权法所称作品,是指文学、艺术和科学领域内具有独创性并能以某种有形形式复制的智力成果。"《美国版权法》规定:著作权之保护存在于固定在有形媒体之原创著作物(original work of authorship)上。《意大利版权法》规定:具有创造性并属于文学、音乐、平面艺术、建筑、戏剧和电影范畴的智力作品,无论其表达方式如何,均受本法保护。《日本著作权法》规定:所谓著作物,即表现创作的思想或情感,而属于文学、美术或音乐范围之物。

同的数字模型的来源,其独创性也有所不同。此外,由于实践中还存在在已有的数字模型上(包括原始设计数字模型和3D扫描数字模型)进行修改形成新的3D数字模型,在此也将该种数字模型的独创性问题纳入讨论范围。

首先,运用CAD软件原始设计的数字模型一般具有以下两点特征:第一,创作设计3D数字模型是一种创造行为,体现了人的思想和情感,而不是机械性地复制或其他自动化的智能行为;第二,用户创作设计的3D数字模型不是源于已有的他人设计完成的数字模型,而是源于作者的想象或是现实中的物。因此,一个由用户创造设计的3D模型并不是对既有物的复制,而是创作、设计出了一个新的物,可以认为其满足独创性的要求,能被视为著作权法意义上的作品。

其次,对于通过3D扫描所获得的3D数字模型,由于扫描并不是源于人的创作设计,而是通过3D扫描仪扫描物体并将其捕捉到的数据转换为CAD文件格式从而形成的数据模型,虽然这种方法与摄影大同小异,但3D数字模型是否受著作权法保护却与摄影相差甚远,且存在更多争议。一种观点认为,3D扫描仪很大程度上限制了用户的个性表达,扫描出来的3D数字模型没有体现人的思想与情感,因此不具备独创性,不能获得著作权法的保护。另一种观点认为,将物理对象转换为精确数字表示的扫描不受著作权保护。如果扫描仪的主要动机是"简单"地对物理对象进行真实的数字表示,那么扫描文件不太可能受到其自身版权的保护。①

3. 3D数字模型是否构成演绎作品

我国《著作权法》虽没有明确演绎作品的含义,但这一概念在《著作权法》第13条中也有所体现。一般而言,演绎作品具有两个特征:首先,演绎作品必须在已有作品的基础上创作完成;其次,演绎作品相较于原作品必须具备一定程度的创造性。3D打印的各阶段中是否存在演绎作品主要可从两方面考虑:第一,通过计算机辅助软件将其他格式的原始设计数字模型或者是通过扫描得到的数字模型转化后获得的3D打印源文件也即STL格式文件是否构成演绎作品?第二,在原始设计数字模型或3D数字模型的基础上改进获得的数字模型是否构成演绎作品?

通过计算机辅助软件将其他格式的数字模型转化成STL格式文件的过程是复杂的,需要专家对源文件进行调试和优化,但是这种优化的目的是使转化后得到的STL格式文件与原始数字模型更契合、更相似,有学者

① Michael Weinberg, *3D Scanning: A World Without Copyright*, Shapeways Magazine 1(2016).

认为这种转化行为更类似于一种“精确复制”而不是加入新的创造元素。[①]而对于此种精确复制是否可以获得著作权法保护，也存在不同的观点。美国联邦第九巡回上诉法院在 Entertainment 案中明确指出，如果所谓“演绎作品”是“复制”原有作品而产生的，就不能对其赋予著作权保护，否则会对他人在基础作品的基础之上创作演绎作品造成不适当的阻碍，违背了著作权法的立法目的。[②] 但也有学者认为，对先前作品高度技巧性的、精确的复制可能获得著作权保护。[③] 还有学者认为，如同计算机软件的源代码和目标代码之间的关系一样，通过原始设计生成的数字模型和通过 3D 扫描得到的数字模型本质上属于同一作品，存在明确的对应关系。[④] 对此，笔者认为，在 3D 打印技术中，CAD 文件与 STL 格式文件存在唯一的对应关系，出于对公共利益的保护，不能对其赋予著作权保护。

而对于在原始设计数字模型或 3D 扫描数字模型的基础上改进获得的数字模型，则会出现不同的情况。如果用户是基于已经进入公共领域的数字模型进行改编创作，并融入了自己的思想或情感，使得新的 3D 数字模型与原数字模型相比达到了“可区别性变化”（distinguishable variation），那么新生成的数字模型则构成演绎作品。美国法院曾在 Meshwerks, Inc. v. Toyota Motor Sales U. S. A. 案及 Lucky Break Wishbone Corp. v. Sears Roebuck & Co. 案中作出截然不同的判决，并引发诸多争议。在 Meshwerks 案中，原告梅什韦克斯公司（Meshwerks, Inc.）花了大量的时间和精力将三维汽车的测量数据转换成二维模型，然后将丰田汽车的二维图像在屏幕上显示为三维线框模型，然而这一过程完全没有加入修饰——缺乏色彩、阴影和其他细节，法院认为这样得出的三维线框模型并没有体现出独创性。

案例一：Meshwerks, Inc. v. Toyota Motor Sales U. S. A.

2003 年，被告丰田公司与其广告代理商盛世长城（Saatchi & Saatchi）联手，开始了 2004 年车型年度广告宣传活动。盛世长城和被告丰田公司一致认为，此次活动将丰田汽车的数字模型，用于丰田网站和其他各种媒体的宣传。这些数字模型与它们所替代的产品照片相比具有很大的优势。

① 罗娇：《3D 打印的著作权法律问题研究》，载《知识产权》2014 年第 8 期。

② Entertainment Research Group, Inc. v. Genesis Creative Group, Inc., Aerostar International, Inc., 122 F. 3d 1211, 1211.

③ Christine Wallace, *Note: Overlapping Interests in Derivative Works and Compilations*, 35 Case W. Res. 103(1985).

④ 毕文轩：《3D 打印视域下著作权法适用问题研究》，载《东南大学学报（哲学社会科学版）》2017 年第 19 期。

只需点击几下鼠标，广告客户就可以改变汽车的颜色、周围环境，甚至可以编辑汽车的外形尺寸，以描绘汽车造型的变化；在这一创新之前，每当制造商对一辆轿车或卡车进行哪怕是很小的设计更改时，广告客户都必须为整批车辆拍摄新的照片。

为了提供这些数码车型，盛世长城和被告丰田公司聘请了格雷斯野生公司（Grace & Wild, Inc.）。G&W 与原告梅什韦克斯公司签订分包合同，协助项目的两个初始方面——数字化和建模。数字化包括从要描绘的物体上收集物理数据点。在丰田汽车的例子中，原告梅什韦克斯公司对丰田汽车进行了大量的测量，用网格覆盖每辆汽车、卡车和面包车，并在车辆上方运行一个连接到计算机上的铰接臂来测量网格中的所有交叉点。基于这些测量数据，建模软件生成一个类似线框模型的数字图像。换句话说，车辆的数据点（测量值）被映射到计算机网格上，建模软件将这些点连接起来，创建每个车辆的“线框”。然而，在这一点上，屏幕上的图像仍然远远不够完美，手工“建模”是必要的。原告梅什韦克斯公司的人员对屏幕上的线条进行了微调，“雕刻”出尽可能接近每辆车的线条。原告梅什韦克斯公司表示，每个最终模型中大约 90%的数据点不是第一步测量过程的结果，而是数字雕刻家在第二步手工花费的技能和努力的结果。例如，某些细节区域，如车轮、车头灯、门把手和丰田徽章，不能用当前的技术精确测量；这些功能必须在第二个“雕刻”阶段添加，原告梅什韦克斯公司必须根据照片尽可能逼真地手工重现这些功能。即使是被测量的区域，原告梅什韦克斯公司也面临将三维汽车的测量数据转换成二维模型表示的挑战；为了实现这一点，它的建模人员必须雕刻或移动数据点，以获得视觉上令人信服的结果。

据原告梅什韦克斯公司称，这场纠纷的起因是，该公司与 G&W 签订的合同只允许其型号的一次使用（作为丰田电视广告的一部分），而且无论是丰田还是其他被告都不允许在其他广告中使用原告梅什韦克斯公司的线框制作的数字型号。因此，原告梅什韦克斯公司认为被告丰田公司不恰当地——违反了版权法和双方的协议——在许多其他媒体上重用和重新分发了原告梅什韦克斯公司创建的模型。为了支持被告盗用其知识产权的指控，原告梅什韦克斯公司指出，它寻求并获得了其线框模型的版权注册。被告丰田公司提出，原告梅什韦克斯公司的线框模型缺乏足够的原创性而不受版权保护。具体地说，被告争辩说，在原告梅什韦克斯公司的产品中发现的任何原始表达都应归功于最初构思该汽车设计的丰田设计师；因此，被告使用这些模型不能引起版权侵权的索赔。地方法院支持了被告丰田公司的说法。调查发现，这些线框车型只是丰田产品的复制品，没有足够的原创性来保证版权保护，并强调原告梅什韦克斯公司“意图尽可能准确地复制某些丰田汽车的形象”，因此不可能存在侵权行为。

这个案例的关键是，原告梅什韦克斯公司的数字线框电脑模型描绘的丰田汽车没有任何个性化的特征。换句话说，原告梅什韦克斯公司的模型只不过是简单的丰田汽车。作品不受版权保护的原因在于，除了原始事实，它们不涉及任何表达，也如同摄影技术一样，如果它只是一张已有产品的照片，摄影者显然不能声称它源自其中所描述的事物……最终的结果是，摄影师只有在灯光、角度、透视和其他传统艺术形式的元素的基础上才有可能获得版权。现在的数字媒体也是如此，梅什韦克斯公司的数字线框模型只描绘了那些未经修饰的车辆，去掉了所有与原始表达相关的照明、角度、透视和“其他成分”，并没有留下任何的版权问题。梅什韦克斯公司在这一过程中只是简单地将丰田汽车复制到一个数字媒体中，这样它们就可以以另一种方式进行表达。梅什韦克斯公司所完成的是一种奇特的复制，它没有寻求彻底重建丰田汽车，相反地，它只是试图在二维数字媒体中描绘丰田的三维实体，将丰田汽车的外形从三维空间转换为二维空间，使计算机屏幕上的图像准确地反映出丰田的产品。这一工作是劳动密集型的，需要大量的技巧。但是，由于最终结果是丰田汽车的形象，而这些形象的出现并不归功于梅什韦克斯公司，我们无法用版权保护来激励这些技术、努力和劳动。

虽然如此，美国联邦第九巡回上诉法院在 Lucky Break Wishbone Corp. v. Sears Roebuck & Co. 案[①]中给出了不同的意见，法院认为具有创造性的 3D 作品应当受版权保护。

案例二：Lucky Break Wishbone Corp. v. Sears Roebuck & Co. [②]

Lucky Break 公司是美国一家生产幸运叉骨雕塑的公司。2006 年 3 月，Lucky Break 向西雅图华盛顿西部地区法院首次提起诉讼，声称在 2005 年 6 月，Young & Rubicam（Sears 公司聘请的广告公司）向 Lucky Break 公司表示有兴趣使用他们的叉骨作为 Sears 公司感恩节促销活动的一部分；彼时 Lucky Break 公司提供了一个产品样本——一个塑料叉骨，能像真正的叉骨一样破碎——并准备制造一百万个叉骨，但双方没有达成任何协议。后 Lucky Break 公司发现 Sears 公司雇用了一家名为 Apex

---

① Lucky Break Wishbone Corp. v. Sears Roebuck & Co. , 373 Fed. Appx. 752.

② Ibid.

Products LLC 的公司，为 Sears 公司的“2005 WISH BIG”活动在中国生产叉骨，Lucky Break 公司称 Sears 公司生产的叉骨与其受版权保护的产品“基本相似或几乎完全相同”，侵犯其对叉骨设计的著作权。Sears 公司和 Young & Rubicam 则认为，促销中使用的叉骨是模仿真正的火鸡骨骼，而不是任何竞争公司的塑料叉骨。

该诉求于 2008 年 7 月被提交审判，地区法院的一个陪审团裁定 Sears 公司侵犯了 Lucky Break 公司对其叉骨设计的版权；陪审团还裁定 Sears 公司和 Young & Rubicam 都违反了 Lucky Break 公司受版权保护的产品警告声明。该案中关键证词由一位鸟类骨科专家提供，他证实 Lucky Break 公司的产品与实际的火鸡骨骼有很大不同，具体来说，七种不同的艺术设计特点使 Lucky Break 公司的叉骨具备独特性。因此，该骨科专家认为，Sears 公司的塑料叉骨不能从大自然中复制而必须根据 Lucky Break 公司的产品进行复制。

华盛顿西部地区法院同意骨科专家的观点，认为原告的叉骨设计受著作权法保护且被告构成侵权，并判决被告 Sears 公司赔偿原告 Lucky Break 公司 150 万美元。后 Sears 公司向美国联邦第九巡回上诉法院提起上诉，但其上诉请求被全部驳回，本案以 Lucky Break 公司胜诉告终。

在本案中，争议焦点在于涉案叉骨雕塑作品是否受版权法保护。根据《美国版权法》第 101 条的规定，图形、绘画和雕塑作品必须要满足创造性要求，即强调独创性，雕塑作品的纯粹功能性和实用性不受版权法保护。天然叉骨作为创作基础被使用并不当然排除借此创作而出的成果的独创性，涉案作品系叉骨的 3D 塑型再版，是不同于天然叉骨的，在制作计算机模型时对数据组进行了艺术性更改，再通过设计师的加工，从而形成 3D 叉骨作品。原告通过充分的证据表明涉案叉骨作品的创作过程，加入了与天然叉骨相区别的元素，依法可予以版权保护。根据《美国版权法》第 504 条、第 505 条的规定，原被告在审判过程中承担相应的举证责任，使案件审理具有足够的证据支撑，如在间接利润获赔方面，依据“版权持有人必须证明侵权行为与间接侵权产生的利润的因果关系”的规定，判定被告应对原告承担 1,479,404 美元的间接利润损失赔偿金额。

涉案叉骨是由西雅图商人、Lucky Break 公司总裁 Ken Ahroni 发明并销售的，联邦第九巡回上诉法院的决定最终重申了 Lucky Break 公司主张的有效性。正如 Lucky Break 公司在本案中的代理律师 Mark P. Walters 所表示的那样，随着企业变得更加全球化，美国法院以继续鼓励创新和创造力的方式保护知识产权是至关重要的，本案是对该原则进行实践的典型范例。

美国联邦第九巡回上诉法院在Lucky Break Wishbone案中指出,改变三维扫描物体后生成的CAD文件,可以提高一定的智力创造水平,进而满足版权保护所需的独创性条件。[①] 而在Osment models案中,原告Osment models公司是一家从事销售铁路和建筑模型配件的公司,该公司将位于科罗拉多州的杰斐逊火车站制成了相应的模型,与博物馆中的文物一样,杰斐逊火车站因为处于公共领域早已不受著作权法保护。原告主张被告在未经许可的情况下出售火车站模型的行为侵犯了其著作权,被告则认为原告对其模型结构的改变与原来的杰斐逊火车站无异,不能被视作由其独立完成且也没有传达最低限度的创造性。此外,被告认为如果原告的作品具有版权性,那么原告则可以垄断公共领域的作品及其衍生作品。对此,美国密苏里州西部地方法院认为,原告Osment models公司并不是完全按照对应比例对火车站和加油站创建精确的复制品,而是通过改变一些颜色和设计等细节进行了一定程度的调整,具有一定程度的独创性。另外,原告的作品可以受到著作权法的保护的并不意味着原告对杰斐逊火车站本身拥有著作权,原告的著作权保护只会延伸到他们的改编和原创元素。[②] 同样地,在著名的"上帝之手"——Alva Studios,Inc.诉Winninger案中,法院也认为将原件尺寸减小也是需要复杂的工艺的,并认可原告在创作这一作品的过程中所体现的创造性。

案例三:Alva Studios, Inc. v. Winninger[③]

原告Alva Studios, Inc.是一家纽约公司,在纽约市设有工作室和办事处,它重现了由美国和其他几个国家的各种博物馆所有的立体艺术作品。这些博物馆授权原告复制这些艺术品并为此特权收取版税。在立体艺术品重现方面,原告与拥有正在复制的特定作品的博物馆合作,每个博物馆的工作人员都对其雕塑作品的缩放再现的质量和细节进行严密控制。被告Winninger出售以Wynn's Warehouse为品名的装饰配件;本案的另一被告Austin Productions公司是纽约一家从事制造和销售装饰配件业务的公司。

在1958年12月12日之前,原告由其管理人员和雇员创造了一个大约18.5英寸高的立体艺术品的缩放复制品,其名称为"上帝之手",原作者

① Lucky Break Wishbone Corp. v. Sears Roebuck & Co., 373 Fed. Appx. 752.

② Osment Models, Inc. v. Mike's Train House, Inc., No. 2:09-CV-04189-NKL, 2010 WL 5423740 at *1 (W. Dist. Mo. Dec. 27, 2010).

③ Alva Studios, Inc. v. Winninger, 177 F. Supp. 265 (S. D. N. Y. 1959).

为著名雕塑家奥古斯特·罗丹(Auguste Rodin)。据查,原告于1959年4月17日获得了罗丹的雕塑"上帝之手"复制品的版权声明登记。该复制品,即原告受版权保护的作品,是以罗丹的青铜雕塑为基础,且原件由卡内基研究所美术系所有。另外,罗丹的"上帝之手"于1905年首次出现在英国伦敦新画廊的公共展览上,这位雕塑家于1917年11月17日去世,案件发生时该雕塑已经经过著作权保护期,进入公共领域了。原告诉称,被告Austin Productions公司通过被告Winninger的零售业务复制其作品和营销产品,侵犯了原告的版权。然而,被告Austin Productions公司声称,它所销售的作品是它自己原创的,是对目前正在纽约大都会艺术博物馆展出的罗丹雕塑的解读和再现。原告认为,罗丹的"上帝之手"是有史以来最复杂的雕塑作品之一,无数的平面、线条和几何图案在这个多维工作中都是相互依存的,在减少它们时,它们都必须以最小的精确度被延伸到较小的尺度。这些复制品是通过使用原告开发的特殊技术、技巧和判断来完成的,并且是手工完成的,以尽可能接近地复制原件的确切形状、铜绿、颜色和纹理。因此,原告认为其产品并非完全的复制品,因为原告的原始作品已缩小,并且在这个过程中体现了足够的原创性。原告声称其作品的原创性依赖于尺寸减小操作的特点,这个过程需要一位非常熟练的雕刻家参照原作工作数个小时,如果复制品的任何一个部位有任何不一样,其整体的外观就会被改变。本案最终原告胜诉,纽约南区地方法院判决被告的行为构成侵权并签发禁令救济。

著作权法意义上的作品构成要件中最为核心的是独创性,而侵犯著作权案件的核心在于"作品"是否受著作权保护。本案中罗丹的原版"上帝之手"已经超过著作权保护期而进入公共领域,所以原告对其进行复制并不涉及侵权,关键在于其缩放版"上帝之手"是否具备足够的独创性而构成著作权法意义上之作品。一般来说,单纯的辛勤劳动、精湛的工艺并不是构成独创性的原因,但若能证明其中所包含的创造性特征,则可以成为主张著作权成立的依据。

如前所述,通过扫描形成的3D数字模型并没有体现出作者对于"作品"创作的劳动,且仅类似于数据收集,因此不具备独创性。但运用CAD设计软件制作而成的3D数字模型是作者独立创作并付出智力创造劳动的结果,因此该种途径产生的3D数字模型具有独创性。基于此,进一步应当考虑3D数字模型属于何种作品?由于作品类型的多样性和复杂性,不宜过多倾向于为3D数字模型创设新的作品类型,更为适宜的方式是利用现有作品类型以便更加系统地对其进行保护,同时也可以维护著作权法体系的稳定性。考察我国《著作权法》第 3 条规定的现有作品类型,3D 数字模型与计算机软件[①]、美术作品[②]和图形作品[③]有相似之处,但笔者认为将 3D 数字模型归类于图形作品更具有合理性。首先,3D 数字模型本身是一件完整的作品,不需要指示计算机等硬件进行下一步动作或工作来体现其独创性,其目的也不是使得计算机能够执行特定任务,因此不属于计算机软件;其次,3D 打印数字模型虽然也具有一定程度的"美感",但是其最终目的是制造和呈现物理实体,并不是以观赏为主因而具有较多的实用性,因此也不应属于美术作品;最后,图形作品是最早纳入我国《著作权法》的功能性作品,它强调准确性、真实性等,属于严谨的科学技术成果范畴。[④] 虽然图形作品通常用于建造或制造具有实用性的工程或产品,但著作权法只保护这类图形本身所表达的"美感",而绝非其中的实用性功能,因为实用性功能属于思想,而"对思想的保护是专利法的事"。[⑤] 但是 3D 数字模型产生和存在目的的功能性使其应归属于图形作品的范围。

4. 3D 打印产品的著作权问题

3D 打印产品能否被视为作品获得著作权保护的关键在于其是否具有独创性。但由于 3D 打印产品是完全依照 3D 打印数字模型所表现的内容与形式进行的精确再现,并且在打印过程中没有加入其他创造性的元素,故 3D 打印产品在外观、功能、比例等各个方面都与原始的 3D 打印数字模型保持高度的一致性。由此可知 3D 打印产品的独创性直接来源于 3D 打印数字模型,所以 3D 打印产品的独创性问题也可以对应上述三种 3D 打印数字模型的情况。那么在 3D 打印产品具备构成作品条件时,将其归为何种作品更具有合理性呢?理论上来说,著作权只保护表达不保护思想,也即通常说的"思想表达二分"原则,国内外司法实践有很多案例都体

① 计算机软件是指计算机程序及其相关文档,其中计算机程序是指示计算机完成某一动作或工作的"代码化指令序列",它必须能够使计算机执行特定任务。

② 我国《著作权法实施条例》第 4 条中规定美术作品是指绘画、书法、雕塑等以线条、色彩或者其他方式构成的有审美意义的平面或者立体的造型艺术作品。

③ 我国《著作权法实施条例》第 4 条中规定图形作品是指为施工、生产绘制的工程设计图、产品设计图,以及反映地理现象、说明事物原理或者结构的地图、示意图等作品。

④ 杨利华:《功能性作品著作权保护制度研究》,载《知识产权》2013 年第 11 期。

⑤ 罗娇:《"3D 打印"的著作权法律问题研究》,载《知识产权》2014 年第 8 期。

现了这项原则,如 Stowe v. Thomas 案和 Bake v. Selden 案。[①] 也就是说,著作权法不保护纯粹的实用性物品或实用性和审美性难以区分的物品,但对那些传递了思想和情感的艺术性物品则可以提供保护。

(三)虚拟技术是否产生新作品——以中国首例 VR 案为焦点

1. 虚拟技术在博物馆展览中的运用

随着虚拟技术的不断发展,在博物馆展览领域诞生了全景技术,该技术也被称作全景摄影或者虚拟实景,这是一种基于静态图像在计算机平台上实现虚拟现实的一种技术。[②] 用户可以使用 IE 浏览器或播放软件在电脑平台上利用鼠标控制环视的方向,可上下、左右 360°旋转观看,给人一种全新的真实现场感和交互体验感。[③] 此后,虚拟技术私人定制的理念也被进一步提出。博物馆通过相关调查,进一步把握观众需求,从而对数字展示技术的应用提出更细致全面、更具针对性的要求。在条件允许的情况下,还可以鼓励观众依个人喜好订制展示方式,满足观众的个性化观展需求。[④] 同时天文馆展示过程中也会选择使用环幕投影技术,这是一种极具特征性的 VR 技术,是采用多台投影(通道)设备,组成环形投影屏幕,能够完全覆盖观众的视角范围,在环绕立体声系统的配合下,使观众犹如置身其境。在 2010 年上海世博会期间中国国家博物馆展出的超大型动画版《清明上河图》就曾采用这项技术。[⑤]

2. 全景图像构成摄影作品

虚拟技术在博物馆展览中应用最广泛的为全景图像,分析该全景图像是否具有独创性应当从本质出发。全景图像由一组或者多组还原真实场景的照片组成。判断单组照片是否具有独创性,某些情况下还应当考虑摄影者拍摄的目的。如果从平面文物摄影一般基于还原文物原貌的目的上

---

① Stowe v. Thomas, 23 F. Cas. 201(1853). 在 Stowe v. Thomas 案中,法院认为,作者将作品呈现于世人之后,作品中所凝结的思想、观点与情感就不再专属于作者。能够获得版权保护仅仅是思想的有形表现,即字面意义的语言。Bake v. Selden, 101 U. S. 99(1879). 在 Bake v. Selden 案中,法院认为,介绍、表述技术的著作与技术本身有本质区别,前者是技术的表达,可以成为版权保护的主体;而后者则是专利法的保护对象。因此,被告采纳原告的记账方法,并未构成版权侵权。

② 全景技术是使用相机环 360°拍摄的一组或者多组照片通过无缝连接的方式拼接成一张全景图像,并通过计算机技术实现全方位互动式观看的真实场景还原展示方式。参见蔡田露、高俊强:《360°全景技术与应用分析》,载《现代测绘》2012 年第 6 期。

③ 杨建杰、胡进:《基于全景技术的博物馆网络虚拟展示实现研究》,载《博物馆研究》2015 年第 1 期。

④ 罗丹:《浅析数字媒体展示技术的发展趋势》,载《科技资讯》2015 年第 3 期。

⑤ 张江龙:《博物馆数字化展示技术及虚拟展览研究》,载《中国博物馆》2017 年第 4 期。

看,则难言此类照片具有独创性,自然也不能成为摄影作品。但需要注意的是,为制作全景图像拍摄照片的对象并非平面物体,通常为立体的场景,因此摄影者在拍摄时必定依据光线、角度等要素作出个性化安排,也就是说为制作全景图像拍摄的照片具有独创性,构成摄影作品。但全景图像并非完全等同于一组或者多组照片,它由一组或者多组照片无缝连接而成,那么全景图像是构成摄影作品还是汇编作品呢?根据我国《著作权法》的规定,汇编作品中体现了作者对于汇编的个性化创作,而全景图像的制作仅属于简单的拼接,不需要制作者智力的投入,且拼接的原因仅为技术局限,因此可以认定全景图像的连接过程属于一种简单的体力劳动,在编排上缺乏独创性,也就不构成汇编作品。但基于单组照片具有独创性,那经过加工后的全景图像,自然也构成摄影作品。

2018 年 4 月,北京市海淀区人民法院公开审理首例 VR 著作权案①:同创蓝天投资管理(北京)有限公司未经原告北京全景客信息技术有限公司许可,在主办的网站上上传了原告享有著作权的 VR 全景摄影作品。原告诉称,其是一家专门从事移动互联网和虚拟现实技术的研发公司,拥有三维全景拍摄技术,且创作完成了《故宫》《中国古动物馆》两部 VR 全景摄影作品,其中作品《故宫》已由北京市版权局进行了版权登记。被告未经许可,擅自在其主办的网站上传了《故宫》《中国古动物馆》两部作品中的 76 幅 VR 全景摄影作品,侵害了原告依法享有的信息网络权。而被告辩称,原告主张的权利存在瑕疵,对于部分作品的权利无法得到有效的证明。涉案全景摄影作品全部由用户免费注册和发布,被告均在用户协议中对遵守著作权法等进行了必要的提示,且并未对涉案作品进行任何编辑、整理和推荐,应当适用“避风港原则”。被告也从未从用户提供的作品中获取经济利益,在收到起诉材料后立即对涉案内容进行了强制关闭,不存在过错,不应承担赔偿责任。经过双方举证质证,法院最终认为利用三维全景拍摄技术制作的全景摄影作品是具有独创性的,法院在判决中称摄影作品是指借助器械在感光材料或者其他介质上记录客观物体形象的艺术作品。涉案作品属于可 360°全景再现客观物体和场景的摄影作品,依法应当予以保护,原告利用三维全景拍摄技术制作的全景摄影作品是具有独创性的。

该案中法院的判决也印证了文中的观点,因此博物馆在运用虚拟技术进行文物藏品展览时应当注意新作品的产生,注重自身知识产权的保护。

① 《判赔 46 万　涉 VR 全景摄影作品著作权案一审宣判》,载中国法院网 2019 年 3 月 20 日,https://www.chinacourt.org/article/detail/2018/04/id/3274191.shtml。

(四)博物馆数字化成果是否形成汇编作品——从国际立法相关规定上看

自20世纪90年代初全球互联网热潮兴起,欧美发达国家率先开展文化遗产保护数字化探索,而博物馆数字化成果是否构成汇编作品,在各国之间又存在差异。对于这一类数据库,如何定性?是否可受著作权法保护?探究数字化成果是否构成汇编作品,首先需要明确汇编作品的概念。[①]《伯尔尼公约》第2条第5款"将汇编作品定义为文学或艺术作品的汇集本""因对其内容的选择和整理而成为智力创造作品"。[②] 然而《伯尔尼公约》并没有明确数据库可以受到保护。我们可以根据定义推定,只要数据库内容的选择和编排体现了独创性就可以被定义为汇编作品,可以获得著作权保护。目前国际上的做法也是如此。[③]

1992年,联合国教科文组织启动的"世界记忆"(Memory of the World)工程重在采集全球范围重要文化遗产(包括大量非物质文化遗产)相关信息,建立可供线上检索的网站及数据库。[④] 从分类与储存的数字技术应用来看,数据库可以分为文本库、图片库、音频库、视频库、动作库和模型库6类素材数据库。[⑤] 此外,欧盟也在1996年发布了《关于数据库法律保护的指令》,该指令明确规定受保护的数据库是经过系统或有序的排列,可以通过电子或其他手段获取的独立材料的集合。[⑥]

目前世界上大约有130多个国家为数据库提供著作权保护,我国也是采用著作权法保护数据库的国家之一。根据这些法令基本上达成一个共识:把数据库定性为"汇编作品",在材料的选择和编排上要具有独创

---

① 根据我国《著作权法》第15条的规定,汇编若干作品、作品的片段或者不构成作品的数据或者其他材料,对其内容的选择或者编排体现独创性的作品,为汇编作品。

② 文学或艺术作品的汇集本,诸如百科全书和选集,由于对其内容的选择和整理而成为智力创造作品,应得到与此类作品同等的保护,而不损害作者对这种汇编本内各件作品的权利。

③ 如与数据库保护相关的国际公约包括《与贸易有关的知识产权协定》(TRIPs)第10条第2款、《世界知识产权组织版权公约》(WCT)第5条。

④ 从英国1973年发起的"数字考古国际会议",到联合国教科文组织1992年开始推动的"世界记忆工程",再到欧盟的"文化2000计划",以及美国谷歌公司在2012年启动的"谷歌艺术计划",在发达国家倡导下,国际组织、政府机构和相关企业竞相将文化遗产转换为数字形态,形成了一批商业化或公益性的数字化平台。参见黄松:《智能时代遗产信息的分析与应用》,载《中国文化遗产》2021年第2期。

⑤ 参见联合国教科文组织世界记忆项目网2021年6月7日,http://www.unesco.org/new/zh/communication-and-information/memory-of-the-world/projects/。

⑥《欧洲议会及欧盟理事会关于数据库法律保护的指令》规定:"本指令所称数据库是指经系统或有序的安排,并可通过电子或其他手段单独加以获取的作品、数据或其他独立材料的集合。"

性，才能够作为汇编作品受到保护。各国对独创性的要求趋于一致。美国也放弃了"额头出汗"原则（或称辛勤原则），这在 Feist Publications, Inc. v. Rural Telephone Service Co. 案中得以体现。[①] 然而数据库是制作者竭尽心力，付出大量人力、物力和财力，尽可能全面地收集相关数据，再按照一定的逻辑方式对数据进行整理、排列，最后录入计算机的。原材料是客观存在的，是"共有"的，它强调的是"大而全"，很难在选择或者编排上带有"独创性""智力创作"等。[②] 按照选择和编排的独创性原则，那么越全面、越系统的数据库反而更难得到著作权的保护。

以中国为例，在 1999 年中国商业出版社未经故宫博物院许可，使用馆藏器物图片 790 张出版了《中国清代瓷器图录》和《中国宋元瓷器图录》两本图录。2001 年故宫博物院向法院起诉该出版社，最终北京市第一中级人民法院判处被告方中国商业出版社在《光明日报》上公开致歉，赔偿经济损失 65 万元并承担全部诉讼费用。[③] 在该案中，故宫博物院对数百件文物进行拍摄，并且对文物进行测量、编写说明文字，在此基础上形成了有一定编排独创性的汇编作品，中国商业出版社因此侵犯了对藏品影像化形成的摄影作品著作权以及汇编作品的著作权。随着博物馆现代化程度的提高，博物馆对藏品进行数字化之后对数据进行独创性的选择、编排并不少见，博物馆应当对由此形成的汇编作品进行著作权管理，防范社会公众因随意使用博物馆数字化资源导致的侵权行为。

综上所述，博物馆数字化过程中很有可能在基础作品之上形成汇编作品。汇编作品之所以成为作品，是因为作者"对其内容的选择或者编排体现独创性"，但《著作权法》却并不直接保护这种选择或编排行为，而只保护由该独创性行为产生的智力成果。也就是说，根据《著作权法》只保护表达不保护思想的基本原理，汇编作品的"表达"只可能是一种以体系化的方式呈现的作品、数据或其他信息的集合。[④]

---

① Rural 电话公司控告 Feist 出版公司未经其许可出版的全区域电话簿侵犯了其对该目录的版权。法官声称作品必须独立创作，并具有最低程度的创造性才有资格获得版权保护。"额头出汗"原则——所有权的概念是作者贡献的辛勤工作的奖励——不是一个可以接受的版权理由。因此 Rural 电话公司没有达到独创性的最低要求，不享有版权。在对 Feist 案的裁决中，美国联邦最高法院将原创性称为"版权的必要条件"，声称作品必须独立创作，并具有最低程度的创造性才有资格获得版权保护。Feist Publ'ns, Inc. v. Rural Tel. Serv. Co., 499 U.S. 340, 345 (1991).

② 周洁凤：《数字图书馆与数据库的知识产权保护》，载《图书馆》2016 年第 4 期。

③ 参见北京市第一中级人民法院（2001）一中知初字第 141 号民事判决书。

④ 王迁：《论汇编作品的著作权保护》，载《法学》2015 年第 2 期。

二、非物质文化遗产数字化成果是否形成新作品

我国《著作权法》通过邻接权制度对录像制品加以保护，这是因为录像制品通常达不到作品所要求的独创性。而通过对比《著作权法》中电影和类电作品与录像制品的规定，可以发现这二者在创作方式上较为相似，区别主要在于独创性程度的高低，然而这种划分方式面临一些困境——新的技术催生了新的影像制品，在司法实践中对其定性常常面临障碍。

在非物质文化遗产数字化领域，这一类问题表现得尤为突出。在数字化过程中存在两种情况，第一种是录制非物质文化遗产录像制品并通过数字化的方式呈现出来；第二种是通过录制并加工剪辑的方式，将非物质文化遗产制作成视听作品后再通过特定的数字化方式呈现出来。如何认定非物质文化遗产数字化后影像的性质还有待讨论。

2020 年新修正的《著作权法》中将电影作品和类电作品修改为视听作品（audiovisual works）①；视听作品作为《著作权法》中一类特殊的客体正式出现在我国著作权立法体系中。其实，“视听作品”并不是一个陌生的概念，早在 1989 年 4 月由 WIPO 主持缔结的《视听作品国际登记条约》中就对其进行明确界定：一系列镜头伴随或不伴随声响而固定在一定介质上，可以复制，可以供人们视、听的作品，统称“视听作品”。相比于类电作品与电影作品，视听作品所囊括的范围更加广阔。相较于我国早先法律规定的电影作品、类电作品，在现行法律下只要满足最低的独创性标准，就能纳入视听作品的范畴。这一修改实质上扩大了《著作权法》对该类作品的保护范围。

尽管如此，我国的趋势依然是将“连续影像”划分为视听作品和录像制品。这样的划分方式对应的即视听作品作者所享有的著作权以及录像制品制作者的邻接权。其实，这种划分方式并非中国独创，以德国为代表的大陆法系国家，对可享有著作权的视听作品规定了较高的独创性标准，所以对影视作品和“不作为影视作品保护的活动影像”作出了区分。前者作为有创造性的视听作品独创性高，应当认定为著作权的客体；而后者录像制品独创性较低，应认定为邻接权的客体。德国学者雷炳德指出：“对体育运动与自然活动的拍摄、对军事行动的拍摄、对谈话节目的拍摄和

① 2020 年修正后的《著作权法》第 3 条规定：本法所称的作品，是指文学、艺术和科学领域内具有独创性并能以一定形式表现的智力成果，包括视听作品。

对某个戏剧或者歌剧的拍摄行为通常也不能构成电影作品，它仅仅属于活动影像。”[1]大陆法系国家作出的这种区分，能够更好地保护录像制品创作者的权利，但也有作者认为“单独区分出邻接权实际上是为了迁就独创性概念，是一种为了实现著作权理论体系的完整性而不敢突破独创性标准的无奈之举”。[2]相较于版权体系国家，作者权体系国家认为作品是作者人格的体现。因此，在现实困境下，为了维护录像制品制作者的权益即诞生了邻接权的概念。但无论是版权体系国家还是作者权体系国家，适当保护录像制品制作者的权利是十分必要的。如果将独创性标准放得太低则会使该类作品的传播受到不必要的阻碍，使视听作品创作者的创作素材受到限制。

下文通过体奥动力诉土豆网侵权案分析经过加工剪辑制作的录像制品是否形成作品，以此进一步论证在非物质文化遗产领域，经过加工剪辑制作的非物质文化遗产录像制品数字化是否形成新作品。

案例一：体奥动力北京体育传播有限公司诉上海全土豆网络科技有限公司网络侵权案[3]

2011 年 1 月 17 日举行的亚足联亚洲杯“中国足球队”对“乌兹别克斯坦足球队”比赛（以下简称涉案比赛），体奥动力（北京）体育传播有限公司（以下简称体奥动力或原告）经亚洲足球联合会（以下简称亚足联）独家授权，享有在中国地区独家专有实况播放权及后续播放权（免费收看的空中、地面、卫星或者有线传播的节目）、因特网和手机传播权。2011 年 1 月 23 日，被告上海全土豆网络科技有限公司（以下简称土豆网或被告）未经原告授权，擅自在其设立的“www. tudou. com”网站对涉案比赛进行了全场网络播放。被告“www. tudou. com”页面显示，仅仅 6 天，涉案比赛就已经被播放了 3203 次。被告对涉案比赛的侵权播放，在 2011 年仅历时一个月，即极大冲击了原告对于比赛的商业使用。其他正规授权播放主体指责原告，给原告造成了巨大的直接经济损失和商誉损失。对此，体奥动力以土豆网侵犯其赛事直播权为由向上海市浦东新区人民法院提起诉讼，要求土豆网停止侵权、书面道歉、赔偿损失。本案中法院判决书认为经过精心编排的体育赛事节目“通常会融入解说、字幕、采访、回放镜头或特写等，其可以被复制固定在载体上，故根据其独创性的高低可能构成作品或制品，从而获得《著作权法》的保护”。

---

① ［德］M. 雷炳德：《著作权法》，张恩民译，法律出版社 2004 年版，第 154 页。

② 张玉敏、曹博：《录像制品性质初探》，载《清华法学》2011 年第 1 期。

③ 上海市黄浦区人民法院（2009）黄民三（知）初字第 133 号民事判决书。

本案的争议焦点在于体奥动力是否享有在中国地区的独家专有实况播放权及后续播放权，该权利是否受《著作权法》保护，如何认定体育赛事节目的性质。法院认为：专有实况播放权和后续播放权并非一种法定权利，不在《著作权法》保护范围内；但经过精心编排的体育赛事节目通常会融入解说、字幕、采访、回放镜头或特写等，其可以被复制固定在载体上，根据其独创性的高低可能构成作品或制品，从而可以获得《著作权法》的保护，应当属于《著作权法》保护的客体。

案例二：央视诉华夏城视著作权侵权及不正当竞争纠纷案①

原告央视网络国际公司诉称，2014 年 6 月 13 日至 7 月 14 日，原告发现被告华夏城视在其经营的网站"城市联合网络电视台"（网址：http://www.cutv.com）之"兰州台"频道内，向网络用户提供了中央电视台制作的 2014 年巴西世界杯比赛节目的在线直播服务。经原告审查确认，中央电视台经国际足球联合会（International Federation of Association Football，FIFA）授权，邀请了众多国内知名解说及嘉宾，通过专业的节目制作播出技术，花费了大量的人力、物力、财力，将精彩纷呈、引人入胜且极具感情色彩的世界杯决赛阶段比赛以电视节目的形式传播给全国的观众。中央电视台已授权原告在全世界范围内独家行使通过信息网络（包括但不限于互联网络、移动网络等新媒体传播平台）向公众提供 2014 年巴西世界杯比赛节目的直播和点播之权利，但原告经核查确认从未授权被告以任何方式向公众提供涉案节目的在线播放服务。2014 年巴西世界杯是一场备受国人及整个世界关注的体育赛事，依据与 FIFA 达成的协议，中央电视台负有维护世界杯权益，打击社会盗版盗播行为的法律权利和义务，这次赛事在中国的播放情况，影响的不仅仅是中央电视台，而是整个中国在国际社会中的地位和形象。故为了加强赛事期间整个社会的著作权意识，树立全行业尊重知识产权的良好形象，中央电视台已经在世界杯比赛前发函公告，作出权利声明，以表明其坚决打击侵犯世界杯比赛的盗版盗播行为的决心。在此背景下，被告依然在未得到授权的情况下，通过其经营的网站向公众提供世界杯比赛节目的在线直播服务，其行为严重损害了原告的著作权，扰乱了正版授权市场，也是违反公平原则和诚实信用原则的不正当竞争行为。原告遂将华夏城视诉至法院，要求其赔偿。

本案中，对于体育赛事节目的定性，法院认为"权利人在赛事的直播过程中，对现场比赛进程的控制、拍摄内容的选择、解说内容的编排等方

① 广东省深圳市福田区人民法院（2015）深福法知民初字第 174 号民事判决书。

面,均不能按照其意志作出灵活的选择和表达且其对正在进行的体育赛事节目并未处于主导地位,直播体育赛事节目在独创性方面未达到著作权法规定的电影作品和以类似摄制电影的方法创作的作品所具有的高度,因此该节目应定性为录像制品”。

体奥动力诉土豆网侵权案件和央视诉华夏城视侵权案对研究非物质文化遗产数字化是否形成新作品具有重要意义。两案中法院判断体育赛事节目的性质,均采取独创性标准,通过分析判断涉案体育赛事节目的独创性高低,来认定涉案体育赛事节目是否构成类电作品或著作权法规定的其他客体。体奥动力诉土豆网侵权案件中,从法院说理部分可知,若为独创性较高的体育赛事节目,则宜认定为作品;若为独创性较低的体育赛事节目,则宜认定为录像制品。央视诉华夏城视侵权案,法院认为直播体育赛事节目独创性较低,远低于电影作品和类电作品,而将其认定为录像制品,应按《著作权法》将其作为邻接权保护。

我国属于社会主义国家,立法体例上接近大陆法系,在著作权领域中引入了邻接权这一概念。我国《著作权法》中对于录像制品的要求是具备较低程度的独创性。而录像制品可以根据其前提——是否使用已有作品——划分为两类。二者的区别在于:前者是在文学或艺术作品的基础上,再经由表演者的演绎进行的录制,而后者则是对诸如自然界、人类社会活动等场景进行的录制。在非物质文化遗产领域,不难发现有关非物质文化遗产的录像制品往往是“对于人类社会活动等场景进行的录制”,这一类录像制品可以明确地受到邻接权的保护。因邻接权保护的是作品传播过程中产生的劳动成果,而“对于人类社会活动等场景进行的录制”的录像制品是对于非物质文化遗产载体的二次传播,与邻接权性质相似,将其纳入邻接权保护范围可以恰当地保护这类非物质文化遗产录像制品。

但是在技术逐渐发达的今天,非物质文化遗产录像制品也存在数字化再加工的情况。因此,如果制作者在剪辑过程中对于画面、角度、内容的选择和编排上添加自身的独到见解,就不能笼统地认为这是录像制品了,应该尊重其独创性,将其认定为视听作品。综上所述,笔者认为,视听作品应当包括一部分包含了制作者编排和剪辑的录像制品,承认其作品地位并以此界定非物质文化遗产录像制品最低独创性的标准,但就编排和剪辑的独创性判断量化和可执行的标准,更有待深入研究和探讨。而对于另外一部分完全不具备制作者选择、编排的录像制品,仍将其纳入邻接权的保护对象是较为合理的选择。

第三节　文化遗产数字化成果的权属问题——以孟某瑞诉中国人民革命军事博物馆案为例

若认定博物馆数字化成果构成著作权法意义上的作品，则在此基础上的另一个问题是，该数字化作品的著作权人是谁，是具体负责拍摄的摄影师，还是博物馆？这就涉及著作权中的职务作品和委托作品制度。在博物馆涉及的著作权纠纷中，也存在由于作品归属不明确导致权利不明的案例。在孟某瑞诉中国人民革命军事博物馆案①中，法院认为争议的焦点就在于该作品的著作权归属及权利分配。因此博物馆在数字化过程中应当特别注意职务作品和委托作品的著作权权属问题。这两类作品的著作权权属之所以不直接按照《著作权法》一般规定处理（著作权归属于作者），而是给当事人留下自由约定的空间，甚至法律直接规定著作权属于法人或其他组织，是因为职务作品和委托作品的作者在创作过程中部分或全部利用了单位、委托人提供的物质技术条件，并且在作者和单位、委托人和被委托人之间将著作权的部分权利进行分配，有利于充分发挥作品的文化价值，而不至于使对作品使用需求最高的单位、委托人因法律的规定在使用作品时受到限制，这一点在《著作权法》第 18 条第 1 款的“但法人或者非

---

① 孟某瑞原系解放军画报社记者。在抗美援朝期间受解放军画报社的指派，作为随军记者在朝鲜战场上拍摄了一批反映抗美援朝战争的照片。2000 年 10 月，人民出版社出版了军事博物馆编的《抗美援朝战争》一书。该书使用了孟某瑞 1952 年 11 月在朝鲜战场拍摄的 9 幅摄影作品，均未标明作者姓名；人民出版社未向孟某瑞支付任何报酬。涉案的 9 幅摄影作品由军事博物馆馆藏的照片底片冲洗而来。该 9 幅馆藏的照片底片系由解放军画报社留存的原版底片翻拍而来。解放军画报社留存有 9 幅照片的原版底片。孟某瑞认为，人民出版社的行为侵犯了其对作品享有的署名权、复制权、发行权和获得报酬权，遂诉至法院。一审法院认为，孟某瑞系作为随军记者完成了涉案 9 幅摄影作品的拍摄，上述摄影作品应属职务作品。但孟某瑞作为该作品的拍摄者享有该摄影作品的著作权。人民出版社未经许可，在其出版、发行的《抗美援朝战争》一书中使用了孟某瑞享有著作权的 9 幅摄影作品，未给孟某瑞署名，且未向孟某瑞支付稿酬，侵犯了孟某瑞对涉案 9 幅摄影作品享有的署名权、复制权、发行权、获得报酬权，应承担相应的民事责任。二审法院认为，涉案摄影作品应属于职务作品。孟某瑞作为涉案作品的作者，享有署名权等人身权利及一定范围内的著作财产权利。人民出版社未经著作权人的许可、未给拍摄者孟某瑞署名而使用涉案摄影作品的行为构成对孟某瑞署名权、复制权、发行权以及获得报酬权的侵犯。但是，基于孟某瑞与解放军画报社的关系、涉案作品拍摄时的特定历史背景以及人民出版社出版《抗美援朝战争》一书系根据上级有关指示精神为完成纪念抗美援朝战争的宣传任务这一情节，二审法院判决：撤销原审判决；人民出版社在就 9 幅摄影作品以适当方式为孟某瑞署名之前，不得出版发行《抗美援朝战争》一书；赔礼道歉；赔偿经济损失。参见孟某瑞与中国人民革命军事博物馆等著作权归属纠纷案，北京市第二中级人民法院（2004）年二中民初字第 00010 号民事判决书。

法人组织有权在其业务范围内优先使用”规定中体现得尤为明显。

博物馆需要确保达成合适的著作权安排。如果设计师受雇于博物馆,他们的雇佣合同通常会规定博物馆拥有在雇佣期内所有作品的著作权。但如果设计师是外部承包商,则相关合同需要规定博物馆可以自由使用所有有关的媒体成果。① 在这样的规定下,若影像化之前博物馆没有与其员工或受托人签订合同约定藏品摄影作品著作权的归属,则根据法律规定其著作权归员工或受托人所有。因此博物馆为保护自身的著作权,维护公共利益,可在影像化过程中与实际创作者签订著作权归属合同,预先决定藏品摄影作品的著作权归属,避免日后不必要的法律风险。博物馆无论是将作品影像化还是对其数据(数据库)进行选择、编排形成汇编作品,都有可能形成新的作品。职务作品和委托作品的相同点是,作者与著作权人在作品产生之时就可能分离,这是它们与一般作品的最大区别。而作者与著作权人是否为同一主体,取决于法人或其他组织是否与作者事先约定著作权的权属,这就意味着博物馆在任何会产生职务作品或委托作品之前,都要考虑是否需要对著作权归属进行事先约定。需要注意的是,即使未事先约定著作权权属,博物馆也有权使用该作品,但其无权对作品著作权进行处分。

① Yaniv Benhamou, *Copyright and Museums in the Digital Age*, WIPO Magazine 27(2016).

第四章　文化遗产数字化的专利问题

第一节　文化遗产数字化专利状况

一、文化遗产数字化技术的可专利性探讨

专利权(patent right)是一种知识产权。具体来说,是法律赋予公民、法人或者其他组织对获得专利的发明创造在一定期限内依法享有的专有权利。[①] 欲申请发明、实用新型的专利权必须具备新颖性、创造性及实用性,而申请外观设计专利权则只需具备新颖性和创造性两者即可。探讨博物馆数字化技术的可专利性问题主要是指,探讨博物馆的相关数字化技术是否可以依照我国《专利法》规定取得专利权。通过《专利法》我们能够得出,在专利权的取得程序上主要分为实体要件和程序要件。其中,实体要件则可以分为积极要件和消极要件。积极要件是指博物馆具体的数字化技术手段,如 3D 打印、增强现实(AR)、虚拟现实(VR)等技术是否符合《专利法》规定的“三性”要求。消极要件是指博物馆的数字化技术不能够违背国家法律、法规、社会公德的要求。此外,程序要件是指数字化技术的专利申请要获得国家机关的审查和批准。只有满足了以上实体和程序两个条件,博物馆数字化技术才可能申请专利。

随着技术的不断发展和进步,数字化手段越来越多地被运用到博物馆的管理与开发之中。经过博物馆管理人员与科技人员的不断努力,我国博物馆在场馆导航、设计陈列、藏品保存、衍生产品开发等多个领域取得了不凡的成绩,设计开发出了一系列的文化衍生产品和图书出版物,使博物馆的社会经济价值在不断地增强。一直以来我国更注重于博物馆的社会公益属性,对于博物馆的知识产权保护意识尤其是对于文化遗产的专利保护意识较为薄弱,与之相对应的知识产权保护问题并没有引起政府和学者的足够重视。由此导致大量的数字化博物馆的知识产权冲突问题无法解决。在博物馆给公众带来公共服务的同时,我们应当加强对于博物馆数字技术的专利保护研究。目前,学者们对于博物馆数字化技术的知识产权保护研

---

① 曲三强:《知识产权法原理》,中国检察出版社 2004 年版,第 265 页。

究还大多集中于商标或者著作权领域。从具体的数字化技术角度出发，分析数字化技术以及该技术能否进行专利申请的研究起步较晚，理论和实际操作上仍然存在许多空白，很多领域还有待开发。通过对相关文献和研究进行查阅，我国学者对于单个博物馆数字化技术的专利保护研究较为匮乏，其主要研究方向集中在以下几类：

一是对于文化遗产领域 VR 技术的可专利性研究。关于博物馆采用 VR 技术[①]的问题，相关研究者认为：传统博物馆的专业性过强，常常偏离观众的喜好，缺乏与访问者的互动性。因此，应当适应以市场为导向的博物馆经营模式，在经营理念、展示内容和手法上要进一步结合 VR 技术，使博物馆成为更具有吸引性的集娱乐与教育于一体的公共性场所。可见，现代化博物馆与 VR 技术的融合是不可避免的，其在很大程度上增强了博物馆的服务性和趣味性，使更多的观众愿意去参观、浏览、走进博物馆。因此，进一步规范、完善博物馆 VR 技术的可专利性研究也就刻不容缓了。学者任莎莎从虚拟现实技术在教育领域的专利现状这一角度进行研究，虽然和文化遗产相比有一定差异，但都是围绕虚拟现实技术与文化领域融合的角度进行研究，具有极强的借鉴意义。我国政府对于 VR 教育的重视程度与政府对于 VR 技术运用于文化遗产领域的重视程度是相似的；因为新兴技术与文化产业的结合十分前沿，并具有较强的时代性，能够产出很多实用、有价值的专利，政府会从政策的角度给予支持。此外，VR 技术的发展前景、法律状态、专利权归属、专利布局状态及技术领域，都是学术界、实务界尚在讨论的问题，以此为研究契机是十分有价值的。

二是对于文化遗产领域 AR 技术的可专利性研究。现如今越来越多的科技博物馆在全国范围内建立，科技博物馆一般依托于 AR 技术凸显其未来性的特点。对于 AR 技术在博物馆方面的讨论需要追溯到学者余日季、蔡敏、蒋帅的研究，[②]他们在其文章中首先提出利用 AR 技术建设智能博物馆是当今信息时代发展的必然要求，然后从促进地区文化发展和符合信息时代发展理念两个方面阐述了 AR 技术运用于智慧型博物馆的意义，又从技术层面介绍了 AR 技术在个性化展览和智能化导览中的作用，并提出了 AR 技术运用于智慧型博物馆的具体技术的架构设计。虽然该文中没有直接提到 AR 技术的可专利性问题，但对 AR 技术在博物馆中

---

① 中国工程科技发展战略研究院：《中国数字创意产业发展现状、机遇与挑战》，载《科技中国》2017 年第 4 期。

② 余日季、蔡敏、蒋帅：《基于移动终端和 AR 技术的博物馆文化教育体验系统的设计与应用研究》，载《中国电化教育》2017 年第 3 期。

运用的技术性描述间接证明了其可专利性。随着 AR 技术在文化遗产领域可专利性分析的深入,有学者通过分析博物馆自主 AR 导览的现状,挖掘出现有博物馆信息传达内认知负荷不合理的问题,并从该角度入手对博物馆信息导览系统进行进一步研究。[①] 笔者发现,AR 技术在非物质文化领域的可专利性并没有停留在表层,与之相关的技术同样具有新颖性、创造性以及实用性的特征,都具有可专利性。因此,研究需从 AR 技术在文化遗产领域的可专利性角度出发,分别从专利申请情况、申请数量和申请领域的分布等视角对专利角度下的 AR 技术进行研究,从而得出随着时代的进步,AR 技术的专利申请会进一步完善,相关的产品数量也会增加。[②]

三是对于文化遗产领域 3D 打印技术的可专利性研究。目前,博物馆的 3D 打印技术应用主要集中于博物馆的文创产品开发之中。[③] 其中比较典型的就是大英博物馆运用 3D 打印技术来进行文化创意产品的创作,大英博物馆所运用的 3D 打印技术是否具有可专利性,是学界目前热议的问题。[④] 此外,将 3D 打印技术运用到博物馆文化创意产品的开发之中既有优点也有缺点:一方面能够提高效率,另一方面又使相关文创产品丧失了本身的文化特质。关于 3D 打印技术的著作权侵权与专利权侵权问题更是文化遗产领域的焦点问题。将两者进行对比发现,相较于著作权侵权案件来说,专利侵权案件更难以认定,尤其是在个案中 3D 打印技术运用于非物质文化领域是否具有可专利性仍需讨论。[⑤] 学者孟奇勋、李靖在其文章中提出数字化侵权的补偿机制,借鉴版权制度中对于私人复制品的规范制度,建议建立专项的补偿金机制使私人的制造行为可以摆脱不确定的法律状态,这在专利侵权中也同样适用。[⑥] 此外,基于 Innography 专利分析软件,对 3D 打印技术的全球发展现状和趋势进行分析,对 3D 打印技术关于专利侵权的认定、直接侵权与间接侵权制度等进行研究与分析,诸多学者提出应当设立数字专利法以促进技术进步和商业模式革新等建议,应尽

---

① 郭婷、艾小群:《认知负荷视角下的 AR 博物馆导览用户感官质量与行为模式研究》,载《装饰》2018 年第 10 期。

② 吴爽:《从专利角度解析 VR 与 AR》,载《信息与电脑(理论版)》2017 年第 3 期。

③ 林洁:《博物馆里的个性定制——试论 3D 打印技术在博物馆文创产品中的应用》,载《中国博物馆文化产业研究》2015 年第 1 期。

④ 穆王君:《博物馆文创产品中 3D 打印技术的应用》,载《技术与市场》2017 年第 12 期。

⑤ 蔡晓东:《3D 打印专利侵权、著作权侵权之界限》,载《科技与法律》2017 年第 3 期。

⑥ 孟奇勋、李靖:《3D 打印时代数字化专利侵权及补偿机制研究》,载《中国科技论坛》2017 年第 9 期。

快完善相关3D打印专利法律体系。①

综上所述,目前关于"博物馆数字化的可专利性研究"的探讨仍然没有形成一个完整的体系。多数学者仅从自己擅长的领域入手,研究分析也只是简单地阐述几个相关的数字化技术概念,而没有进一步深层次地分析具体的数字化技术内涵,如VR、AR、3D打印技术等的可专利性研究缺乏针对性。另外,缺乏对专利技术的单独研究。通过查阅文献,以往学者的研究主要是对于数字化技术的知识产权研究,笔墨大多集中于著作权领域,对专利权仅采用少量的篇幅去阐述,没有专门针对博物馆数字化技术的可专利性进行深入研究探讨。对此,笔者认为讨论博物馆数字化技术的可专利性问题,应当落足于各类数字化技术本身,如VR、AR、3D打印技术是否具有可专利性问题,其本质在于数字化技术本身是否符合专利法授权要件的问题;就这一维度而言,数字化技术应用于博物馆之中与其他领域相同,可专利性问题并不随着应用领域而有特别的变化,这可能是研究寥寥的原因之一。

二、演进中的文化遗产数字化技术可专利性分析——以古籍的数字化进程为例

随着科学技术的不断发展,数字化技术越来越多地被运用到文化遗产的管理与保护之中。我国文化遗产保护能力不断提升,对于不同类型的文化遗产数字化技术的应用亦有不同。

文化遗产数字化涉及的技术包括平面扫描、3D打印、AR、VR等;根据文化遗产保护方式与后续诉求不同,各项技术也需做出相应改变。发展过程中具有创造性、新颖性与实用性的新兴技术可以申请专利。对文化遗产数字化专利的探究,首先应从主要技术要点方面分析切入,进而逐步细化。

以古籍为例,其文字种类和表达与现代不同,就文字种类而论有象形字、会意字和假借字等。中华文字不仅是传播工具,更是一种艺术的表达,即便同一文字种类、同一篇作品,写者心境不一时都有不同的表达方式。将古籍与其他藏品上文字输入成可编辑文字存入数据库,有诸多困难须克服。古籍数字化有利于借鉴古籍藏与用的矛盾,利用数字化技术将稀有的珍贵古籍加工成数字化产品,通过互联网快速呈现给广大读者。另

① 刘鑫、余翔:《3D打印技术对专利实施的潜在挑战与对策思考》,载《科技进步与对策》2015年第10期。

外,古籍数字化技术还能使读者看到古籍,能在海量古籍资源中检索到自己需要的内容。按照古籍数字化加工层次将古籍数字化技术分为以下三个阶段:

第一阶段:古籍数据化。非物质文化遗产数字化手段以建立影像数据库为主,数字化则涉及影像化、3D 扫描、虚拟技术等。以保护、收藏为主的文化遗产,以藏品扫描、数据库归纳与查找技术为重中之重。这一阶段的特点是古籍以图像的形式呈现,读者可以通过阅读古籍图像来阅读古籍,可以通过对图像的人工标引,实现图像检索,但是不能对古籍图像中的内容进行编辑,不能实现文字检索。例如,王宏源 2007 年 12 月公开了一种古籍文档检索系统中检索词在古籍快照图片上进行高亮标识的方法(专利号为 CN101093545)。

第二阶段:古籍数字化。这一阶段的特点是古籍以文本的形式呈现,通过图像的文本识别,古籍内容可编辑。这一阶段的主要难点在于古文字库的构建和古文字的识别。普通图书的图像识别一般是基于 OCR 技术,其匹配字库是现代汉语字库。而古文字编码和字库则与普通图书有很大的差异,目前普遍采用的是统一码(Unicode)四字节编码方式,但是不能完全囊括浩瀚的古文字。从古籍文字处理技术来看,2004 年 4 月,发明人龚学胜专利号为 CN1490711 的一种华文文字龚码统一方案及内码完整规范转换方法公开;2007 年 8 月,发明人王宏源专利号为 CN101025760 的“Unicode(统一码)四字节编码汉字超大字符集及其输入法进行家谱数字化数据加工的方法”公开;在此基础上成都数联铭品科技有限公司于 2015 年 10 月公开专利号为 CN104966097 的基于深度学习的复杂文字识别方法,以神经网络形式深度学习的图像文字识别技术,这为后续古籍文字输入排除了前期障碍。随后,2017 年 3 月,发明人朱信专利号为 CN106547728 的一种多重复字字库兼容通用字库方案公开。这一技术的专利化正是非物质文化遗产可专利化的创新。与此相关的还有复旦大学与上海金鑫计算机系统工程有限公司专利号为 CN1336604 的中文古籍数字化和内容检索系统。

第三阶段:古籍智能化。这一阶段的特点是古籍在能够实现图文对照的基础上,将相关文本信息进行关联,便于文本挖掘,可以呈现人物、时间、地点等组合信息。比如,以人物为主要检索点,将与该人物有关的作品、人际关系网、人物事迹以时空为维度可视化地展示出来。传统的古籍开发与应用模式已难以适应人文学科研究的需要,人文学科研究者期待一个技术逻辑和人文逻辑相耦合的数字人文研究范式的出现。[①] 古籍经过智能化这种深层次加工，才能成为古籍整理研究者的工具，大大提高古籍研究的进展速度和深度。范佳在《“数字人文”内涵与古籍数字化的深度开发》一文中从四方面介绍了数字人文实践与古籍数字化的作为：基于文本挖掘技术的古籍深度分析、基于 GIS 技术的古籍数字化地图资源共享平台、基于文本可视化的古籍数字化知识建构、基于语料库的电子化古籍研究和古籍整理，[②]这些都是古籍智能化加工的范畴。

新兴科技 3D 建模的创新也成为非物质文化遗产可专利领域的先驱。采集藏品立体化数据核心在于三维建模精确度。2012 年 8 月山东大学专利号为 CN102647511A 的“基于智能手机的三维博物馆交互系统及其交互方法”公开，后台电子计算机通过与之连接的智能手机动作与状态分析实现三维场景变换，得到博物馆场景布展。2015 年 3 月江苏恒天先进制造科技有限公司专利号为 CN204229472U 的一种基于逆向工程的博物馆藏品三维数字建模的系统公开。此系统特殊之处在于采用抗干扰能力强、幅面大、测量效率高的国际最先进光学测量技术，有效提高了图像采集的精度。新技术的发展使文化遗产不仅能够通过展示供人欣赏驻足，更能“活起来”与人互动。2019 年 10 月武汉子序科技股份有限公司专利号为 CN110349504A 的一种基于 AR 的博物馆导览系统公开，通过游客所在真实位置确定所添加虚拟信息映射位置，将虚拟图形与真实位置图景融合呈现，打造逼真互动体验。

从上述的古籍数字化技术不断发展的进程中也能看到文化遗产领域数字化技术可专利性存在的问题。随着数字化技术水平的不断提高，并没有产生使数字化手段获得专利保护的障碍，相反给予此类数字化手段专利权保护，从长远来看对于激励数字化技术的发展具有非常重要的影响，对于此类新兴的博物馆数字化技术的发展以及文化遗产的研究和保护皆大有裨益。

第二节　文化遗产数字化技术的专利权属

基于文化遗产数字化技术的可专利性基础，其权利归属问题尤为重要。目前，我国专利的获取方式主要有三种，分别是自主研发、专利转让和

---

① 欧阳剑：《面向数字人文研究的大规模古籍文本可视化分析与挖掘》，载《中国图书馆学报》2016 年第 2 期。

② 范佳：《“数字人文”内涵与古籍数字化的深度开发》，载《图书馆学研究》2013 年第 3 期。

专利实施许可。根据专利获得方式的不同,其权属规定也有所区别。专利权权属分析中职务发明界定是理论界与实务界对这个问题关注的焦点之一。职务发明制度建立的价值目标在于促进企业方与职工个人利益的均衡,助力科技成果转化为社会生产力的实现过程,保障产业升级平稳运行,为国家大局发展服务。笔者在对各省博物馆进行实地调研时发现,博物馆内部人员认为本单位员工所作一切相关发明创造的专利权都归属于单位。此问题固然透露出博物馆管理人员对知识产权职务发明内容的不了解,但从侧面也反映了职务发明界定标准的不精确和不明晰,在日常使用中难以区别。同时,因非职务发明的专利申请权与申请批准后的专利权均由发明人或者设计人所有,此规定界定明晰,因此探讨文化遗产数字化技术专利权归属问题应着眼于探讨文化遗产数字化技术是否属于职务发明。

虽然,我国《专利法》对职务发明权属规定了相关要件,但学术界对其判断标准讨论并未结束。部分学者认为对于职务发明的认定标准除了法律规定的是否属于单位的业务范围、是否利用了单位的物质技术条件外还要看是否利用业务时间、单位是否立项和考虑岗位责任制和劳动合同所确定的范围。学者任广科从共有角度分析专利权的归属,着眼于特殊情形,分析当专利中的技术特征为多人贡献时应当如何进行发明人的确定,对于专利技术是否为无体物、能否对专利权进行分割等问题进一步探索,以深度分析专利权归属问题。① 张宗任则认为我国目前对职务发明的界定类型相对较多,权利归属规则却过于简单,所以应当重新构造以“执行职务”为核心,缩短职务发明的范围;以“分权制衡”为理念,重构职务发明归属规则;以“权利交易”为筹码,构建发明人的报酬制度。这样职务发明权属纠纷才能更好地解决。②

通过对《专利法》和学者的判断标准进行整合,在确定博物馆数字化技术的权属时应当注意以下几点:首先,要确认数字化技术创造发明人的身份。如果创造发明人为博物馆的员工或是与博物馆有相关合作的技术人员,则其对于博物馆运用中所创造的数字化技术发明才有认定为职务发明的可能性。而对于职务发明的认定需要满足下列三个条件之一:第一,职工依照博物馆下发的具体且表明包括创新性技术特征、技术方案的研发任务,进行一般性智力活动而完成的发明创造;第二,员工在职工合同

① 任广科:《专利发明人的确定及权利的归属》,载《山东审判》2011年第2期。

② 张宗任:《职务发明的权利归属和报酬问题研究》,载《知识产权》2014年第10期。

职务范围、领域或职责及规章内，利用单位提供的物质条件，结合自身创造性智力劳动完成发明创造；第三，员工在职工合同职务范围、领域或职责及规章外，主要利用所在职位物质技术条件或尚未公开的技术资料完成发明创造。其次，要明确博物馆数字化开发计划。博物馆方应当就具体的数字化技术开发计划进行专项探讨，及时予以立项，以分辨员工业余的发明创造和职务发明的区别。最后，要确认数字化技术的发明人数量。一项数字化技术通常由多人和机构共同创造产生，作为创造人之一的博物馆方也可以与技术开发方进行合理合法的协商以确定具体的数字化技术的专利权归属。避免由于协议不明导致某些专利权属纠纷。通过以上几点建议，在一定程度上能够使博物馆在数字化技术的专利权归属问题上更加明确，更好地保护自身利益与职务发明人的利益。

博物馆在数字化技术的专利权归属问题研究的关键要点是在“探讨发明创造人与博物馆间的利益平衡问题”。虽然专利权具有区域性的特征以及各国法律发展特色不一，但是随着经济、技术全球化的发展，各国许多利益诉求趋向一致，故对其专利权制度的研究借鉴十分必要。

在英美法系国家中，法官具有解释法律的权利，这使专利法的相关规定不仅限于法律文本的研究，还要考虑在司法中的具体运用。英美法系国家在具体的实践过程当中逐步形成了以保护雇主权利为核心的“雇主优先”模式。以美国为例，在美国处理专利归属问题主要有以下特点：第一，专利权与使用权相分离，如果发明创造是在合同期间内运用了企业的资源创造的，除非法律或当事人另有约定，一般而言，该专利的所有权归个人所有而使用权归属于企业。第二，雇主优先，员工所被指派从事专门的发明创造，其专利成果属于雇主所有。通过对相关文献进行查阅，我国学者对于美国专利归属问题的借鉴主要有以下观点：学者尚广振以美国专利法“工厂权”与雇佣契约约定让与条款为研究对象，结合我国的具体实践来探究职务发明创造的契约化制度，为我国的职务发明创造权利归属问题提供了一个有参考性的解决角度。[①] 中国科学院科技政策与管理科学研究所通过研究美国职务发明制度经历的个人创意、按贡献分配专利权、强调契约合同等不同时期及其演进，从而提出我国应当借鉴美国工厂权制度，废除专利发明人的奖励并采取更灵活的激励方法。[②]

---

① 尚广振：《我国职务发明创造权利归属契约化路径初探》，载《中国发明与专利》2015 年第 1 期。

② 贾佳、赵兰香、万劲波：《职务发明制度促进科技成果转化中外比较研究》，载《科学与科学技术管理》2015 年第 7 期。

在大陆法系国家中，专利法大多以成文法的形式存在，对待发明创造采取发明的最初的权利就应当属于发明人本人的“雇员优先”模式。以日本为例，日本对专利权归属的限定主要体现在《日本特许法》第35条中，该条主要对职务发明进行了规定。日本专利法认为发明创造的原始权利只有自然人才可以拥有，法人是不可以作出发明的。雇主只拥有法定的无偿实施权或者从雇员处继受权利。这一规定充分体现了日本的“雇员优先”模式。通过对相关文献进行查阅，我国学者对于日本专利权归属问题的借鉴主要有以下观点：学者俞风雷结合日本职务发明归属及奖惩制度的发展，通过员工在职务发明中的贡献度来进行专利归属和奖惩的认定，就贡献度与发明创造人的积极性进行分析，为进一步细化我国专利权归属提供建议。[①] 学者钱孟珊以《日本特许法》中职务发明的修改为研究对象，先交代《日本特许法》关于职务发明规定的执行现状，再总结企业代表、代理人团体、知识产权国家战略论坛和学者等各方意见对《日本特许法》修改的影响来对中国专利权属研究修改提供意见和建议。[②]

通过对各国专利权归属的相关法律制度进行研究，可以得出我国在职务发明创造的专利归属问题上采取的是英美法系国家所奉行的“雇主优先”模式；但在对博物馆数字化技术的专利归属制度进行研究探讨后，笔者更偏向我国的专利归属规定应当借鉴以日本为代表的“雇员优先”模式的规定。另外，在博物馆数字化技术专利归属问题上应当做到以下几点：第一，充分发挥法律的补充作用与基础性作用，实现博物馆方和技术开发方的利益平衡。第二，我国应当进一步限定约定归属制度的范围，使双方当事人在法律规定下更好地发挥主观能动性，避免不必要的归属问题冲突。

综上所述，通过对我国的专利权归属制度以及国外相关研究的归纳与比较分析，可以从中看到，我国学者对于专利归属问题的研究已十分详尽。但是随着经济、技术的不断发展，各行各业出现了新兴领域，对于这些新兴领域的专利权归属在实际判断中仍存在许多的问题。以博物馆中数字化技术的专利权属分析为例，如何调整博物馆方和技术提供方的利益平衡是现阶段所需要关注的重点问题。因此，仍需要通过对各国专利归属制度进行探究，结合我国实际情况对博物馆中数字化技术的专利权属进行深度分析仍须回归到发明创造人与单位间的利益平衡问题之上。

---

① 俞风雷：《日本职务发明的贡献度问题研究》，载《知识产权》2015年第6期。

② 钱孟姗：《日本〈特许法〉职务发明规定的讨论与修改——对我国专利制度完善带来的启示》，载《知识产权》2004年第5期。

利　用　篇

第五章　文化遗产数字化的商标及域名问题

第一节　文化遗产数字化的商标问题

一、文化遗产商标抢注及侵权

博物馆作为公共文化机构，其主要功能在于传承历史文化。一家运营良好的博物馆会因其良好的口碑而凝聚一定的品牌价值，因此实践中不乏博物馆商标侵权行为的出现。商标侵权是指在没有取得商标所有人同意的情况下擅自使用了与注册商标相同或近似的标志，或者对商标所有人使用注册商标造成妨碍且可能使消费者对其混淆的行为。在司法实践中，无论是传统博物馆还是数字博物馆均面临商标被抢注的问题。增强博物馆等公共文化机构的商标保护力度，不仅可以有效预防博物馆累积的品牌声誉被他人破坏，也能推动博物馆等公共文化机构继续发挥文化传播功能、发展文创产业。但由于文化遗产的公共属性、法律规制不到位、司法标准不统一等原因，实践中文化遗产的商标保护问题层出不穷。

（一）文化遗产管理人消极的维权态度

案例："三星堆"商标抢注事件①

四川三星堆遗址位于四川省广汉市，是有数千年历史的古国、古蜀文明遗址。2014年，一位名为曾德先的网民在其微博上公然转卖"三星堆"商标，并曾私下联系过三星堆博物馆，想要以两三百万元的价格将其抢注的"三星堆"商标转让给三星堆博物馆。

该案中，通过国家商标局官网查询得知，除曾德先，还有张燕惠、四川七恭商贸有限公司等非官方三星堆公共文化机构的自然人或法人，分别在不同商标类别上注册了"三星堆"商标。在新闻报道中，三星堆博物馆尽管对此表达了谴责，但并没有通过法律手段争夺商标权的意愿，而是表示希望三星堆商标能够在商业主体手中发挥出良好的作用。一般而言，商标权利的主张都需要有相关主体先提出，维权程序才会被启动；而现实中

---

① 唐金龙：《"三星堆"多个商标被抢注，注册费几百转手叫卖几百万》，载四川新闻网，http://scnews.newssc.org/system/20140507/000378200_2.html。

非物质文化遗产管理人对非物质文化遗产商标的消极维权态度,导致非物质文化遗产商标的保护陷入程序无法启动、权利无从保障的困境。

(二)文化遗产商标抢注案件中"不良影响"条款适用的差异性

案例一:"莲鹤方壶"商标抢注案[①]

莲鹤方壶为产于春秋时期的一对著名青铜器,属于国家一级文物,其中一件现藏于河南博物院。王建强于2005年12月8日向原国家工商行政管理总局(2018年3月改为中华人民共和国国家市场监督管理总局)商标局申请注册"莲鹤方壶"商标,指定使用商品为第33类的白兰地、伏特加等酒(饮料)类。2008年7月28日该第5048995号商标被商标局初步审定并公告,随后河南博物院提出异议并申请复审,商标评审委员会裁定被异议商标不予核准注册。王建强不服该裁定,将商标评审委员会诉至北京知识产权法院后,法院判决驳回其诉讼请求。[②]

该案中,商标评审委员会和北京知识产权法院作为国家行政机关和司法审判机关,对涉案"莲鹤方壶"商标都采取了不予核准注册的观点,且在其裁定(判决)中均引用了《商标法》第10条第1款第8项之规定[③]。不同的是,对于涉案商标如何导致有害于社会主义道德风尚或有其他不良影响,两者有不同的说理过程。商标评审委员会认为"莲鹤方壶"作为著名文物,其文化价值应由社会共同使用、享有,将其注册为商标由市场主体独占将有失公允,不利于市场公平竞争,会产生不良影响;而北京市知识产权法院则认为,若允许原告将"莲鹤方壶"注册为商标,会使公众将其商品与特定历史事件、文化相联系,导致误认,从而产生不良影响。

案例二:"骑楼老街"商标抢注案[④]

"骑楼老街"是位于海南省海口市的著名历史街道景观,在2009年6月"中国历史文化名街评选推介"活动中被评为十大"中国历史文化名街"之一。2009年12月,海口泽惠佳贸易有限公司(以下简称泽惠佳公司)向国家商标局申请注册"骑楼老街"商标,核定使用类别为第30类咖啡饮料、

① 参见北京知识产权法院〔2015〕京知行初字第11号行政判决书。

② 该案中法院认为:"莲鹤方壶"作为国家一级保护文物,与特定的历史、人文相关,具有较高的知名度和历史文化价值。若允许原告将其名称注册为商标,并独占使用,会使相关公众将其与特定的历史事件相联系,极易产生误认,从而产生不良影响。因此,被异议商标的申请注册属于《商标法》第10条第1款第8项规定的情形。原告的该项主张于法无据,法院不予支持。

③ 《商标法》第10条第1款第8项规定,"有害于社会主义道德风尚或者有其他不良影响的",不得作为商标使用。

④ 参见北京市高级人民法院〔2015〕高行(知)终字第293号行政判决书。

茶等。2011 年 11 月，海口市文物局对涉案商标提出争议裁定申请，商标评审委员会于 2013 年 10 月裁定撤销该"骑楼老街"商标。泽惠佳公司不服该裁定，遂诉至北京市第一中级人民法院，法院判决维持商标评审委员会之裁定，后泽惠佳公司上诉亦被驳回。①

同样，该案商标评审委员会和法院引用了《商标法》"不良影响"之规定，裁定(判决)涉案商标无效。两者说理过程大致相同，先论证"骑楼老街"作为著名历史文化遗产，具有较高公众知名度，应当属于公共资源，被个人占有会对社会公共利益产生不良影响。与"莲鹤方壶"案不同的是，该案中商标评审委员会还认为泽惠佳公司明知"骑楼老街"是中国历史名街还将其注册为商标，主观上具有明显的恶意，破坏公序良俗，故其注册商标无效。

案例三："应县木塔"商标抢注案②

该案争议商标文字"应县木塔"，学名为佛宫寺释迦塔，是位于山西省朔州市的我国著名历史建筑，为全国重点文物保护单位。2006 年 2 月 27 日山西水塔醋业股份有限公司向商标局注册申请"应县木塔"商标，并于 2010 年 8 月 28 日核准，取得注册商标专用权。2011 年，应县文物局提出商标撤销申请，但商标评审委员会裁定争议商标予以维持。应县文物局随后诉至北京市第一中级人民法院，法院支持了应县文物局的请求；但二审法院改判，认为涉案商标有效，应予维持。③

该案与前述两个案件虽都经过北京市知识产权法院或北京市人民法院审判，④但在程序和裁定(判决)理由上，存在三点不同：一是商标评审委

---

① 该案二审法院认为：海口"骑楼老街"作为"中国历史文化名街"，系海口市非物质文化遗产，属于公共资源，不宜被个人或团体注册商标单独占有。泽惠佳公司位于海口市，对海口"骑楼老街"应当知晓，其注册被异议商标易对历史文化发展产生消极、负面的影响。一审法院及商标评审委员会认定争议商标的注册已违反《商标法》第 10 条第 1 款第 8 项之规定正确。

② 参见北京市高级人民法院(2015)高行(知)终字第 3873 号行政判决书。

③ 该案二审法院认为：根据《商标法》第 10 条第 1 款第 8 项的规定，有害于社会主义道德风尚或者有其他不良影响的标志，不得作为商标使用。判断标志是否具有上述法律规定中具有不良影响的情形时，应当考虑该标志或者其构成要素是否可能对我国的政治、经济、文化等社会公共利益和公共秩序产生消极、负面影响。在判断商标标志是否构成宗教方面的不良影响时，一方面，需要考虑商标标志本身是否具有宗教含义；另一方面，需要判断此种标志是否有害于宗教信仰、宗教感情或者民间信仰。特定情况下，商标标志需要与所指定使用的商品或服务相结合，判断该商标标志指定使用在该商品或服务上是否具有不良影响。

④ 本章节案例都在北京被审判并非巧合，而是由于以国家商标局、商标评审委员会为被告的行政诉讼，根据行政诉讼法管辖规则应由北京市知识产权法院或北京市第一中级人民法院一审。

员会在商标争议裁定程序中裁定商标有效,予以维持。二是一审法院判决撤销商标评审委员会对争议商标“应县木塔”的裁定,并纠正商标评审委员会对本案“不良影响”条款的适用;而二审法院观点相反,撤销了一审判决,并维持了商标评审委员会的裁定。三是涉案商标涉及地名在商标中的使用,这与《商标法》第10条的另一款相关,即《商标法》第10条第2款的规定。[①] 在此不对涉案商标关于地名在商标中的使用做过多赘述,重点放在“不良影响”条款适用方面。在“不良影响”条款层面,二审法院认为,由于应县木塔属佛教建筑,尽管应县木塔学名为“佛宫寺释迦塔”,但社会一般公众看到“应县木塔”文字时并不能联想到佛教事物,而且“应县木塔”指定使用在非医用营养液等商品上,未产生宗教含义,未损害到宗教信仰、宗教感情或民间信仰,也未对我国的政治、经济、文化等社会公共利益和公共秩序产生消极、负面影响,故将其作为商标使用和注册,不会对公共利益产生不良影响,因此,在不良影响条款的适用方面,“应县木塔”商标有效。

由此可见,对《商标法》第10条第1款第8项的含义,在具体的案件中,商标局、商标评审委员会、各级法院均有不同理解,这也导致在许多类似商标效力案件中“不良影响”条款的适用都存在差异。这一方面是由于立法条文本身的模糊性和“不良影响”文字表述的无边界性,另一方面是由于在文化遗产商标抢注案件中,对其商标负面影响存在不同解释角度。如何准确界定社会主义道德风尚和其他不良影响是《商标法》第10条第1款第8项适用时的难点,立法用语的抽象不可避免地赋予法律适用者以自由裁量权。《商标审查审理指南》中的类型化尝试为审查实践提供了有力的指导,但仍存在较大不足,适用时分歧频出即为不足之证明。[②]

(三)博物馆文化遗产标志的使用与他人商标权的冲突

案例一:兰州瑞祥环保科技开发有限公司(以下简称兰瑞公司)诉敦煌阳关博物馆有限公司(以下简称阳关博物馆)商标侵权案[③]

在该案中,兰瑞公司就其商标(古城门+敦煌阳关+图形)的专用权受

---

① 《商标法》第10条第2款规定:“县级以上行政区划的地名或者公众知晓的外国地名,不得作为商标。但是,地名具有其他含义或者作为集体商标、证明商标组成部分的除外;已经注册的使用地名的商标继续有效。”

② 孙明娟:《〈商标法〉中不良影响条款的定性与适用》,载《中华商标》2018年第12期。

③ 兰瑞公司于2007年4月21日取得原国家工商行政管理局商标局核发的第4010237号商标注册证,核准(古城门图形+敦煌阳关+DUNHUANGYANGGUAN)组合商标,使用服务项目为第41类“图书出版(广告宣传册除外);提供博物馆设施(表演、展览)……”阳关博物馆的建筑上均有阳关字样;阳关博物馆在经营过程中印制的宣传册封面及内容和门票上均有“阳关”字样。兰瑞公司认为敦煌阳关博物馆有限公司的以上行为侵犯了其商标的专用权,向原审法院提起了诉讼。参见甘肃省高级人民法院(2010)甘民三终字第00023号民事判决书。

到阳关博物馆侵犯,向原审法院提起了诉讼。法院最终判定被告阳关博物馆对有关“阳关”字样的使用不构成对原告即兰瑞公司注册商标专用权的侵犯。法院认为被告阳关博物馆无论是将“阳关博物馆”字样悬于正门匾额抑或将“阳关”字样应用于汉阙牌楼、仿古阳关城,还是为经营印发有“阳关”字样的宣传册封面、内容与门票,这些行为均未囊括进博物馆设施的“表演、展览”范围,且其行为是为凸显景区名称与打出广告宣传效应,未作为商标进行使用。

笔者认为,在敦煌,“阳关”名称的由来有其历史渊源,作为旅游景区和文化研究,“敦煌”“阳关”均在国内外享有较高知名度。被告在其仿汉代城堡式建筑群和宣传册上使用“阳关博物馆”“阳关”“阳关都尉府”字样,有其历史因素,且被告并未将其作为商标使用,原告也未提供证据证明其享有的组合商标具有显著性和知名度及被告使用“阳关博物馆”“阳关”“阳关都尉府”字样使相关公众混淆,故主张被告侵犯其商标专用权的理由不能成立。被告在门票上使用“阳关”“敦煌阳关文物旅游景区”等文字的行为旨在提示景区名称和起到一定的广告效应,但不在博物馆设施的“表演、展览”范围,且未作为商标使用,不构成对原告注册商标专用权的侵犯。

案例二:“秦直道”案①

原告秦直道公司主张在其核准注册的范围内的商标专用权,认为被告实施的各种行为如投放彩屏广告、旅游宣传册等侵犯了其商标权。法院经过审理认为,秦始皇修建的秦直道历经两千多年是应予保护的物质文化遗产,秦直道甘肃庆阳段与内蒙古段分别被列为甘肃省文物保护单位和内蒙古自治区文物保护单位,更有被列为全国重点文物保护单位的其他部分段,“秦直道”已然成为通用名称,具有地域性特点,再无其他名称可替代。秦直道公司虽然拥有“秦直道”注册商标,但仍无权禁止他人的正当使用。旅游发展办作为职能部门隶属于东胜区政府,不属于服务经营者,且其使用并非突出“秦直道”三个字,因而旅游发展办于旅游宣传册中对其使用

---

① 秦直道是公元前 212 年修筑的一条南起秦都咸阳(今陕西省淳化县北梁武帝村),中经新秦中(今鄂尔多斯),北至九原郡(今包头市西)的直通大道。2002 年 4 月 24 日,秦直道公司注册成立。2004 年 6 月 7 日至 2012 年 6 月 7 日,秦直道公司在五种不同的服务类上均申请了注册“秦直道”商标,现五商标均为有效商标。被告为鄂尔多斯机场、旅游发展办、东联股份公司。秦直道公司在一审中诉称以下三种侵权事实:一是在机场行李提取处墙壁上“东联带你爱上草原”的彩屏广告内容;二是机场智慧旅游集散中心投放的原东胜区旅游事业管理局编的旅游指南、东胜旅游指南和旅游地图;三是智慧旅游集散中心电视播放旅游资源滚动宣传。参见内蒙古自治区高级人民法院(2016)内民终 222 号民事判决书。

的宣传行为应当属于正当使用。秦直道公司所持有的“秦直道”注册商标为第39类第3385148号和第9473225号,该商标标识专有权仅限于其核定服务范围,即“观光旅游、安排旅游、旅游安排等”,因而该公司对“秦直道”商标享有专用权并不表明秦直道相关历史遗址景区资源均受其专有权限制。

笔者认为,秦直道已有两千多年的历史,是全国人民的物质文化遗产,秦直道遗址已经成为全内蒙古自治区、全国重点文物保护单位。“秦直道”文字不仅是秦直道公司的服务注册商标,同时也是相关公众公认的历史上形成的秦直道遗址的名称。秦直道公司虽然注册了“秦直道”商标,但无权禁止他人正当使用,其享有“秦直道”商标专用权并不意味着其对与秦直道历史遗址有关的所有景区资源享有专有权。

案例三:张芳云与洛南县人民政府、陕西云蒙生态旅游开发有限公司商标权、著作权纠纷案①

在该案中,无论是县政府在其政府门户网站与文化站的宣传使用,还是云蒙公司获取经营权后对景点表征意义的使用,均非将“玉虚洞”名称作商标使用以区分相关商品或服务来源。案中洛南县人民政府、陕西云蒙生态旅游开发有限公司使用“玉虚洞”景点名称难以对消费者识别商品或服务的提供者起到指导作用。“玉虚洞”景点景观为喀斯特地貌溶洞,自发现、命名之日起,此景点知名度、声誉不断提升,逐步发展为洛南县内享有盛誉的名胜风景区,相关公众对该景点早已了解知悉,基于上述相关背景,景点名称中“玉虚洞”这三个字不可避免、难以替换。注册商标“三十六奇玉虚洞”在2010年4月14日才获取核准注册,原告张芳云于诉讼中提供的相关证据难以证明该商标在核定服务范围内已实际使用且相应商业价值已产生,实际上此注册商标并无能够保护的实际性利益存在。因而,“玉虚洞”景点名称的使用并不会使相关公众误认为与第5845161号的

---

① 玉虚洞系洛南县人民政府辖区内的一个喀斯特地貌溶洞,于1987年被确定为洛南县第二批重点文物保护单位。原告张芳云的父亲张俊业系罗家沟村村民,是玉虚洞2007年7月1日至2013年6月30日的经营权承包人。2007年1月12日,张俊业在陕西省版权局进行作品登记,登记的作品名称为“人间仙境、洞天奇观(洛南县玉虚洞三十六景点简介)”。2010年4月14日,张俊业注册取得“三十六奇玉虚洞”商标,核定服务项目(第39类):旅行陪伴;安排游艇旅行;观光旅游……注册有效期限自2010年4月14日至2020年4月13日。2013年6月30日,张俊业与洛南县石门镇人民政府签订的《石门镇罗沟村玉虚洞承包经营合同》到期后,双方未再续约。2016年9月13日,张俊业认为洛南县人民政府和云蒙公司未经其许可,宣传使用了张俊业命名、注册的“玉虚洞”字样,对景区的简介内容也使用了张俊业编撰的景点典故,侵害了其著作权和商标专用权。参见陕西省商洛市中级人民法院(2016)陕10民初38号民事判决书。

“三十六奇玉虚洞”注册商标权人即张俊业具有某种特定联系，从而使公众产生混淆受到误导。除此之外，七字整体注册商标标识“三十六奇玉虚洞”与景点名称“玉虚洞”三字能够明显区分，不构成对案涉注册商标的侵权。张芳云于庭审中陈述，“三十六齐玉虚洞”标识的注册是因申请注册商标时无法单独注册“玉虚洞”三字。实际上，案中注册商标核准前，无论是我国福建省、湖北省还是其他省份，都不乏以“玉虚洞”三字命名的景点，此种景区名称在国内旅游景点中比较常见。张芳云父亲张俊业并非“玉虚洞”三字的首创者或臆造者，此景区常用名称在一定程度上具有普适性。

笔者认为，案涉玉虚洞系洛南县人民政府辖区内的一个喀斯特地貌溶洞，位于洛南县石门镇罗家沟后山，于明万历十三年（1585 年）被发现，时任洛南知县洪其道为其题名“玉虚洞”，因景观独特、风景秀丽，成为本地享有一定声誉的风景区，于 1987 年被确定为洛南县第二批重点文物保护单位。洛南县人民政府在政府门户网站旅游项下、县文化站的宣传墙中使用“玉虚洞”三字，云蒙公司获得玉虚洞经营权后使用“玉虚洞”三字是为了向游客客观表述必要的信息，指示“玉虚洞”对应何处景点，是在表征“玉虚洞”景区名称意义上的使用，其目的显然不是区分相关商品或服务的来源而将“玉虚洞”名称作为商标使用。

根据以上三个案例我们可以得知，实践中一致认为博物馆对文化遗产的名称及其他标识的正常使用并不会侵害他人文化遗产商标的专用权。但说理各不相同，案例一中，认为博物馆的使用不属于商标性使用行为；案例二中，认为文化遗产的名称和其他标识属于公共领域的通用名称，用来标识和宣传有关特定文化遗产的使用行为是正当使用，不受商标专用权的限制；案例三中，则认为博物馆的使用不会造成公众混淆。由此可见，博物馆对文化遗产标志的使用不构成侵权，绝大部分原因在于博物馆未进行商标性使用。但是，这实际上在一定程度上限制了博物馆自身对文化遗产的使用。

二、数字化文化遗产的商标侵权问题

（一）数字化文化遗产的注册商标元素

博物馆在数字化过程中涉及的商标利用主要指的是图形商标的注册以及总体组合商标的注册。图形商标，是指纯粹由图形构成的商标，既可以由抽象的、没有任何意义的图形构成，也可以由具体的如人物形象、动物、建筑物等图像构成。当前我国博物馆界进行商标注册所利用的图形元素主要有以下几种：一是以博物馆馆藏文物的整体或局部元素为商标。采用文物整体样貌为商标的博物馆如甘肃省博物馆，其商标为其馆藏文物——马踏飞燕青铜器的形象；湖北省博物馆则是采用其镇馆之宝——曾侯乙编钟作为其商标；黑龙江省博物馆的商标创作原型则采用金上京故地所现铜坐龙形象。还有一些博物馆商标的设计则采用文物的局部元素，如故宫博物院的商标就是采用的"宫"字形，"宫"字的一点取材于"海水江牙"和玉璧的图形元素。[①] 二是以博物馆建筑形象的缩影为商标，如中国国家博物馆的商标形象来自博物馆建筑的西立面，上海博物馆的商标形象来自上海博物馆的圆顶方体基座，河南博物馆的商标形象则取自其主体建筑立面的三角形几何形态，海南博物馆的商标形象则是其博物馆建筑的主入口形式的缩影。三是以结合博物馆所在地地域特征设计的商标。四川省博物馆的鼎造型商标由"四"与"川"两字，通过上下组合形成，意在突出其馆藏博物馆的重要馆藏文物——青铜器的特色；吉林省博物院的商标则为汉字"吉"与图形"鼎"的组合。另外还有以人物形象作为其商标，如南通博物馆（原称为南通博物苑）以其创办者清末状元张謇的照片为主要构成元素，注册了茶饮类商标"张府茶园 1905"。

（二）数字化文化遗产的商标侵权类型

从侵权行为主体进行分类，数字化文化遗产的商标侵权问题存在两种类型：第一种类型是对文化遗产进行数字化的主体作为商标侵权行为主体，其数字化行为针对的对象（物质或非物质文化遗产）上存在他人合法商标权利；第二种类型是数字化文化遗产被合法注册为商标后，其商标权被他人恶意使用而构成侵权。在此我们主要讨论第一种类型。

对文化遗产进行数字化本身可能侵犯他人商标权，如将附有他人注册商标的商品进行数字化，将其商品及其商标一同转化为数字网络形式并用作商业用途，则该行为即存在极大的侵犯他人商标专用权的风险。这种在数字化过程中侵犯他人商标专用权的风险不论是在平面扫描还是 3D 打印中均会存在。但在这两种形式的数字化中，对商标侵权的法律认定有所不同。

1. 平面扫描

平面扫描是对文化遗产进行数字化的最主要形式，[②]同时兼具了各种类型数字化的商标侵权特征。在《商标法》语境下，商标在商业流通环节

---

① 《故宫博物院院徽标识诞生并启用》，载故宫博物院官网 2005 年 7 月 18 日，https://www.dpm.org.cn/classify_detail/158858.html。

② 即使是非物质文化遗产，对其进行数字化也多需先以绘制、照相、摄影的方式将非物质文化遗产的物质载体进行影像化。

中起到标识商品、宣传推广、承载商誉等功能,因此以商业目的进行的任何侵犯商标权的行为,都可能被追究法律责任。在各种形式的文化遗产数字化中,多数不是以生产制造、销售商品或服务为目的,因此这部分文化遗产数字化行为不会侵犯到他人商标权利。但在《商标法》第 57 条所列举的侵犯他人注册商标的商标专用权行为中,伪造或擅自制造他人注册商标这类尚未达到产品制造或销售层面的行为已可能构成侵权;这是直接侵权的内容,更不用说为他人提供便利条件的帮助他人实施侵犯商标权行为的间接侵权行为。故在各种类型的文化遗产数字化中,必定存在侵犯他人商标专用权的风险,文化遗产数字化的主体须加强相关的风险防控意识。

2. 3D 打印

在 3D 打印形式的文化遗产数字化中,由于其不同于传统的数字化形式,因此在文化遗产数字化中侵犯商标权的认定也与传统方式有所不同。总体来说,在现有商标法体系下,认定 3D 打印形式的文化遗产数字化行为侵犯商标权存在更多困境。正如其他形式的文化遗产数字化,3D 打印形式的数字化较难构成商标权直接侵权。3D 打印是指根据 3D 产品设计图,使用 3D 打印设备将各种材料进行堆叠制造产品的技术,即增材制造技术。以 3D 打印的方式生产产品需经过两个步骤:一是根据对目标产品的构想设计出专门的 3D 数字模型(产品设计图),二是将该数字模型运用于 3D 打印设备上,利用增材制造技术打印出真正的目标产品。在博物馆或非物质文化保护机构中进行的针对物质或非物质文化遗产的 3D 打印,多以陈列、保存为目的,其并不通过 3D 打印技术直接生产、复制出产品,而仅仅将制作完成的 3D 数字模型进行保存、展览。在现有商标法体系下,商标直接侵权要求侵权行为发生在商业活动中,即涉及产品的生产、销售环节,否则很难说该行为对商标权人商标标识特定产品的功能产生实质性损害。此外,运用 3D 打印技术进行生产活动具有个人化、隐蔽化和分散化的特点,其简单的生产流程和较低的生产设备要求导致 3D 打印技术会被很多个体用于非商业目的的活动中,如个人消费、学习等。个体运用 3D 打印技术进行极少量非商业性的文化遗产数字化行为,同样难以被认定为商标侵权行为,因为极少量的产品生产不会对商标权人的权利造成明显损害,对其进行维权成本也极高。[①] 从间接侵权的视角,3D 打印数字化行为同样难以被认定为侵权。商标的间接侵权主要形式之一即帮助侵

① 刘强、李红旭:《3D 打印视野下的商标侵权认定》,载《知识产权》2015 年第 5 期。

权，其要求侵权人主观上要有帮助侵权的故意；但一般而言，对文化遗产进行数字化的3D打印行为，要证明行为人明知或应当知道他人的行为即将构成商标侵权仍为其提供实质性的帮助的可能性较小。

数字化文化遗产的商标侵权问题的另一个维度，是对数字化过程中存在的商标侵权，实质上可以将“文化遗产商标权保护”问题包含在内；因为将文化遗产商标化，必须经过将其数字化的环节，即将其影像化（图形商标）或声音化（声音商标）的过程。所以，一般文化遗产的数字化也在我们的讨论范围之内。对文化遗产数字化全过程的商标权侵权风险防控和商标权保护进行研究，有利于合理规制文化遗产数字化的知识产权管理，全方位地维护商标使用秩序和市场交易秩序。

三、问题与反思

（一）商标抢注侵权成本低，法律责任制度缺失

《商标法》第7条中规定，商标的使用和注册必须遵循诚实信用原则；而实践中多数文化遗产商标被抢注后，注册人却并未对其进行实质性使用。尽管该文化遗产的名称或图形在此之前未被他人作为商标使用并产生一定影响，但“职业猎标人”纯粹为了利用商标专用权换取经济利益而不对其进行任何实质性使用或仅象征性地使用（如在企业名称中使用该商标，但企业并未实际生产），是明显的违背诚实信用原则的行为。《商标法》虽宣示性地规定了诚实信用原则并在多个条款中禁止商标抢注行为，但缺乏对商标抢注者责任后果的规定。按照我国《商标法》的规定，商标抢注的法律后果仅为商标被撤销或裁定无效，对于商标抢注人而言实质上并无任何损失，甚至还可能在使用抢注商标期间在市场上获取大量利益；被抢注者虽然赢得了诉讼，但也得不到任何经济赔偿或补偿，在此期间或许还会因错失市场机会而损失巨大。这也是文化遗产管理人消极维权的主要原因之一。总之，不管商标抢注情形中是否存在具体的被抢注者，恶意抢注商标的违法成本都太低，《商标法》明显不足以遏制该种破坏市场秩序的行为，这是法律责任制度的缺失。

（二）判定商标侵权的考量因素

我国《商标法》第57条①规定了商标侵权的判定标准。该条第2项还

① 《商标法》第57条规定：“有下列行为之一的，均属侵犯注册商标专用权：（一）未经商标注册人的许可，在同一种商品上使用与其注册商标相同的商标的；（二）未经商标注册人的许可，在同一种商品上使用与其注册商标近似的商标，或者在类似商品上使用与其注册商标相同或者近似的商标，容易导致混淆的……”

引入了混淆可能性的要件，商标侵权须满足相似性要件以及混淆可能性要件，这是2013年《商标法》第57条对2001年《商标法》第52条的重大修改。有学者认为《商标法》的这一改变将混淆视为商标侵权的判定标准，对于相似性与混淆可能性作出了区分，使对商标权的保护更加彰显《商标法》的立法本意，也更加贴合实践中的商标侵权认定情况。① 但实际上该项修改在商标侵权的判断标准中明确规定了混淆可能性要件，却并未明确规定相似性与混淆可能性之间的关系。目前，在世界范围内，就相似性与混淆可能性的关系，主要有三种立法模式：一是以美国为代表的以混淆可能性为核心的模式；二是以日本为代表的混淆性相似标准，将混淆可能性内化于相似性；三是以欧盟商标法为代表的"相似性+混淆可能性"模式。② 通说认为，我国《商标法》的规定与欧盟模式基本相同，相似性与混淆可能性二者都是商标侵权判定的独立要件，相似性为前置性要件，混淆可能性为结果性要件。对于商标侵权中混淆的界定，应当从主体、程度和类型这三方面进行理解。在主体方面，混淆可能性中的主体主要指的是购买相关商标所示商品的消费者，"如果混淆要存在，它必须发生在遇到系争商标的相关消费者的大脑中"。③ 在程度层面，混淆可能性对产生混淆的消费者的范围及数量都是存在一定门槛的，也就是说应当发展到了一定程度才需要商标法进行规制，混淆可能性在《商标法》中一般是指消费者对于商品或服务的来源发生混淆存在比较大的现实可能性。在类型方面，我国《商标法》中已经得到广泛认可的混淆类型是来源混淆和关联关系混淆，但国外司法实践和学界中还存在初始兴趣混淆和售后混淆等类型；由于理论基础、适用范围等的差异，目前还不宜将这几种类型纳入我国《商标法》。在"相似性+混淆可能性"的模式下，应当将两者独立开来。不宜再通过混淆可能性去认定商标的近似性和商品的类似性，满足了相似性的要求，才能进一步探讨是否存在混淆可能性，因此对相似性的要求不宜过高。④

商标是使用于一定的商品或服务项目上，用于将自然人、法人或者其他组织的商品或服务与他人的商品或服务区别开来的可视性标志，是直接表示商品和服务不同来源的标志，其根本目的和基础作用在于识别和区分

---

① 张今：《商标法第三次修改的几个重大问题解读》，载《中华商标》2013年第11期。

② 王太平：《商标侵权的判断标准：相似性与混淆可能性之关系》，载《法学研究》2014年第6期。

③ See Richard L. Kirkatrick, *Likelihood of Confusion in Trademark Law*, Practising Law Institute, 2010.

④ 姚鹤徽：《论商标侵权判定的混淆标准——对我国〈商标法〉第57条第2项的解释》，载《法学家》2015年第6期。

来源。依据《商标法》第 48 条[①]的规定，商标侵权的判定首先应对被控侵权标识的使用是否系商标性使用进行判断。近年来，随着对商标侵权问题讨论的深入，学界也基本认可了商标使用是商标侵权的前提。[②]“商标使用”是指将商标用来区分商标或服务来源的行为；在认定商标行为之前，首先需要判断涉案商标是否构成了“商标使用”。有学者认为认定商标使用应当结合个案，具体应当考察商标符号的表现形式以及消费者与符号接触过程两个方面，特别应该关注商标的显著程度和知名程度。[③] 通常来说，侵权商标的使用行为包括三种，分别是将商标用于其商品或服务的广告宣传、将商标作为网络搜索的关键词、将商标用于网络游戏或电视节目等名称。

在博物馆使用他人注册商标情形下，即便他人已经在先申请涉博物馆元素的商标，并在长期使用中获得显著性，具有一定知名度，但相对于文化遗产自身的影响力，其仍难以动摇相关公众对该标志的认识。例如，在“秦直道”案中，“秦直道”文字不仅是秦直道公司的服务注册商标，同时也是相关公众公认的历史上形成的秦直道遗址的名称，所以博物馆根据实际运营的需要，对以文物为基础的商标进行非商标性的使用，不侵犯他人的商标专用权。

（三）不良影响条款的适用分析

《商标法》第 42 条以及第 10 条规定的“不良影响”条款为商标注册的绝对禁止条款，在商标注册后，请求撤销商标不受时间限制。[④] 事实上，在文化遗产、博物馆相关的商标争议案件中，“不良影响”条款也是常被引用的条款。“不良影响”条款的适用对商标使用和注册的禁止效力是绝对的，其作为《商标法》第 10 条关于商标禁止使用的兜底条款，范围较为宽泛且无明显边界和适用规则。尽管该条款避免了列举式条文难以穷尽的缺陷，但其可预见性不强，相当于商标法的原则，目前在司法实践中的适用略显混乱，在类似案件中缺乏统一的裁判标准。

---

① 《商标法》第 48 条规定：“本法所称商标的使用，是指将商标用于商品、商品包装或者容器以及商品交易文书上，或者将商标用于广告宣传、展览以及其他商业活动中，用于识别商品来源的行为。”

② 相关观点参见祝建军：《判定商标侵权应以成立“商标性使用”为前提——苹果公司商标案引发的思考》，载《知识产权》2014 年第 1 期；芮松艳：《侵犯注册商标专用权的构成要件》，载《中华商标》2011 年第 1 期；李士林：《商标使用：商标侵权先决条件的检视与设定》，载《法律科学》2016 年第 5 期。

③ 朱晓睿：《商标侵权中“商标使用”的认定》，载《知识产权》2017 年第 11 期。

④ 饶亚东、蒋利玮：《谈谈商标法中的“其他不良影响”》，载《电子知识产权》2010 年第 9 期。

“不良影响”条款的背后是商标法中的公共利益问题,这是商标法的重要保护客体;从法理学角度来看,公共利益不归属于个体利益简单相加抑或社会利益整体呈现,它是社会中个体合作生产所得事物价值之总和。① 商标法中的公共利益既包含民事法律所共同保护的“公序良俗”,也包括商标法专门保护的消费者对商品、服务与特定商标之间的稳定认知。前者即政治、经济、民族、宗教、文化等凝练于社会成员普遍价值观中的利益,而后者与商标法立法宗旨有关,一般认为商标法的终极宗旨是维护公平有序的市场秩序②。商标法孕育自反不正当竞争法,其对竞争的解放、促进及限制与规范,具体表现在商标层面上,即使商标对特定商品、服务的指向功能得以充分发挥。如 2014 年,由北京知识产权法院判决的“微信”商标案中,腾讯公司申请商标晚于创博亚太公司两个月,根据“在先申请”原则注册商标权应归创博亚太公司所有,但法院认为与此同时也应维护公共利益和公共秩序,最后,法院依据《商标法》第 10 条第 1 款第 8 项有关“不良影响”的规定,判决支持商标评审委员会的复审裁定,禁止创博亚太公司注册“微信”商标。法院此处所指“公共利益”是指数亿微信用户对“微信”商标的稳定认知,打破这种稳定认知重新建立商标和商品服务之间的指向,将耗费巨大的社会成本。③ 商标法兼具知识产权法和反不正当竞争法的特征,这决定了其不仅保护商标所有者的智力创作成果,也保护商标在市场中代表的消费秩序。本案中,由于“微信”商标和腾讯公司推出的微信产品在消费者群体认知中已经产生了唯一对应关系,所以消费者对该商标的稳定认知和对特定商品、服务的消费秩序即商标法中公共利益的体现。

然而“不良影响”条款所包含的保护公共利益原则并非商标法需遵守的唯一原则。就“微信”商标案而言,商标注册“在先申请”原则的严肃性和社会公众对特定商标的稳定认知都是商标法所需要保护的公共利益。因此有学者认为,为维护公众的稳定认知而在个案中违反“在先申请”原则,将在先申请商标认定为对公共利益有不良影响(“反向混淆”情形),在法律适用逻辑上存在不妥。④ 笔者认为,公共利益原则在司法实践中的运

---

① [美]E. 博登海默:《法理学:法律哲学与法律方法》,邓正来译,中国政法大学出版社 1998 年版,第 298 页。

② 张玉敏:《维护公平竞争是商标法的根本宗旨——以〈商标法〉修改为视角》,载《法学论坛》2008 年第 2 期。

③ 黄汇:《商标法中的公共利益及其保护——以“微信”商标案为对象的逻辑分析与法理展开》,载《法学》2015 年第 10 期。

④ 张韬略、张伟君:《〈商标法〉维护公共利益的路径选择——兼谈禁止“具有不良影响”标志注册条款的适用》,载《知识产权》2015 年第 4 期。

用,能否直接违背商标法的“在先申请”原则,以及两者之间是否存在效力位阶,还是一个值得商榷的问题。

四、文化遗产商标抢注及侵权问题的解决路径

(一)对文化遗产进行商标保护,明确文化遗产商标申请权利人

对于文化遗产的保护,相对于著作权、专利权等其他形式的知识产权保护模式,商标法中的集体商标和证明商标保护模式具有诸多优势。在2006年公布的第一批国家级非物质文化遗产名录中,“少林功夫”赫然在列。1998年至2006年,中国嵩山少林寺申请注册了“少林”“少林寺”“少林欢喜地”等商标,起初注册类别仅限于武术表演类,后逐渐扩展至“建筑、室内装潢”“保险、金融服务”“餐饮服务”等其他行业,充分体现了非物质文化遗产的商标保护在我国具有可行性。在国外,早在1990年,美国就通过了《印第安人艺术和手工艺保护法》,以保护美国新墨西哥州印第安部落生产的手工艺品不被他人仿冒,充当了类似证明商标的功能。① 对非物质文化遗产和物质文化遗产商标进行保护,都可以充分利用商标法中的集体商标和证明商标制度。② 根据《商标法》第3条③的解释,集体商标和证明商标与最常见的商品商标、服务商标不同之处在于具有集体性的特征,其商标使用者不是单个个体,而是某一特定领域内的符合条件的生产、经营者的集体。集体商标和证明商标的集体性特征与文化遗产的公共性相通。文化遗产多为人类所共同享有的文化资源,没有人可以对其享有独占性的权利。文化遗产相关名称申请商标的主体归属于管理方比较合理,比如,第39类注册商标中“兵马俑”商标由秦始皇兵马俑博物馆注册,“故宫”商标则由故宫博物院获得。这些文化遗产的保管者、传承者将数字化文化遗产注册为商标本意并非获得商标专用权并从中获取商业利益,而是为防止该商标被他人恶意注册并阻碍其对该文化遗产的保护、传播。文化遗产保管者、传承者对文化遗产进行的合理管理,避免恶意商业

---

① 徐辉鸿、郭富青:《非物质文化遗产商标法保护模式的构建》,载《法学》2007年第9期。

② 李士林:《论南音的商标法保护》,载《民族艺术研究》2013年第6期。

③ 《商标法》第3条规定:“经商标局核准注册的商标为注册商标,包括商品商标、服务商标和集体商标、证明商标;商标注册人享有商标专用权,受法律保护。本法所称集体商标,是指以团体、协会或者其他组织名义注册,供该组织成员在商事活动中使用,以表明使用者在该组织中的成员资格的标志。本法所称证明商标,是指由对某种商品或者服务具有监督能力的组织所控制,而由该组织以外的单位或者个人使用于其商品或者服务,用以证明该商品或者服务的原产地、原料、制造方法、质量或者其他特定品质的标志。集体商标、证明商标注册和管理的特殊事项,由国务院工商行政管理部门规定。”

开发,也是一举多得的正确选择。因此在对文化遗产进行商业开发过程中,将具备代表性的文化遗产保管者、传承者设为该文化遗产商标的控制人,并由其自主将商标授权给符合条件的生产者、经营者使用,以此达到充分开发文化遗产经济价值和充分发掘其文化价值的双重目的。

需注意的是,商标注册和针对侵权的维权行为应当有一个合理的限度,即应当遵循禁止滥用商标权原则。禁止滥用商标权原则源于一切民事行为均须遵守的基本原则——禁止权利滥用原则。根据《民法典》第 7 条和《商标法》第 7 条之规定,商标注册和使用以及其他民事权利的行使一样,需要秉持诚实、恪守承诺,不得滥用权利损害国家、社会公众利益或他人合法权益。[①] 在文化遗产数字化过程中,对具有重要战略意义的文化遗产进行商标注册,以防止他人抢注或侵权很有必要,但过多的甚至达到滥用程度的该行为,无疑会扰乱市场秩序,最终违背商标法的立法宗旨——保障消费者与生产经营者利益、促进社会主义市场经济的发展。对于一些注册商标但连续数年不使用的权利人,甚至有学者主张不仅剥夺其对该商标的专用权,并且限制其对后续注册商标提出异议和撤销申请的请求权。[②] 坚持禁止滥用商标权原则能够从各个方面体现商标专用权制度应有的价值。一方面,该原则可以规制生产经营者商标使用秩序,要求其注册商标以使用为目的,防止恶意注册、恶意诉讼等行为;另一方面,该原则有利于将注册商标这一稀缺资源合理分配给某一商品或服务,降低消费者识别商品或服务的成本,保护消费者权益。在注重保护自身商标权益的同时,注意防止滥用商标权,可以更好地发挥商标法平衡商标权人利益和社会公共利益的功能,促进市场健康、有序发展。

(二)文化遗产管理人要重视商标的注册、运营和许可管理

1. 提升商标保护意识,积极注册商标是商标维权的有力保障

公共文化机构需增强知识产权意识,维护知识产权权益。根据现有统计数据分析,我国的国家一级博物馆对商标注册意识不强,注册商标整体状况不佳。直至 2012 年,我国拥有的 83 家国家一级博物馆中仅有 37 家注册商标,统计下来商标注册率甚至不足 50%。截至 2017 年 6 月 6 日,我国国家一级博物馆数量已达 129 家,其中有 72 家拥有注册商标,注册率较 2012 年上升 11.2%;虽有进展但并不显著,并且 72 家中注册商标数量也非常失衡。中国国家博物馆于全部注册商品及服务项目中拥有 573 种商

---

① 宋健:《商标权滥用的司法规制》,载《知识产权》2018 年第 10 期。

② 彭学龙:《论连续不使用之注册商标请求权限制》,载《法学评论》2018 年第 6 期。

标,为博物馆数量之最;其次是故宫博物院,达 288 种;7 家博物馆拥有 100~200 种注册商标,22 家博物馆数量在 10~99 种之间,不到 10 种的博物馆高达 41 家,其中不乏 15 家博物馆仅注册 1 种。除去上述博物馆,还剩 57 家仍未申请注册商标。① 知识产权作为一种无形资产,在文化创意和公共文化服务的发展过程中是一笔无形的财富。根据我国的法律规定,法律并不会对公共文化资源中的知识产权予以特殊的保护。例如,以某种知名文物图案作为商标的商标权并不属于该文物所有者或者管理者,商标仍然是以"谁注册,谁享有"为原则。随着文化强国战略实施,文化服务与文创产品备受重视,为保护自身利益、加强创意创造申请注册商标的脚步不可停歇。

除此之外,商标保护还应采取防御性措施并放眼全球。商标的防御性保护不能只着眼目前,不能仅局限于国内申请注册商标;而应考虑未来,放眼全球,抓准时机启动商标国际注册。国际化商标战略能更好地提供保护、扩大商业发展。及时申请注册商标避免抢注,获得注册商标后还应有条件地注册联合商标与防御商标,以对抗商标假冒等不良现象,强化商标,提升商标信誉度。另外,国家实施文化强国战略使博物馆在考虑自身实际情况后运用国际化战略择机进行商标国际注册,实现商标的全方位保护。

2. 加强运营,提升商标的价值

注册商标,最根本的是要加强商标的运营和使用;商标作为一个标志性工具,在博物馆推广和运营过程中发挥着重要的作用。针对博物馆注册商标使用情况应避免商标 3 年未用被撤销的情形。我国《商标法》规定了 3 年不使用就撤销的制度,目的是为激励商标权人积极使用,实现商标价值,使商标资源有效占有、合理使用。因博物馆商标的较高文化内涵附着性,其他商标注册人易于产生效仿想法;若博物馆不注意使用,他人为使近似商标申请注册就极有可能以 3 年不使用为由提请撤销。

3. 规范管理商标的许可使用,善于用合法的方式发掘文化遗产的商业价值

公共文化机构本身可能在文创与产品制造上并不具备任何优势,所以如何借用社会资源保障公共文化服务的发展显得尤为重要。现有的模式中,不少公共文化服务机构通过采用"授权+合规"双轨管理的方式,可以有效地与第三方专业机构合作,为文创产业开发引导方向,提供足够的支

① 陈淑卿:《国家一级博物馆商标注册情况初步分析》,载《博物馆文创》2018 年第 1 期。

持。如此,合作双方各司其职,才能充分释放公共文化资源的商业价值。例如,故宫与小米手机合作生产故宫特别版小米 MIX3 手机,既有利于小米手机的销售,也帮助了故宫文化的传播。公共文化机构应该充分利用社会资源,创新资源的利用方式,让公共文化资源的文化创意与产品结合起来,实现文创与产品制造的双赢。作为注册商标所有人的博物馆不可选择管理制度混乱、产品质量堪忧且不守诚信的企业许可商标使用,甄别选取被许可人应谨慎。在订立时应明确使用许可合同类别,其他条款内容如被许可使用的注册商标、许可使用期限、质量保证条款、违约责任等也必须明确。除去上述内容,被许可人使用其商标的商品质量不能忽视,应该受博物馆监督以保护己方商标良好信誉。通过考察故宫博物院的商标许可情况可知,其商标利用方式多元化。商标许可情形有两种:一种是和社会企业商业合作时的许可使用,另一种则是该博物馆相关企业如故宫出版社、北京故宫文化服务中心等许可使用。许可使用甚少进行备案,大多只是双方签订相关合同。至于商标权移转、转让或是质押等方面的利用,因故宫博物院商标内蕴含的文化价值意义而从未进行。同理,其他博物馆也鲜见此类利用方式。

(三)从法律层面确认职业猎标的非法性,加重对恶意抢注行为的处罚

日本学者涩谷达纪认为,注册主义相对于使用主义的优势在于,其可以将商誉凝结于商标之中,在使用前获得安定化的权利可以更有效地服务商业流通秩序。[①] 在我国商标法语境下,“申请在先”是注册商标得以保护的首要条件,而商标是否得到使用并非个案中判断注册商标是否有效的主要依据;这就催生了专门抢注具备潜在经济价值的商标的“职业猎标人”,他们打着商标法的“擦边球”并从中获取利益。具有广泛知名度的博物馆、文物及其管理机构成为他们抢注的重点对象之一。这也给博物馆等公共文化机构带了困扰。首先,博物馆使用被注册商标可能存在侵权风险;其次,他人使用该商标可能对博物馆的声誉造成不良的影响;再次,商标抢注的情形可能促成了社会集体搭便车之风,不利于诚实信用的社会风气养成;最后,商标抢注行为实际上造成了商标审查资源的浪费,大部分被抢注的商标可能被宣告无效,而商标注册又浪费了行政审查资源。“职业猎标人”与《消费者权益保护法》所催生的“职业打假人”不同,“职业打假人”之所以能够合法化,是因为其可以有力打击商品、服务提供者欺诈消费者的行为,其行为符合《消费者权益保护法》保护消费者权利的立法宗旨;

① [日]涩谷达纪:《商标法的理论》,东京大学出版社 1973 年版,第 246 页。

而“职业猎标人”对商标使用秩序只会产生不良影响,故其在我国立法体系下应当明确地被非法化,对于此种对社会和市场秩序百害而无一利的群体行为,应当加重处罚,提高违法侵权成本,杜绝抢注现象的发生。

第二节　数字博物馆的域名问题

随着数字化技术深入发展,数字博物馆建设进入新的阶段。将博物馆的文物藏品承载的历史文化信息通过互联网进行传播,是博物馆发展的必然趋势。这一发展模式将有利于博物馆藏品价值得到充分挖掘和开发,同时也有利于对博物馆文物藏品的保护。北京市高级人民法院明确指出域名的两个功能:“域名是因特网上用户在网络中的名称和地址。域名具有技术性和标识性两方面的功能。技术功能是指域名注册人在网络上的地址;标识功能是指域名注册人在因特网上代表自己的标志。”①网络域名拥有在网络中的唯一性、绝对的排他性,因而可作为网络时代的新兴知识产权形式。② 数字博物馆域名同样被包括在内。由 WIPO 发布的《博物馆知识产权管理指南》中提到,在科技和互联网不断发展的大背景下,域名与商标一样具有可识别性,尤其对国内外知名博物馆而言更是如此。因为,博物馆域名权与商标权具有相似性,不同之处在于,博物馆域名权是博物馆基于特殊互联网域名而产生的独立权利。由此可见,对数字博物馆域名的申请注册、防止他人侵权是当前博物馆的重要工作内容。

一、数字博物馆域名是一种新型知识产权

当前,对于数字博物馆域名权的定性问题,学界存在诸多争议,大致可分为以下三种观点。

第一种观点认为:数字博物馆域名并不享有权利,即非权利说。部分学者认为域名仅仅是网络领域的一种技术定位符号,其标志性与人们熟悉的电话号码并没有什么区别。域名仅是一种技术发展的产物,并不能作为一种权利进行保护。此外,对当前世界各国立法以及国际组织相关规定进行分析,均没有出现过“域名权”这一概念。③

---

① 北京市高级人民法院《关于审理因域名注册、使用而引起的知识产权民事纠纷案件的若干指导意见》,北京市高级人民法院审判委员会 2000 年第 23 次会议讨论通过,2000 年 8 月 15 日发布生效。

② 刘宁:《域名法律地位研究》,载《河北大学学报(哲学社会科学版)》2006 年第 6 期。

③ 刘杰:《域名的法律属性探析——兼评最高院〈域名解释〉第八条》,载《中国集体经济》2019 年第 6 期。

第二种观点认为：数字博物馆域名权属于知识产权的范畴，也即知识产权说。在具体的认定上又分为两种情形。一是商标权说[①]，这种观点认为域名可以作为知识产权的客体而存在，但其并非一种新型知识产权，我们可以参照原有的知识产权法律法规来对其进行法律上的认定，如《商标法》。这种观点将数字博物馆域名约等同于商标，并肯定了域名与商标等标志在性质上具有相似性，因此不需要另外专门立法。二是独立的知识产权说[②]，该学说认为数字博物馆域名作为一种无形的财产，的确与商标、商号一样都具有标识性的功能，但域名自身所具有的技术性特点，使其无法与商标、商号构成逐一对应的关系，这也就意味着我们无法在现有的法律体系中找到适合博物馆域名的保护模式。在法律定性上域名权应当是一种和传统知识产权权利有一定关联的独立权利客体。

第三种观点认为：数字博物馆域名权并非知识产权，而应该作为其他权利如名称权等普通民事权益来进行保护。有学者认为，域名是特定的组织或个人为了在互联网上体现、标识自己而设计使用的计算机地址的外部代码，它具有定位标识与身份标识两种作用，究其性质应是一种名称权。[③]还有学者提出，域名所有人可以通过持有、使用的方式来获得财产性利益。具体而言，域名所有人可以通过域名对应网站的经营行为、买卖域名、许可他人使用域名等行为来获得收益。从我国现有立法来看，无法反映立法有将域名纳入知识产权体系当中的趋势。2019 年修正的《反不正当竞争法》虽然将域名纳入可能对知识服务特有名称造成混淆的范围之内，但《反不正当竞争法》属于公法，目的在于规范市场竞争秩序，与知识产权所保护的私权属性客体有本质区别，仍然应当将域名与知识产权客体区别对待。立法上也并未将其纳入知识产权体系中，因此应将域名作为普通民事权益进行保护。[④] 博物馆域名虽具有许多类似于商标标识的特性，也能发挥诸如

① 有学者认为域名属于商业标识权。参见张玉瑞：《论中文域名的知识产权属性与立法、执法框架》，载《知识产权》2001 年第 2 期；李虹：《域名与商标权冲突之辨析》，载《法律适用》1999 年第 12 期。

② 虽然认为有必要将域名作为一种新的知识产权客体加以保护，但与商标权存在一定程度的冲突。参见孙艳蕾：《浅议域名与商标冲突的法律构建》，载《科技与法律》2008 年第 2 期；郭洪波：《商标权与其它标识性知识产权冲突问题研究》，载《法学》2005 年第 9 期；吕晓东：《域名权与注册商标在先权的冲突及协调》，载《社会科学》2000 年第 9 期；张乃根：《试析全球电子商务中的知识产权》，载《知识产权》1999 年第 3 期；姜晓亮：《论域名权与商标权的冲突》，载《中国司法》2001 年第 11 期；程永顺：《审理域名注册纠纷案件的若干问题》，载《人民司法》2002 年第 6 期。

③ 徐飞：《浅析域名的性质及其与商标的冲突》，载《网络法律评论》2022 年第 2 期。

④ 刘杰：《域名的法律属性探析——兼评最高院〈域名解释〉第八条》，载《中国集体经济》2019 年第 6 期。

标志、宣传的作用,但这些功能并非博物馆域名构成所必须,而且也并非所有的博物馆域名都具有这些功能,因此数字博物馆域名权不属于知识产权,也就不应适用知识产权法律法规来其对进行保护。

从以上学说来看,本书更倾向于将域名权认定为广义上的知识产权,且是一种与创造性成果权相区别的识别性标记权。从知识产权的地域性、时间性、专有性进行分析,尽管博物馆域名并不完全地具备以上特征,比如地域性和时间性。但不可否认的是其在广义上是可以纳入知识产权范畴的。因为现在绝大多数的国家对域名的注册都是采用先申请原则,也就是只要先申请注册的域名与现有域名不相同,那么该域名即可获得有效注册,而一旦其获得注册,之后与其相同域名的申请必然会受到排斥。如此看来,在全球范围内,域名是唯一且绝对排他的。数字博物馆拥有唯一的互联网地址,即一个域名,这一唯一域名无论是在国内还是在国外,只要是互联网所触及之地皆不能重复,从这个角度来说,相比于以往的知识产权客体,数字博物馆域名有更大的专有性,因为其没有了地域性的限制。只要互联网存在,数字博物馆不主动放弃或申请撤销其域名,该域名就可以永久保留。从这个角度来看,数字博物馆域名也超出了以往知识产权时间性的特征。数字博物馆域名并不完全符合以往人们对知识产权特征的定义,却更凸显了它符合知识产权发展潮流的特点,这在一定程度上反映了数字博物馆域名的技术新颖性与传统知识产权制度的相对滞后性。

二、数字博物馆域名注册规则

《兰哈姆法》第43条(d)款将商标与域名的关系进行了详细的界定,其中明确了互联网域名的注册与使用可能构成商标侵权,并规定了域名注册人的民事责任。① 从我国目前情况来看,域名注册逐渐受到我国博物馆的重视。例如,国家博物馆的英文域名和中文域名早在2004年就被注册,其英文域名为 www. chnmuseum. cn,中文域名为中国国家博物馆。

① 《兰哈姆法》第43条(d)款规定,在由商标权人,包括享受商标保护的姓名权人提起的民事诉讼中,无须考虑各当事方经营的商品或服务,凡具备以下条件的被告均应承担责任:(1)具有故意利用商标,包括享受商标保护的个人姓名获取利益的恶意;并且(2)基于以下情形而注册、交易或使用域名——①在有关商标于域名注册时已经具备显著性的情况下,该域名与该商标相同或者具有足以导致误认的相似性的;②在有关商标于域名注册时已经成为著名商标的情况下,该域名与该商标相同或者具有足以导致误认的相似性,或者构成对该商标之淡化的等。参见唐广良:《美国"反网域霸占法"确立的域名争议规则》,载《环球法律评论》2001年第1期。

随着国家博物馆出台了《中国国家博物馆互联网网站域名使用管理办法(试行)》,域名的使用范围、正确使用域名的方法、申请注册域名的方法和使用二级域名的方法等得到了重新明确,[①]有利于国家博物馆域名的保护。现实中,网络域名权经常和互联网有所关联,互联网相关法律法规也正积极保护网络域名。随着社会法治的健全,域名权也在不断发展。目前我国涉及域名权的相关法律规范有《中国互联网络信息中心域名争议解决办法》《互联网域名管理办法》等。这些法律法规对数字博物馆的域名注册提供了支持,主要涉及域名注册、域名权归属以及域名权纠纷案件的侵权认定等,从而促进了我国博物馆数字化的高效发展。

1999 年 8 月 24 日 ICANN(互联网名称与数字地址分配机构)通过了《统一域名争议解决政策》(UDRP),并于 1999 年 10 月 24 日批准实施。此政策是目前世界上关于域名争议解决最权威的文件。其中,世界知识产权组织负责管理依据 UDRP 制定的争议解决程序。UDRP 互联网域名和数字地址分配机构采用世界知识产权组织于第一期 WIPO 互联网域名权中的相关建议。UDRP 的规定仅适用于明显属于恶意抢注和使用域名的案件。该规定并不妨碍双方当事人中任何一方将争议提交其主管法院审理。[②] 实践证明,UDRP 深受商标所有人欢迎,极少有当事人将 UDRP 作出裁决的案件再提交国家法院审理的情况。

各国域名登记机构一般是网络信息中心(NIC),我国的域名登记机构是中国互联网络信息中心(CNNIC),其一般为民间组织,尽管各国域名登记机构关于域名注册的条件和管理制度并不相同,但根本上沿用的是美国网络方案公司的标准。最早出现的注册规则是"先来先得"原则,后来演变为"先申请,先注册"原则和不审查原则。

由于域名注册具有唯一性,因此同一域名只能由一个申请人进行注册,其获取所注册域名的标准在于注册时间的先后性,即先进行域名注册的申请人在获取某域名之后,其他注册人无法再注册相同域名。注册管理机构在面对诸多注册申请人时,只是审查其所申请的域名形式是否符合注册要求,而没有实体审查行为。其原因在于这些域名登记机构一般为民间组织,他们没有法定权利和义务对域名进行实质性审查。但是,域名只有通过注册才能在网上使用,为适应互联网的快节奏,域名审查程序也应该

---

① 孙昊亮:《博物馆知识产权法律问题探析》,载《科技与法律》2014 年第 6 期。

② 参见《统一域名争议解决政策》第 4 条(k)款:司法程序的可行性。无论是强制性的域名争议解决行政程序发起之前,还是在已经依据这一程序作出裁定以后,域名争议当事人均可以就同一域名争议提起司法诉讼,这一诉讼将具有独立的法律效力。

进行革新,保证审查过程的高效和快捷。

基于以上原因,考虑到数字博物馆域名资源有限的实际情况,不同领域的相同商标权人都努力将该商标注册为域名,从而导致博物馆域名所有权人和商标权人产生冲突。此外,现有域名注册程序未能对博物馆域名注册是否侵犯了其他合法域名的相关权利进行审查,使其存在巨大的安全隐患。

三、数字博物馆域名抢注

(一)博物馆域名抢注现象的成因

“域名抢注”在国内的首次出现可以追溯到 1995 年的“Kelon”案。“Kelon”案发生时间与开通中国公用计算机互联网(Chinanet)仅半年之隔。据不完全统计,我国至 1996 年被抢注著名企业及商标互联网域名已逾六百多个。由于域名具有指示性,因而博物馆名称及其所属商标和域名必然有先天关联,用户在访问网站时往往会把商标和域名联系起来。最佳配置莫过于博物馆商标与域名的统一。由此可见,博物馆域名属于网络环境中的无形资产,在网络经济中,博物馆域名对于博物馆具有重要作用,极大程度提升了博物馆的宣传效果以及参观浏览量。然而数字博物馆恶意抢注现象的发生,对博物馆本身产生极大的负面效应,因此需要找出恶意抢注域名的根本原因,从而进行针对性治理。

1. 域名的经济效益与价值较高

在网络经济的飞速发展和其难以估量的经济效益驱使下,数字博物馆域名被恶意抢注的可能性增加。网络技术的迅猛发展也奠定了数字博物馆域名存在和发展的基础。近年来,随着网络经济的发展,数字博物馆域名价值随着传播效应的增强而飞速提升,数字博物馆域名已成为博物馆必不可少的网络名片和无形资产,其蕴含着巨大的经济价值和良好的发展前景。如果博物馆能够将其名称、标识和域名“三位一体化”,就能更加全方面、多角度地提升知名度,实现网络世界和现实世界的双赢。由于域名对于数字博物馆的宣传具有重大意义,而博物馆又缺少域名保护的意识,因此出现了许多抢注者恶意注册博物馆域名,实施不正当竞争行为。

2. 域名注册管理制度不够完善

虽然我国域名注册管理制度已经逐步完善,但仍然存在许多不足。当前我国博物馆域名注册管理制度还存在的问题主要是博物馆域名注册门槛较低,注册审查制度存在缺陷。我国域名注册采取“先申请,先注册”原则,即任何注册人只要在时间上为第一域名注册人,则可获得该域名所有权。如果博物馆主管对于域名注册意识不够强烈，未能及时注册取得相关权利，则存在其域名被他人恶意抢注的风险。同时，当前我国域名注册采取形式审查制，而不是实质审查制。相关部门只负责审查域名注册申请人申请材料的真实性和完整性，对法律规定范围内的内容进行审查。我国在审查环节放弃对于交易实际的考量可能使第三人必须在异议或者无效程序中承受一定成本"选择进入"程序。[①]域名注册成本低廉的问题是导致域名抢注的经济因素。由于域名注册花费较低，而卖出收益较高，这直接导致大量域名抢注现象的发生。由此可见，恶意抢注者付出较低违法成本即可囤积牟利，而博物馆却须支出高昂成本维护自身合法权益，这是数字博物馆域名被恶意抢注的又一重要原因。

（二）域名抢注的构成要件及案例评析

现阶段，国内关于域名注册采取"先申请，先注册"原则。从理论上来讲，博物馆域名抢注行为在实质上并不违法，任何人在不侵犯他人合法权益的情况下，都可以注册合法域名。这种行为不仅支持了域名经济，而且还侧面推动了网络经济发展。只有恶意抢注他人域名的行为才是违法行为。域名抢注存在善意抢注和恶意抢注两种方式，两者并非都需要遭受法律制裁。善意抢注指的是在先注册的域名同他人的商标、商号或企业名称或其缩写相同或者近似，而在先注册人并非故意或恶意，对该商标进行了在先注册的行为。[②] 在这种情况下，只要所注册域名不与驰名商标相巧合，一般不构成侵权行为，也不需要承担法律责任。从善意抢注的构成要件进行分析：首先，行为人主观上是善意的；其次，进行了注册域名的客观行为，其中主观上的善意是区分善意抢注还是恶意抢注的关键点。其包含的特点：一是抢注者于其所提供的商品或服务上基于善意使用或是准备使用域名；二是抢注之域名未使抢注者为公众所知；三是抢注者虽未获取相应商标权但域名使用行为属合理使用，且并非出于牟利目的来误导、吸引消费者或实施贬损有关商标声誉的行为。

域名的恶意抢注指的是域名注册人以非法牟利为目的，在明知或是应当知道其申请注册域名属于他人已注册商标或是其他标识情形下，故意抢先注册为网络域名并占为己有的恶意行为。域名的恶意抢注从构成要件进行分析包括两个方面的内容：主观心理状态为恶意以及提出域名注册申请的客观行为。其特点一是域名现行持有人以有偿转让方式向权利人

---

① 张鹏：《规制商标恶意抢注规范的体系化解读》，载《知识产权》2018 年第 7 期。

② 刘剑：《利用反不正当竞争法调整域名"恶意抢注"》，载《中山大学学报论丛》2007 年第 11 期。

出售、有偿许可使用或其他；二是域名持有人以营利为目的，通过引诱网络用户点击其网页或其他在线服务使客户误解，引诱方式主要为故意混淆域名和权利人商号、商标等方式；三是域名注册人注册相应域名是为阻止他人将商标、商号应用于此；四是域名注册人注册域名的目的是损害他人经营业务或者使权利人商标权、商号权造成污损，或者贬损商标声誉，导致商标贬值。主观上的恶意是其中的核心，也因此将恶意抢注与善意抢注区分开来。这种情况应当要受到法律的制裁。从目前笔者所查看到的案例和文献进行分析，善意抢注的情况是极少数的，而恶意抢注往往能为一些不知名的小公司带来巨大的经济利益，提升自己的市场竞争力。因此，在一般情况下，狭义的域名抢注行为通常指的是恶意抢注行为。

案例一：认定原告为善意抢注的金沙遗址博物馆域名案

2010年7月，原告向成都市中级人民法院提出诉讼认为：被告成都博物院目前所使用的"金沙遗址博物馆"和"jinshasitemuseum. com"等中英文域名，构成侵犯原告第4183608号注册商标专用权的行为，要求被告成都博物馆停止成都博物院域名的使用，并赔偿原告相应损失。

该案的争议焦点有二：一是关于金沙遗址博物馆和"jinshasitemuseum. com"等中英文域名哪一方应当优先享有注册域名的权利；二是成都博物院构成侵犯被告第4183608号注册商标专用权的行为应当如何定性。原告答辩状认为：成都博物院较原告更早享有对"金沙遗址博物馆"等中英文的商标权、域名使用权等合法权利，原告在不知情的情况下注册属于善意抢注行为。并且根据《商标法》第52条与相关法律、司法解释的规定，案件未涉及商标、域名的侵权使用，因而成都博物院行为未侵权。该案最终被告撤诉，金沙文化首次知识产权保卫战以胜利告终。

案例二：San Francisco Museum of Modern Art v. Joshua S. Drapiewski案

位于加利福尼亚州的旧金山现代艺术博物馆拥有永久收藏的作品超过18,000件，其中包括在博物馆网站"www. sfmoma. org"上呈现的数字艺术作品集。自1989年起，旧金山现代艺术博物馆一直使用SFMOMA商标来推广其服务（SFMOMA是旧金山现代艺术博物馆的英文名称缩写）。该博物馆向世界知识产权组织仲裁与调解中心提起申诉，认为其长期使用的"sfmoma. org"域名遭到一个宣传街头涂鸦艺术的网站域名的侵犯。自1998年6月19日起，被申诉人一直通过该域名将网络流量定向到他的涂鸦网站"www. hifiart. com"。此后涂鸦网站的互联网流量几乎增加了两倍。申诉人旧金山现代艺术博物馆认为被申诉人构成恶意注册侵害其正当权益。

该案的争议焦点集中在：被申诉人是否构成对申诉人域名的恶意抢注行为。世界知识产权组织仲裁与调解中心认为，根据《统一域名争议解决政策》第4段的规定，申诉人要获得救济需要证明以下事项：(1)被申诉人所登记的域名与申诉人拥有权利的商标或服务标志完全相同或具有混淆相似性；(2)被申诉人对域名不具备任何的合法权利和利益；(3)域名已经遭到恶意注册和使用。该案中被申诉人注册的域名与申诉人商标完全相同，且不具备非商业性或合理使用等任何合法权利和利益，此外，根据被申诉人对媒体的陈述表明，其故意注册域名引导流量转向涂鸦网站，以从申诉人的商标权中获得利益，满足恶意注册的条件。故被申诉人侵犯了申诉人合法权利，裁决支持申诉人请求。

四、数字博物馆的域名保护启示

由于现实空间与网络空间存在某种连接，域名与博物馆名称、商标或作品在一定程度上有所关联，同时在传统技术的作用下，域名也彰显出重要的识别功能。为使域名独具特色，多数博物馆会将自身的商标和域名做统一化处理，从而表现出强大的效应。现阶段在国内，许多博物馆会以自己商标的英文或者汉语拼音进行域名注册。这样做的好处是，博物馆可在网上利用其自身商标的知名度来吸引网民进行关注，商标和域名彼此照应，从而使两者之间产生关联。

（一）完善域名权法律法规

由于博物馆域名商业价值的日益提高，出现了恶意侵犯博物馆域名的现象，其中不乏某些知名博物馆域名被恶意反向抢注为商标的现象。因此，关于保护域名所有权人的合法权益问题就显得尤为重要。我国目前的法律体系暂无专门关于域名保护的法律法规，只有一些相关的规范性法律文件，如《互联网域名管理办法》《关于审理涉及计算机网络域名民事纠纷案件适用法律若干问题的解释》等，这就使在相关的博物馆域名侵权案件中，缺少高位阶的法律依据，从而无法使域名权所有者得到有效的保护。即便《商标法》第32条中规定了“不得以不正当手段抢先注册他人已经使用并有一定影响的商标”，在司法实践中域名权纠纷也常常参考《商标法》。但是，互联网空间的域名与线下的商标在存在基础、取得原则和获得途径等方面存在明显差异，此外，与传统知识产权客体相比，博物馆域名具有特殊的含义，在法益保护上，《商标法》更大程度上在于保护商标所有权人的经济利益，与博物馆域名所有权人享有的权利相比，前者更注重对于商标所蕴含的经济利益的保护,而博物馆因为其承载着公共文化传播功能,使域名的保护更在乎其所蕴含的非商业价值。由此可见,传统的商标法律无法将域名保护相关问题涵盖在内。因此,为了更好地保护博物馆域名的相关权利,对于域名保护相关法律的制定和措施的执行刻不容缓。现阶段,博物馆域名需要通过特别法的形式进行保护,从而在法律层面防止博物馆域名的恶意抢注行为和混淆行为。此外,还需要在取得博物馆域名权、行使博物馆域名权、协调博物馆域名权与其他权利的关系以及侵犯博物馆域名权所须承担的法律责任等方面作出详细的规定。只有这样,才能使我国博物馆域名权保护取得进步。

(二)提高数字博物馆域名准入门槛

在域名注册领域,一般采取提高博物馆域名准入门槛,建立实质审查机制的方式来保护博物馆域名。目前,一般采取“先申请,先注册”原则。该原则虽然对域名注册的发展起到了一定的积极作用,但这种低门槛的注册原则容易导致博物馆域名抢注现象的发生,从而容易产生相关纠纷。具体可分为以下两步。首先,建立博物馆域名检索数据库。从属性上讲,域名属于知识产权的一种。这就要求在法律确权阶段对域名注册进行严格的资格审查,从而避免日后的权利纠纷。对此,域名管理机构可通过互联网技术联合商标局创建数据库,该数据库应包含现存所有的驰名商标,在审查域名申请的相关材料时,可将该域名导入到数据库中进行对比,看其是否与现存的商标存在相似性。如果发现该博物馆域名存在抢注现象,则应立马要求申请人对其域名进行解释说明,并提供相关证明材料,否则驳回其申请,并列入黑名单。在前期建立数据库时需投入较大人力、物力,数据库一旦建成,后续每年只需更新数据库即可,因此建立数据库举措对防止域名抢注具有长远意义。其次,对博物馆域名实行实质审查制。[①] 建立数据库属于前期准备工作,关键在于域名管理结构在进行实质审查时是否可以严格审查。我国应修改相关法律法规,从法律层面明确审查机构的相关审查责任与义务。如果能从域名申请阶段通过数据库进行严格资格审查,则可在很大程度上防范域名注册投机者的投机行为,从而在根本上减少博物馆域名抢注行为的发生。

---

① 陈淑卿:《国家一级博物馆商标注册情况初步分析》,载《博物院》2018 年第 1 期。

第六章　文化遗产元素数字化利用及其知识产权问题

第一节　文化遗产元素的价值

《非物质文化遗产法》(2011 年)将非物质遗产的“价值”分为:历史、文学、艺术、科学价值。[①]《文物保护法》(2017 年修正)第 2 条中,将物质文化遗产的“价值”分为:历史价值、艺术价值和科学价值。[②] 2015 年《中国文物古迹保护准则》则在《文物保护法》价值类型的基础上,明确增加了文化价值和社会价值。[③] 综上,文化遗产得到官方确认的价值类型包括:文学价值、历史价值、艺术价值、科学价值、社会价值和文化价值。同时从文化经济学角度来看,文化遗产还具有一定的经济价值,这也是人们孜孜不倦进行创造的动力。

文化元素的文化价值已经得到普遍的共识,同时这也是人们保护文化遗产的根本目的。以文化价值和社会价值为例,其不仅是大量文物自身具备的价值,同时其社会价值还体现在文化知识和精神传承、社会凝聚力产生等方面的社会效益,文化价值与非物质文化遗产以及文化多样性的特征有密切联系。社会价值包含了情感、教育、记忆等内容,文化价值包含了文化传统的延续、文化多样性及非物质文化遗产要素等相关内容。文化价值

---

① 《非物质文化遗产法》第 18 条规定:“国务院建立国家级非物质文化遗产代表性项目名录,将体现中华民族优秀传统文化,具有重大历史、文学、艺术、科学价值的非物质文化遗产项目列入名录予以保护。省、自治区、直辖市人民政府建立地方非物质文化遗产代表性项目名录,将本行政区域内体现中华民族优秀传统文化,具有历史、文学、艺术、科学价值的非物质文化遗产项目列入名录予以保护。”

② 《文物保护法》第 2 条规定:“在中华人民共和国境内,下列文物受国家保护:(一)具有历史、艺术、科学价值的古文化遗址、古墓葬、古建筑、石窟寺和石刻、壁画;(二)与重大历史事件、革命运动或者著名人物有关的以及具有重要纪念意义、教育意义或者史料价值的近代现代重要史迹、实物、代表性建筑;(三)历史上各时代珍贵的艺术品、工艺美术品;(四)历史上各时代重要的文献资料以及具有历史、艺术、科学价值的手稿和图书资料等;(五)反映历史上各时代、各民族社会制度、社会生产、社会生活的代表性实物。文物认定的标准和办法由国务院文物行政部门制定,并报国务院批准。具有科学价值的古脊椎动物化石和古人类化石同文物一样受国家保护。”

③ 2015 年《中国文物古迹保护准则》第 3 条规定:文物古迹的价值包括历史价值、艺术价值和科学价值。

和社会价值进一步丰富了中国文化遗产的价值构成和内涵，对于构建以价值保护为核心的中国文化遗产保护理论体系，将产生积极的推动作用。文化元素同时也是一个社群与国家软实力的重要组成部分，比如内蒙古的马头琴、鄂尔多斯的婚礼等文化遗产享誉国外，大大提升了当地文化的传播程度，与此同时还培养了当地居民的文化认同与文化自信。这也是文化元素的重要价值。

此外，文化遗产具有一定经济价值，如可将非物质文化遗产名录编辑成册以图书形式出售，继而产生经济价值，还可将非物质文化遗产与商品、服务关联在一起，如少数民族地区可利用非物质文化遗产发展旅游业，将图像、文字等非物质文化遗产印在商品上，以吸引消费者注意，追加消费成功概率，体现非物质文化遗产经济价值。① 由文化元素派生出的文化产业本身就具有其他经济产业所不具备的重要优势，比如资源能耗小、环境污染小等。在其产业生产过程中不仅不会对原生环境造成损害，同时还可以提升人民文化素质、营造文化氛围，这是绿色经济、低碳经济的需要。文化创意产业的价值开发，通常可以采取三种方式：一是通过对文化元素的直接加工而形成文化产品；二是根据现代需求重新诠释文化元素内容的创意产品；三是开发能够引领新消费潮流的文化元素产品。创意产业不同于一般的物质产业，是以内容为主的产业，产品的文化价值通过内容才能体现出来，而文化内容的核心是文化元素，因此，挖掘民族特色文化元素具有重要意义。②

第二节 文化遗产元素数字化利用的相关主体

国家、民族、群体以及个体发展的历史承继与文化积淀造就了文化资源的产生、发展与传承。物质文化遗产及非物质文化遗产中蕴含的元素即是典型的文化资源。在数字技术时代，文化遗产以数字手段进行保存、传承，其蕴含的文化元素也会通过相应的技术手段加以数字化利用。

文化遗产数字化利用的主体具有多样性——国家、民族、群体甚至个人都有可能成为文化遗产元素的归属主体，物质文化遗产和非物质文化遗产在权利属性及产权归属方面也存在差异。③ 如民族聚居地的文化村的自

① 李霞：《非物质文化遗产的经济价值及其合理利用模式探究》，载《风景名胜》2019 年第 10 期。
② 乌兰察夫：《草原文化元素的价值认知与开发应用》，载《实践（思想理论版）》2011 年第 6 期。
③ 胡卫萍：《罗马法视角的文化资源的产权归属》，载《重庆大学学报（社会科学版）》2015 年第 6 期。

然环境及村居布局、服饰、人文遗址等有形文化财产，国家拥有前述文化资源的物权，而一些依赖技艺所有者生理传承的文化资源，相关权利归属于拥有特定生理能力的个体，如剪纸工艺、川剧变脸等。

《乌苏里船歌》案[①]中反映的赫哲族民歌同现代著作权遭遇后产生的问题也是传统民间文艺普遍面临的著作权主体问题。该案涉及特定民族群体提出的著作权主张，而在之前的白秀娥剪纸作品案、赵梦林京剧脸谱作品案等只涉及个人对民间演绎作品是否享有著作权而不涉及民族群体著作权问题。民间文艺保护如何与现代著作权法接轨，这一问题自著作权法立法之初就引起广泛而持续的关注和争议。赫哲族民歌的创作过程体现着传统民间文艺创作的共同特性：泛创作主体性、口述传统和创作绵延性。[②] 由此民间文艺需要一种永久性的群体或公共权利保护模式，这与以私权为基础的现代著作权保护模式难以兼容。正是这种不兼容给民间文艺作品的著作权保护带来立法、司法上的难题。《乌苏里船歌》案中北京市第二中级人民法院与高级人民法院在判决中关注的是两个层面：(1)原告赫哲族乡政府的资格问题；(2)歌曲的改编问题。这类特殊的民间文学艺术作品一方面历经历史流转在现代社会进入了公有领域，另一方面它又与某一区域内的群体有无法分割的历史和心理联系，尤其是这种民间文学艺术自身就体现出一种流动性。赫哲族人民对于相关歌曲的唱法和歌词并不完全一致，因此歌曲本身的形态就是不稳定与流变的。歌曲不属于赫哲族某一成员，但是又同赫哲族每一位成员有一定的联系。而赫哲族乡政府作为赫哲族的特定代表，为了维护赫哲族的利益，原告以自己的名义提起诉讼，符合宪法和法律确立的民族区域自治法律制度，且不违反法律的禁止性规定。同时对于第二层面著作权归属问题，被告是在赫哲族歌曲的基础上再度创作的，因此对新歌曲享有著作权，但这是改编作品，而原曲著作权应该属于赫哲族全体人民。过去，我国对于该领域认识的“全民性”特点同国际“族群性”有所不同。我国对文化作品公有的观念基于意识形态原因是根深蒂固的，而这种“全民性”观念不仅与民间文学艺术的精神不符，同时也与联合国教科文组织推行的法律保护框架冲突，冲突之下必然会挤压我国现有民间文学艺术的生存空间。[③] 该案推动了相关观念转

---

① 北京市高级人民法院(2003)高民终字第246号民事判决书。

② 《〈乌苏里船歌〉案：改编后的民歌著作权归谁?》，载搜狐网2020年9月5日，https://www.sohu.com/a/244209628_115479。

③ 参见赵昱：《“族群性”与“全民性”——从〈乌苏里船歌〉案看民间文学艺术的法律保护》，载《社会发展研究》2017年第3期。

变，并进一步推动了我国在民间文学艺术领域的立法进程。

除去上述权利主体，从文化中汲取资源、提出创意及拥有创意的主体也能成为文化遗产元素的权利主体。再者，除文化遗产元素归属主体因文化遗产形态、类别存在差异外，其数字化利用主体也可能存在一定差异。例如，湖南省博物馆的馆藏文物素纱禅衣，其所有权主体为国家，文化遗产元素虽然可以为公众自由利用，但其数字化利用的主体大多为博物馆自身，换言之，其保存主体与利用主体为同一者。又如，非物质文化遗产的传承主体一般为传承人，但其利用主体一般为其他商业机构，此时非物质文化遗产的传承主体与利用主体处于分离状态。因此，无论是文化遗产元素归属主体还是文化遗产元素数字化利用主体，均需要分类而视。

一、物质文化遗产元素利用的相关主体

我国《文物保护法》第 5 条①规定了属于国家所有的文物种类，同时该法第 50 条②也明确了文物收藏单位以外的其他主体可以特定方式取得的文物收藏。我国藏品数目庞大，其取得方式主要包括捐赠、考古等。根据取得方式不同，文物藏品所有权归属也存在差别。首先，通过考古、挖掘等原始取得方式获得的文物藏品所有权多半归国家所有。其次，博物馆可以通过捐赠、购买等方式获得藏品所有权。若是通过捐赠方式取得藏品的所有权，博物馆一般与原作者通过合同约定双方的权利义务。如浙江美术馆实行社会藏品的寄存代管制度，③美术馆与藏品拥有人签订内容包括双方责任和义务的寄存代管协议书，在 10 年以上寄存代管期限内美术馆享有所有权，包括研究、出版、展示、衍生品开发等使用权。藏品拥有者对寄存

① 《文物保护法》第 5 条规定："中华人民共和国境内地下、内水和领海中遗存的一切文物，属于国家所有。古文化遗址、古墓葬、石窟寺属于国家所有。国家指定保护的纪念建筑物、古建筑、石刻、壁画、近代现代代表性建筑等不可移动文物，除国家另有规定的以外，属于国家所有。国有不可移动文物的所有权不因其所依附的土地所有权或者使用权的改变而改变。下列可移动文物，属于国家所有：(一)中国境内出土的文物，国家另有规定的除外；(二)国有文物收藏单位以及其他国家机关、部队和国有企业、事业组织等收藏、保管的文物；(三)国家征集、购买的文物；(四)公民、法人和其他组织捐赠给国家的文物；(五)法律规定属于国家所有的其他文物。属于国家所有的可移动文物的所有权不因其保管、收藏单位的终止或者变更而改变。国有文物所有权受法律保护，不容侵犯。"

② 《文物保护法》第 50 条规定："文物收藏单位以外的公民、法人和其他组织可以收藏通过下列方式取得的文物：(一)依法继承或者接受赠与；(二)从文物商店购买；(三)从经营文物拍卖的拍卖企业购买；(四)公民个人合法所有的文物相互交换或者依法转让；(五)国家规定的其他合法方式。文物收藏单位以外的公民、法人和其他组织收藏的前款文物可以依法流通。"

③ 浙江美术馆藏品寄存代管制度，载浙江美术馆官网，https://www.zjam.org.cn/Site/Holding/storage.shtml。

代管物的使用享有知情权、监督权与检查权等权利。

此外,由于中华文明历史悠久,我国博物馆历史文物藏品或者国家调发藏品大多已过著作财产权保护期,博物馆与原创作者一般也无直接法律关系。如馆藏规模逾万件的杭州博物馆,馆内藏品覆盖了陶瓷、书画、善本、碑帖、印谱、玉石、青铜、民俗、钱币、邮票、书籍等各类文物及资料、标本。藏品时间跨度大,最早可追溯到史前文化,最近到历史时期的明清文化。浙江省博物馆八万多件藏品中最近的作品为清浙籍画家[1]作品。湖南省博物馆藏品中年代最近的是1954年中共湖南省委为湖南省第一届人民代表大会题赠的金黄绸缎贺幛。[2] 就上述几个具有代表性的博物馆藏品而言,即便是时间最近的藏品也已超过著作财产权法定保护期。因此,通过以上方式获得的藏品,博物馆拥有其所有权,在文物开发过程中,优先成为文化遗产元素的利用主体。但就文化遗产中所蕴含的文化元素而言,其应当属于公共文化产品,因为大部分文化遗产的所有权人为国家,考虑到博物馆的公益属性,文化遗产的保存、展览、传承也应当是为公众服务。若将文化遗产元素的所有及利用归属于某一特定主体,则会形成私人所有与公益服务相背离的矛盾局面。总结而言,文化遗产元素为公共产品,任何人均可对其加以开发和利用,但由于博物馆作为保存者具有优势地位,现实中进行数字化开发利用的主体也大多为博物馆。

博物馆作为保存者的身份使其拥有在先使用等权益,通过实物或电子化存档或创作演绎方式产生作品将其投入市场,成为藏品演绎作品最先的著作权人,取得演绎作品财产权利并对他人基于自身进行再创作等行为主张相关著作权权益。而对于捐赠及购买所得且仍处于著作权保护期内的藏品,对于相关再创作行为,须取得博物馆授权许可及原创作人(或其继承人)的授权许可,[3]否则就可能构成著作权侵权。若再创造者已与原创作人(或其继承人)于藏品转让合同中约定博物馆代行财产权,则只须博物馆授权就能进行再创作。综上所述,物质文化遗产元素利用的相关主体有原作者(个人)、博物馆和国家,但最主要的利用主体是博物馆。

二、非物质文化遗产元素利用的相关主体

非物质文化遗产元素开发利用与物质文化遗产元素开发利用存在一

---

① 资料来源:浙江省博物馆网,http://www.zhejiangmuseum.com/zjbwg/collection.html。

② 资料来源:湖南省博物馆网,http://www.hnmuseum.com/。

③ 胡卫萍、刘靓夏、赵志刚:《博物馆文化资源开发的产权确认与授权思考》,载《重庆大学学报(社会科学版)》2017年第4期。

定区别，原因主要在于非物质文化遗产所有主体不明确。非物质文化遗产包括传统口头文学、传统美术、书法、音乐、传统技艺等抽象物，并不存在明确的所有主体，现实中一般认为非物质文化遗产的所有者为社群。在非物质文化遗产传承过程中，群体、个人承担着重要的角色，即我们通常所说的传承者。而非物质文化遗产的利用者或使用者大多为商业机构。在这一情形下，非物质文化遗产的所有主体与传承主体重合，却与利用主体相分离。

非物质文化遗产保护机制离不开“惠益分享”原则对于权利主体、商业性使用主体及其他利用主体间利益回馈方面的功能，聚焦到非物质文化遗产利用主体上来说，学者管育鹰提出此机制可能需要关注记录人、口述人、表演者的权益问题。记录人同民间艺术改编作品作者及民间文学艺术作品主体间具有差异，但记录人记录活动仍具有劳动艰苦性、特殊技能性，且基于其传承、利用民间文学艺术方面的特殊功能性，法律不应忽视其利益保护诉求。民间文学艺术作品的表演者也可以根据现行《著作权法》第 39 条[①]获得保护，口述人的地位与表演者类似，都是来自相应主体的成员。[②] 学者吴双全认为应当明确开创人、传承人、保有人及开发利用人的权利。如明确非物质文化遗产传承人政府资助、选择权等方面的权利。[③] 关于非物质文化遗产保护及利用的主体在学界没有定论，但综合其中的观点，也有共同点。笔者认为非物质文化遗产元素利用的相关主体为传承人、使用者以及有利害关系的第三方。

（一）传承人

非物质文化遗产特性与地方民族息息相关，是当地生产生活方式、审美特性、民族个性的集中体现。它依托人而存在，传承人作为文化继承者，同时又承担创新者的责任，掌握着非物质文化遗产表现技艺与专业知识，依口耳相传的文化链而延续。传承人在非物质文化遗产传承方面具有参与、沿袭及活态载体的重要地位。传承过程中传承人在传承民间艺术风格的基础之上，也催发了传承人的主观意识与艺术创造。因此，非物质文化遗产保护的核心是传承，保护的重点是传承人。同时由于传承人传承地

---

① 《著作权法》第 39 条规定：“表演者对其表演享有下列权利：（一）表明表演者身份；（二）保护表演形象不受歪曲；（三）许可他人从现场直播和公开传送其现场表演，并获得报酬；（四）许可他人录音录像，并获得报酬；（五）许可他人复制、发行、出租录有其表演的录音录像制品，并获得报酬；（六）许可他人通过信息网络向公众传播其表演，并获得报酬。被许可人以前款第三项至第六项规定的方式使用作品，还应当取得著作权人许可，并支付报酬。”

② 管育鹰：《民间文学艺术作品的保护机制探讨》，载《法律科学（西北政法大学学报）》2016 年第 4 期。

③ 吴双全：《我国非物质文化遗产法律保护的新探索》，载《兰州学刊》2013 年第 12 期。

位的特殊性导致与非物质文化遗产的密切联系性，使其天然上成为非物质文化遗产利用的一大主体。

1. 传承人的类别

传承人分为个体传承人和群体传承人两种。群体传承人是指直接参与并长期坚持民间创作传播活动的人们。而我们通常所说的民间艺人，无论是职业抑或半职业都属于个体传承人范畴。由于非物质文化遗产的群体性特征，其传承者更多是一个群体，一个地域甚至是多个地域的人们。文化世代相传，其流转性和动态性特征更是增强了其特殊性。文化的群体传承人可以分成以下不同类型。第一类，具有国内外官方性质的传承者，不仅是国家也包括国际政府组织。此类情况中，非物质文化遗产具体表现为国家中或者是横跨不同领域的共同文化形式，其属地性占据主导地位。第二类，表现为特定之群体的传承者，表现形式为传统社区、部落、团体，属人性更强。[①] 而个体传承人拥有三个共同特征：一是，传承人均为民间传承活动的佼佼者；二是，传承人个人有着丰富社会阅历，群众对其作品认可度高；三是，有固定的传承渊源。其所承载的传承渊源主要表现为以下三种形态：首先，基于亲缘关系成员继承的亲缘传承，如国家级古琴非物质文化遗产传承人吴文光先生幼年跟随其父虞山派一代宗师吴景略习琴并继承了虞山吴派独特的演奏风格；其次，源于当地传统文化氛围与成长过程中周围民间手艺人潜移默化的地缘传承；最后，从自己工作行业的活动中接受传承的业缘传承。个体传承人在历史长河中发挥着承上启下的作用，对历史作品的贮存、准确传递、承接，使大量优秀作品存留于世，同时在传承中发挥主观创造性，使非物质文化遗产能够走入现代，为人所理解。

2. 传承人制度存在的不足及其完善

在我国，由于特定的历史原因，传承人制度并未趋于完善，实践中也存在许多不足之处。

首先，我国明确实际传承人取得国家认证的非物质文化遗产传承人称号拥有认定代表性传承人的绝对权力。行政机关介入代表性传承人认定机制。一方面，赋予非物质文化遗产代表性传承人制度绝对的权威；另一方面，行政力量的过多介入也可能造成代表性传承人自身主体性的缺失。国家行政力量的强力介入，使代表性传承人成为非物质文化遗产保护事业中“被保护的个体”，而非具有自我认知、自我决策能力的“传承主体”。进

① 杨明：《非物质文化遗产的法律保护》，北京大学出版社 2014 年版，第 46 页。

而陷入了非物质文化遗产传承的困境。①

其次,传承人培养方式大致分为家族传承、师徒传承、学院教育、职业教育和社会教育五种,但无论哪种都存在大量学徒流失的情况。师徒传承是最主要的方式,在旧时是穷苦人家的孩子为求生存而拜师学艺,现今多是更加规范的工艺美术大师带徒传艺形式。师徒传承的方式虽历史悠久,但在经济飞速发展的今天也存在不少问题。一是,学艺周期较长,少有年轻人愿意悉心钻研。许多非物质文化遗产技艺的工艺复杂,需要投入大量心血和时间才能领会精神、精进技艺,而社会物质的极大丰富让年轻人拥有更多的选择,投入大而收效不明显的非物质文化遗产技艺很难吸引年轻人的目光。二是,社会对于学历文凭的重视使非物质文化遗产传承人难以在幼年即开始培养,即便幼年开始培养也容易因学历焦虑而放松技艺学习甚至另寻其他稳妥职业。三是,由于学艺周期长,具备传承技艺的师傅大多年岁已长,人的精力下降,也难以给予学生诸多指教。而学院教育无法脱离象牙塔弊端,必然重理论而轻实践,实践教育的缺乏无法让学生一毕业就能立刻进行创作,技艺与市场的脱节会让学生在毕业后仅凭技艺无法支撑生活,进而导致许多人放弃而另择他路。职业教育注重实践,对传承技艺来说目前而言是最好途径。但由于我国目前职业教育接收生源质量不高,同时毕业后由于学历劣势导致社会地位与待遇大概率均不如普通本科生,致使很多人无法坚持下去。针对此类学徒流失的现状,笔者认为应针对相应的非物质文化遗产项目加强宣传力度,在项目的传承周边形成一定的传统文化氛围,以保持青年一代对于此类传统文化的热情和兴趣,比如通过"非物质文化遗产项目进校园"等活动,将非物质文化遗产项目引入义务教育课堂,培养青少年一代的兴趣,同时在专门的非物质文化遗产学院或者职业教育中引入实践技艺学习,培养学生实践能力,比如可通过在学院教育中引入"寒暑假实习"的方式,让学生直接进入各类传习所,直接对接非物质文化遗产技艺的实践环节。针对非物质文化遗产项目经济效益并不高而导致的学徒流失,可通过积极发展与此类非物质文化遗产项目有关的文化产业,拓宽非物质文化遗产传承项目的经济收入来源,以此提高传承人及其学徒的经济收入。

最后,无论传承人采取何种培养方式,师徒制抑或地方采用与院校合作办学方式培养,非物质文化遗产技艺培养周期都十分漫长,对技艺的领

① 周波:《从"身份认同"到"文化认同"——论"非遗"代表性传承人制度设计的新面向》,载《文化遗产》2022 年第 2 期。

悟需要时间沉淀。在漫长的培养期内,学徒如何维持生计?许多年前往往是学徒自备费用求师,但现今由于经济环境整体向上飞速发展,愿意沉下心来学习技艺的人数难以增加,甚至要由传承人每月给予合适的费用保证学徒安心学习。虽然国家对非物质文化遗产的传承极为重视,给予非物质文化遗产传承人一定的收徒费用,但不足部分仍要由传承人自行承担。当非物质文化遗产传承人技艺市场认可度高时,每月给予学徒合适的费用尚可支撑,但对于市场认可度不高的技艺再用合适的生活费留住学徒可能存在困难。笔者认为国家对待非物质文化遗产传承人培养,需要制定统一标准,每年进行摸底调查,对确实存在困难的技艺传承人给予相应补助使其安心继续。同时应每年对传承人培养情况进行考察,对悉心教育、使学生技艺增长的传承人给予一定补助鼓励。提高社会对于职业教育的认可度,使非物质文化遗产传承人社会地位与薪资待遇得到一定程度提升,从而激励更多人坚守精进技艺的道路;同时在传承人培养方面要更加强专项资金支出核准制度,财政部门给予经费保证、专款专用,政府积极收纳社会资金列入专款,确保非物质文化遗产传承人培养的物质基础,促进传承、保护工作的顺利进行。

(二)使用者

非物质文化遗产除具有丰富的文化价值,还蕴含巨大的经济利益。在非物质文化遗产使用者的具体分类上,可以分为以保存为目的的利用者与以商业营利为目的的开发者。前者大多数是官方组织或非营利性组织,后者往往为商主体。以保存为目的与以商业营利为目的并不冲突,利用二者平衡才可进一步推动非物质文化遗产的保护及非物质文化遗产的利用。以我国古代花木兰替父从军的故事被美国迪士尼公司利用,并制作成动画电影为例,美国公司采用中国元素作为电影题材是否具有正当性,是否需要向中国付费,又应当向哪一主体付费等问题都是非物质文化遗产元素数字化利用过程中需要考虑的,其中涉及的最主要问题是后文会提及的文化遗产元素数字化利用的利益分配机制问题,在此不再详述。

(三)有利害关系的第三方

杨明教授认为,实际上并非所有类型的非物质文化遗产都会涉及有利害关系的第三方。同时认为利害关系采用非物质文化遗产价值而定,或是对非物质文化遗产存续发展持特定使命,或是非物质文化遗产延续间的依存关系。[①] 综上可知,在实践中,此类主体多为国家。[②] 在非物质文化遗产开发利用过程中,通常会存在商业开发过度的现象,导致对非物质文化遗产的传承产生威胁,譬如对于民间文学、传说等不正确的理解可能会导致角色形象的污化。以白娘子与许仙的传说为例,这一传说故事在影视行业颇受欢迎,曾以此传说为原型拍摄多个版本的电视剧,但由于商业利益的需要,电视剧拍摄过程中对传说故事角色形象难免有些许变动,由此形成的对白娘子、许仙在传说中的形象的污化现象如何制止,或者说如何准确地保证这一传说流传下去应当是国家在非物质文化遗产保护与传承方面的特殊使命。

换言之,我国当前的非物质文化遗产保护有两个主要问题无法避开。一是,政府对非物质文化遗产的排查、普及力度不够。民间艺术、技艺由来已久,因而种类繁多、历史繁杂,政府部门对其长期的不重视使排查、普及力度不强,导致对现存非物质文化遗产生存状况的不了解,进而滞后了非物质文化遗产申报工作。二是,非物质文化遗产保护观念落后,可利用资金缺乏,与对其正确利用开发存在距离。针对这些问题,国家采取了相应措施。如国务院办公厅印发的《关于促进全域旅游发展的指导意见》中指出[③]的"非物质文化遗产+旅游"模式推动旅游发展和非物质文化遗产保护、传承。依托非物质文化遗产发展的凤凰县,针对技艺类非物质文化遗产在景区线上及乡村游的旅游线上建立传习所、展示馆及生产型保护基地来进一步宣传与保护。在古城及乡村游的旅游线建立了 10 个传习所、3 个生产型保护基地、1 个非物质文化遗产馆和 1 个研学游基地,通过旅游互动、"体验+销售"模式让游客参与其中。表演类非物质文化遗产根据旅游趋势恢复和复盘了一批剧目及节气活动(如"苗族四月八""苗族六月六"),表演内容与非物质文化遗产相关。这样的模式仅 2018 年一年就吸引游客 1800 万人次,所创造的经济利益无法估量。巨额的经济利益意味着这项非物质文化遗产传播范围会越来越广,也意味着有更多的财力与人力愿意投入到非物质文化遗产保护中。因此,当前阶段合理平衡非物质文化遗产的保护与利用,从而实现文化传播、保护与市场双赢的局面对于我

---

① 杨明:《非物质文化遗产的法律保护》,北京大学出版社 2014 年版,第 48 页。

② 同上。

③ 国务院办公厅《关于促进全域旅游发展的指导意见》(国办发〔2018〕15 号)中指出:"旅游是发展经济、增加就业和满足人民日益增长的美好生活需要的有效手段,旅游业是提高人民生活水平的重要产业。"随着旅游逐渐成为人们的一种生活方式,非物质文化遗产在旅游中的科学利用,既符合非物质文化遗产的规律又符合旅游规律的开发,有利于旅游的发展,也有利于非物质文化遗产的保护、传承与传播。

国非物质文化遗产的开发和利用具有重要的意义。

第三节　文化遗产元素的利用方式与现状

费孝通曾提出了“人文资源”概念,认为人类最早的文明的积累、延续和建造是通过人类的历史、文化和艺术等方式实现的。人文资源是指人类以文化创作方式存留可供进一步发展的文化基础,其涵盖范围极广。[①] 这种文化资料在日本又被定义为“文化资源”。有学者在进一步理解和深化该概念的基础上,提出了“从遗产到资源”的理论,并且认为文化遗产,尤其是非物质文化遗产是一种重要的人文资源,必须加以利用并融入当今社会,与社会发展紧密相连,才能得到有效的保护与传承,才有可能成为民族文化的基因而世代存在。[②] 美国就很好地进行了文化遗产和资源的结合,直接将文化遗产确认为“遗产资源”。在数字化背景下,将文化遗产从其原固有形态转化为数字化形态呈现,使文化遗产元素以多种新兴渠道进入人们的视野,成为广大民众的关注点。因此,这一节是对目前文化遗产元素的利用情况与方式进行总结,结合实地调研取得的数据与结果,分析目前文化遗产元素利用的主要方式的现状与存在的问题,为未来文化遗产资源的利用与保护提供启发与方向。

一、类型化视角下文化遗产元素的利用方式

随着经济发展,文化遗产元素的价值绝不仅仅局限于教育等公共层面,在生产方面也蕴含巨大潜力,同时在生产的过程中文化遗产的元素得以延续,文化遗产自身也得到了保护。在 2009 年 9 月 11 日举办的“非物质文化遗产生产性保护座谈会暨第三届中国非物质文化遗产保护·苏州论坛”上,原文化部副部长周和平发言肯定了非物质文化遗产生产性保护的必要性和可行性,强调了非物质文化遗产生产性保护要适应时代的要求,文化生产需要以满足人类的文化需求为核心。[③] 受市场经济活力的驱动,在生产方面,文化遗产元素的利用方式非常多元。文化遗产元素在生产方面的利用方式既包括传统的旅游开发、物质文创产品开发,也包括数字化利用方式,如影视化以及应用软件的开发,其利用形式多种多样,很难确切进行分类。现从不同角度具体剖析其利用方式,同时介绍目前各种利

---

① 费孝通、方李莉:《关于西部人文资源研究的对话》,载《民族艺术》2001 年第 1 期。

② 方李莉:《“文化自觉”视野中的“非遗”保护》,北京时代华文书局 2015 年版。

③ 苏雁、陆炜:《非物质文化遗产保护论坛开幕》,载《光明日报》2009 年 9 月 13 日,第 2 版。

用方式在实践中的情况。

（一）文旅融合开发

1997年6月，世界旅游组织、世界旅游理事会与地球理事会联合颁布了《关于旅游业的21世纪议程》，其中提到自然和文化资源是旅游业的核心，同时旅游业作为世界上最大的新兴产业，其蕴含的巨大价值也有利于驱动资本力量对文化遗产资源进行发展与保护。

对文化遗产进行旅游开发，最常见的一种方式是在文化遗产相关地域组织开展观光型旅游，如鼓励游客参观长城、兵马俑等著名景点；另一种方式是对文化元素进行整合，实现具有地域特色的旅游开发，如北京天坛举办的以春节为主题的庙会，内容涵盖剪纸、京剧、传统食物制作等手工艺及民间艺术表演。前者是对文化遗产整体性的开发利用，后者是对文化元素的整合利用。我国文化遗产中可利用元素极其丰富，但是单一、分散的文化元素难以满足消费者和参观者的需求，必须集合起来，形成产品规模。[①] 比较典型的是《印象·刘三姐》，它是由张艺谋导演的大型桂林山水实景演出，依托于桂林漓江山水，并融合了以刘三姐为代表的少数民族风情。这些文化元素被创新性地整合在一起，不仅仅是旅游演艺精品，更是文旅融合发展史上的经典之作。

随着5G、虚拟现实、大数据等数字化技术的发展，文旅融合有了更多的路径选择，被注入了全新的动能。将数字化、云计算、人工智能在文旅产业进行运用，能够帮助破解文化遗产资源难以替代、旅游体验难以复制、消费者需求难以预判等发展难题。同时虚拟现实技术为文化遗产旅游产品提供推介手段，并在社交媒体平台利用大数据技术进行推送，能够有效把游客的兴趣点和产品开发、盈利结合起来。在2019年召开的“数字文旅融合创新发展大会”上，北京大学图形与教育实验室主任汪国平认为，数字化创新下文化遗产元素已经在旅游业实践中大量运用。例如，数字故宫、数字敦煌工程、湖南省博物馆的虚拟现实特展等都为游客带来了沉浸式体验。

但是，开发文化遗产旅游资源的途径在实践中依然存在一些缺陷。一些地方景区的开发过程中受到以利益为重的商业逻辑的影响，不愿意投入过多精力在地方特色旅游文化产品开发上，而是直接照搬其他地区成熟的商业模式来打造现有的旅游资源，快速制造一个旅游产品，导致市场上旅

---

① 张军：《论无形文化遗产在旅游开发中的有形化利用》，载《中南民族大学学报（人文社会科学版）》2005年第3期。

游产品同质化现象非常严重。同时,在以数字化技术推动文旅融合过程的现阶段,文化遗产的知识产权保护也面临着不少难题。在数字化过程中文化遗产信息泄露,中小型单位间产品互相抄袭现象层出不穷。并且,在民俗旅游资源开发过程中,出于大数据分析下的市场导向,一些非物质文化遗产资源被改造、夸张甚至野蛮、低俗,使商业气息反噬了文化遗产自身的内涵和意义。①

(二)物质文创产品开发

在生产物质产品方面,利用文化遗产元素的主要方式就是开发文化创意产品。所谓文化创意产品是艺术衍生品的一种,就是把古老的非物质文化遗产的符号语义、美学特征、人文精神、文化元素等加以提炼,用新颖的创意,以令人耳目一新的形式进行活态地重现在现代物质产品设计上。

2016 年以来,一系列政策法规密集出台,鼓励文博创意产业发展。2016 年 3 月国务院发布了《关于进一步加强文物工作的指导意见》,倡导大力发展文博创意产业,在经营管理上,鼓励“社会资本广泛参与研发、经营等活动”。随后,原文化部、国家文物局先后确定或备案了 154 家试点单位,鼓励试点单位探索通过博物馆知识产权作价入股等方式投资设立企业,从事文化创意产品开发经营。

在政策的支持下,以企业与大型博物馆合作开发文创产品的路线悄然兴起。这些文创产品不限于文具或者纪念品的形式,而是秉持其有趣、有用、有艺术性的“三有”原则,全方位渗透到消费者的生活里面——如出门即可用的环保袋、百搭的古风首饰、日用的彩妆等,文创产品将文化元素融入日常中,潜移默化影响大众。例如,有一些是通过不同的载体呈现文化遗产的符号化形象,如邮票、纪念币、文化服饰等;有一些是对文化遗产的物质表现形式进行复刻并且进行一定的加工,制成文物模型等摆件。古老的非物质文化遗产(元素)内涵包括文字符号、特色历史建筑(构筑物)、民俗用品、文具、生产生活工具等。目前我国对于非物质文化遗产的传承和创意产品转化进行了各种各样的尝试,探索出了很多途径。

以故宫博物院为例,近年来,故宫博物院开发了一系列带有故宫元素的时尚生活用品,“家族”十分庞大,包括了各种将实用、创意、文化内涵相结合的产品类型。比如不断推陈出新的三星、苹果公司,即将推出的苹果手机壳将采用团龙团凤、花窗、九阳消寒图等故宫元素进行设计;根据宫廷传统文化推出的端午节香囊、春节红包;以祭祀、婚庆宫廷大型活动为主题

---

① 徐赣丽:《非物质文化遗产的开发式保护框架》,载《广西民族研究》2005 年第 4 期。

的皇帝赐福和皇后赐如意钥匙扣、水晶球、首饰盒等各类富有创意和文化内涵的宫廷文化“潮品”，这些文化产品都是在故宫的建筑、藏品以及宫廷文化的细节基础上设计的，都有着充分的史料支撑，经得起考究，也包含了开发团队的创意与奇思妙想。

并且，故宫博物院在注重文创产品自身特色研发的同时，也非常注重市场营销，重视产品与市场需求间的联系，所开发的产品大都非常迎合当今的市场需求与审美。多种故宫文创产品在线上、线下同步销售。在线上销售平台拥有八百多万粉丝的“故宫淘宝　来自故宫的礼物”这一店铺中可看到，故宫文创产品有文具手账、故宫彩妆、故宫香氛、故宫首饰、故宫娃娃、故宫扇子、故宫陶瓷、故宫书画、故宫伴手礼等系列，每个系列下还有多种产品。据央视财经《中国财经报道》栏目 2019 年 1 月的报道，故宫文创产品数量已过万种，年销售额超 15 亿元。[①] 以上文创产品具有历史文化底蕴的同时兼具实用功能，不仅取得了很高的销售额，也提升了人们对于文化遗产的兴趣及保护意识。现在提到故宫，人们的印象不再局限于那座宏伟的宫殿，也会联想到精美多样的文创产品，甚至会时刻关注故宫博物院的文创上新，为文化增色，为创意买单。

不过，我们需要注意的是，对于藏品资源丰富，自身实力雄厚的大型博物馆来说，开发文创产品较为容易，而对于一些实力较为薄弱的地方博物馆来说，在开发文创产品的过程中则面临着各种各样的问题。受制于自身实力与经济发展水平，一些地方博物馆在利用文化遗产资源进行文创产品开发设计时，没有将文化遗产元素进行合理提取，缺乏差异性和识别度，未充分体现其地方文化特色，对文化遗产元素直接照搬使用，直白乏味。并且大部分地方博物馆属于公益性组织，自身不具有研发能力，同时缺乏地方政府的引导、联结与政策支持，难以与当地企业进行合作，开拓产业链，导致生产出来的产品功能单一，科技含量低，多以纪念品、装饰品、摆件为主，缺乏实用性和吸引力。

（三）应用软件开发

在信息化时代下，在应用软件领域文创产品也存在巨大的受众与市场。因此，除了实体文创产品的研发与销售，如故宫博物院还通过开发《数字文化》APP 以扩大其影响力。至今，故宫博物馆已发布了 10 款 APP 应用程序，包括《胤禛美人图》《清代皇帝服饰》《韩熙载夜宴图》《故宫陶瓷

① 参见《博物馆文创正当红：故宫文创产品上万件　年销售额超 15 亿》，载百度百家号 2020 年 1 月 30 日，https://baijiahao.baidu.com/s?id=1624188190324671579&wfr=spider&for=pc。

馆》《每日故宫》《故宫展览》《皇帝的一天》《绘真·妙笔千山》等，这些应用程序包括游戏类、导览类、教育类等，受众广泛，可满足不同人群需求，并且使众多的故宫馆藏文物触手可及，大众可以随时随地享受文化的饕餮盛宴。《胤禛美人图》是故宫首次开发的产品，以12个胤禛美人图的画作为基础，结合故宫各方面研究成果，分层次、广蕴含来逐步展开；《紫禁城祥瑞》则从故宫龙、凤及其他图形“祥瑞”取材，以多元化方式介绍“祥瑞”相关文物及其背后宫廷、祥瑞文化，同时APP中还有自己设计瑞兽的环节，让用户有强烈的参与感；《每日故宫》更像是一款电子故宫日历，每天与用户分享一件故宫馆藏文物，同时可以简单做记录，生成精美的图片，既实用又能让用户进行文化欣赏；《皇帝的一天》则是由小游戏与电子书共同组成，模拟了一个皇帝出宫一天的故事，目标用户为儿童，在游戏中可以收集文物、畅游建筑，可以引发孩子对于故宫、历史的兴趣；《绘真·妙笔千山》是由故宫博物院和网易游戏联合打造的一款以《千里江山图》为蓝本的互动叙事手游，目标用户为青少年，游戏中营造了青山绿水的意境，伴着动人的音乐，神秘的故事徐徐展开。故宫对一系列产品的数字化APP开发已经取得了“故宫出手，必是精品”的认可，在国内已经取得了不错的市场影响，在扩大数字化市场的同时，也在过程中起到了对馆内藏品的文化宣传意义。

不过，尽管故宫博物院应用软件开发进行得如火如荼，收获了良好的社会效果与经济效益，但受制于技术水平与经济实力的差异，开发应用软件这一方式并没有得到广泛运用。其主要原因大致由于开发博物馆应用软件需要博物馆学领域和计算机领域两方面的人才，一般博物馆都具备本领域的专家，但有编程能力的计算机人才则是大多数中小博物馆所没有的。博物馆为了开发一套软件特地引进计算机专业人才成本似乎太高了，只怕是养不起也留不住。所以即便是故宫博物院这样的单位也退而求其次采取和专业软件公司合作开发的形式。但是无论是自行开发还是合作开发都需要投入大量资金，这对于本来财力就有限的文博机构来说无疑是一个沉重的经济负担。针对这种情况，早年间也有一些学者提出一些关于博物馆应用软件的开发模式的看法，如通过高校的文博专业联合计算机专业来担当博物馆应用软件的开发模式，[①]但是由于经济水平以及技术水平的不足，就博物馆应用软件开发这一文化遗产元素数字化利用的方式并未得以广泛运用，关于适当的博物馆应用软件开发模式仍待进一步研究。

---

① 王畅：《数字化博物馆应用软件开发的一些思考》，载《中国博物馆》2003年第1期。

(四)影视化开发

在文化影视产业方面,文化遗产元素可以说是一座"所罗门王的宝藏",蕴藏无限的生命力。以我国古代传统民间故事《花木兰》为例,自1998年以来,美国迪士尼公司以此为题材拍摄了一系列动画电影,一方面为其带来了巨大的经济效益,另一方面也将我国这项非物质文化遗产推向了全世界。[①] 2009年我国也上映了电影《花木兰》,除了电影,取材于花木兰故事的还有《木兰从军》电视剧、《花木兰》动漫等,这些都是属于在影视剧中利用非物质文化遗产元素,这足以体现木兰故事自身蕴含的巨大商业与文化价值。同时影视化形式赋予并激活了木兰故事更加强烈的生命力,使其一直存在于大众视野中,世代流传。

而在数字化技术发展推动资源共享的背景下,影视行业有了更多的发展素材与机会。比如在数字动漫产业、电影产业中,企业将文化遗产元素结合数字化信息技术进行巧妙地运用,将文化遗产元素影视化,不仅使非物质文化遗产获得了新的生命力,同时也建立了新的经济增长点,而且也可以开发极具特色的精神文化产品,以此增强其文化影响力。

利用数字化技术发展文化影视产业的代表性国家是美国。2008年6月20日,美国梦工厂电影公司制作出品的以中国传统武术元素为基础的电影《功夫熊猫》在国内上映。这部电影运用了运动捕捉技术来建立电影任务中的打斗场面。在这部电影中,运动捕捉技术、数字化3D展示技术、美国独特的幽默文化与中国传统文化的完美融合,使这部电影一经上映就吸引了无数中国人的眼球,取得了1.5亿元的票房佳绩。

在过去,我国文化影视行业中对文化遗产元素的利用主要以纪实、文艺电影为主,如1993年陈凯歌以京剧为题材拍摄的《霸王别姬》、2005年章家瑞以彝族"龙舞"为题材拍摄的《花腰新娘》、2012年吴天明以唢呐为题材拍摄的《百鸟朝凤》等,其中不乏优秀电影,在国内外电影节斩获一众奖项。但由于题材小众、受众范围较小,或者年代较为久远等问题,难以在当代激起较大水花。近年来,随着互联网、数字化、大数据技术的发展与民众知识产权意识的不断觉醒,数字动漫产业、电影产业中对文化遗产元素的利用逐渐活态化,并涌现了不少优秀作品,深受普通大众的喜爱,引发了一系列"国风"浪潮。例如,历经12年潜心制作,于2016年上映的国产动画《大鱼海棠》融入了许多中国传统文化,展现了浓厚的中国风。2019年

---

① 杨明:《非物质文化遗产保护的现实处境与对策研究》,载《法律科学(西北政法大学学报)》2015年第5期。

上映的《白蛇缘起》则赋予了白蛇传说新的意涵，获得了众多好评。《西游记》系列电影更是数不胜数了，每年的春节档基本都有与《西游记》相关的电影，如《大闹天竺》《西游记之大圣归来》《悟空传》等。

我国非物质文化遗产影视化在现实中不断发展的同时，在学界也有不少学者对此进行研究，对现有经验进行总结，探索更多的方向与可能。关于非物质文化遗产影视化传播的相关研究，多集中在以下几个方面：一是强调大众媒介数字化媒体对非物质文化遗产传播的重要作用。聂洪涛指出，非物质文化遗产影视化一方面可以助力博物馆数字化建设，增加民众对传统文化的参与感、认同感；[①]另一方面可以用于打造体验式文化旅游，有利于对非物质文化遗产的经济价值挖掘。影视剧、纪录片、表演影像等多样化的载体为后辈认知、学习、传承非物质文化遗产文化提供了有效途径。二是对非物质文化遗产影视化传播的路径进行探究。丛炜莉立足于大众文化语境的视角对非物质文化遗产的影视化传播提出了具体策略。[②] 例如，天津的民间戏剧曲艺中，有经典曲目故事，也有很多反映地方风俗内容的主题作品，结合动漫创作的已有先例。系列动画《快乐驿站》就是将经典的相声、小品录音重新配上动画画面，其中还有许多天津相声小品艺术家的作品，这些天津曲艺文化元素，体现了天津人民乐观幽默，热爱生活的地域气质。[③] 因此，可以通过将天津地域传统文化中的艺术精髓转化到动漫影视作品，在继承保留了原有民族艺术审美的基础上，经过现代高科技创作手段再次使其焕发新姿，达到以传统文化品牌给养新生动漫品牌，以新生动漫品牌传播传统文化品牌的互惠双赢的新思路。

不过，总体来看，我国在文化遗产元素影视化的过程中还是缺少本土话语权，面临着丧失文化主体性的威胁。同样以花木兰为例，花木兰是中国历史上的女英雄，中外均将其故事拍摄为影视作品，并作了一定程度的改编。但尽管都取材于中国故事，融入中国元素，其中体现的文化内涵却有极大差异。美国电影常汲取其他文化的灵感，用美国文化的胶水将拿来的元素拼接成美国故事。在对其他故事的改编中，处处可见美国人对自己文化的自信和推广，并在电影叙事中赋予其合理性。而美国观众在观看这些电影传媒文本时，在主角身上看到自身文化的特质及优势，从而更加肯

① 聂洪涛、韩欣悦：《数字化传播视域下非物质文化遗产影像记录与有效活用研究》，载《广西社会科学》2021 年第 5 期。

② 丛炜莉：《“非遗”影片的文化接纳与精髓消化》，载《电影文学》2016 年第 19 期。

③ 张立雷：《天津地域文化元素在动漫影视产业中的开发》，载《当代电视》2013 年第 11 期。

定自己的文化。因此,符号及其传递的信息在美国文化语境中的传者和受者之间形成共识,美国电影通过对故事的一次编码,实现了文化的有力传播和循环认证的文化认同。但对于被编码国家的文化,这样的编码实际上是一种扭曲。通过美国电影传媒文本来了解中国文化的国家将形成对中国文化的刻板印象,认为经过美国之口讲述的中国便是真实的中国。而对于中国自身来说,更可能对自己的文化产生认同焦虑,例如,厚嘴唇、吊梢眉、暗色皮肤的"木兰妆"在中国文化语境中的流行,便是在迎合他者认知中的亚洲审美,而失去了本土文化的内核与特色。因此,被表达的文化在自我东方化中失去对文化主体性的确认,丧失自我表述的能力和话语权,在不知不觉中与西方形成合谋。①

二、我国文化遗产元素的利用现状及问题——以对浙工、湖南、江苏三地的实证调研为样本

2019 年笔者团队对中国丝绸博物馆、浙江美术馆、湖南省文化馆、苏州博物馆、良渚博物院、湖南省湘绣研究所、凤凰县文旅局等单位进行了调研,结果显示,关于文化遗产元素开发途径、利用方式、所获收益等不同程度地存在一系列问题。浙江、湖南、江苏三地是长江流域中下游地区及我国中部和东部文化遗产资源丰富的大省,对其进行的深度田野调查,在对我国文化遗产元素开发利用现状的研究中具有典型意义。本次实证调研采用了实地考察、面对面访谈、问卷调查、数据分析等研究方法,以下是调研的情况介绍及其问题分析。

(一)文化遗产元素商业化利用现状

调研资料显示,我国博物馆文化遗产元素的开发途径有文创产品开发、游戏软件开发、影视化授权以及文旅融合等方式,其中文创产品开发是主要方式。文创产品开发途径主要包括与其他公司联合开发、独立设计开发两种。

具体而言,2019 年对中国丝绸博物馆、浙江美术馆、湖南省文化馆、苏州博物馆、良渚博物院、湖南省湘绣研究所、凤凰县文旅局等单位关于文化遗产元素开发情况的调查结果显示,大部分机构将文创产品开发作为主要的利用方式,主要形式有独立设计、与其他公司联合开发两种。一些博物馆受限于场馆自身专门设计部门、设计人才的缺乏,以独立设计方式实际开发产品的种类和效益并不高,如浙江美术馆开发途径虽以独立设计方式

① 高艺:《从中外花木兰的改编看跨文化传播中的一次编码》,载《新闻研究导刊》2020 年第 15 期。

为主,但实际开发的文创产品种类有限。而中国丝绸博物馆兼有联合开发、自主开发创作两种开发途径,产品种类为丝绸、包、家居用品等。苏州博物馆的调研结果显示,2018 年苏州博物馆共计推出文创产品 107 款。其中,由馆内设计人员联合设计公司自主设计研发产品共计 62 款,涵盖文具、百货、家居装饰、服饰、食品、工艺品等多个品类;与 15 家合作商共同研发推出产品 35 款;与不同领域品牌联名授权开发产品共计 10 款。除研发之外,2018 年还从 31 家供应商中引进产品 644 款。良渚博物院内部并无直接管理文创产品开发事宜的机构,其文创产品开发由独立的国有公司杭州良渚文化创意有限公司(以下简称良渚文创公司)负责,文创产品形式包括茶具、箱包、文具、饰品等,主要在良渚遗址公园和博物院内的良渚文创产品专卖店进行销售。湖南省湘绣研究所则与其他企业合作投资设立湘绣文化产业园,允许相关的文创商铺进入,以开设门店、网店或拍卖的形式销售湘绣作品,包括艺术品、生活用品等。湘绣作品以线下销售为主,主要为文创产品以及低价实用品。

凤凰县文旅局则将非物质文化遗产元素与旅游业巧妙结合起来,对于苗乐、蜡染、银饰等文化遗产采用游戏开发,出售如围巾、衣服、壁画、背包等蜡染文创产品,影视化授权等保护及开发方式,通过旅游互动、“体验+销售”的形式提升了游客的参与度,创造了可观的社会效益与经济效益。

从调研数据来看,绝大部分博物馆依靠文创产品开发获得极高的经济效益。除浙江美术馆因为自身的特色基本没有文创产品,对文化遗产元素开发的经济利益有限外,大部分博物馆都能够结合自身的文化特色对文化遗产进行利用和保护,开发特色产品、形成特色产业,较好地实现了文化要素与社会效益、经济利益的结合。其中,中国丝绸博物馆线下销售额截至 2018 年为 560 万元,自 2019 年 10 月起线上销售额达 2 万元。而苏州博物馆 2018 年文创产品销售额达到 2073.56 万元,同比增幅 41.8%,其中线上平台销售增幅明显。良渚文创公司月销售额可达 5 万元左右,就其不多的游客量而言,良渚文创产品开发效果是相对较好的。湖南省湘绣研究所文创产品每年的销售额也近百万元。凤凰县文旅局提供的数据显示每年仅银饰销售额就达到数千万元,蜡染作品销售额也达到每年五六十万元。总的来看,我们不难得出结论,丰富多彩的文化遗产元素具有巨大的开发潜力,为我国文化产业发展孕育了巨大经济效益和良好社会效益机遇的沃土,在新时代、新背景、新思路中,充分挖掘文化遗产元素,从优秀的文化遗产元素中汲取丰富的养分,结合时代要求进行创造性转化,巧妙地将文化遗产元素融入文化产品中，既能使中华民族最基本的文化基因与当代文化相适应、与现代社会相协调，又能让中国的文化及文化产业发展深深植根于中华优秀传统文化沃土之中。①

(二)文化遗产元素运用的知识产权管理和侵权现状

由调研情况可知，文化遗产元素的利用大多以进行著作权登记、申请商标注册以及外观设计专利等途径加以知识产权保护，如中国丝绸博物馆已就51件图案作品和“女红传习馆”及“中国丝绸博物馆”两个博物馆名称申请商标注册；苏州博物馆分别在文娱活动、珠宝首饰、书写用具、箱包、家具、服装、化妆品、乐器、纺织品、食品、饮料、营销等18个类别注册了“苏州博物馆”商标，在书写用具、工艺品、艺术品修复3个类别上注册了“墨戏堂”商标；良渚博物院自2003年以来，共进行过309项商标注册，其中文字商标178件，图形商标45件；湖南省湘绣研究所已在4个类别上申请注册了8件“金彩霞”商标，在纺织品、服饰、箱包等商品和服务上注册了“妃竹”商标以及为研学体验活动在教育培训、服装设计等5个类别上申请注册了10件“绣时光”商标。

从相关机构调研了解到的情况来看，几乎所有对文化遗产元素进行利用的单位或多或少面临知识产权侵权或被侵权纠纷，如良渚博物院曾对良渚文化遭到商标抢注的情况向商标局提起异议；湖南省湘绣研究所面临方正公司向其主张字体侵权等4起侵权纠纷；凤凰县文旅局也有多起被他人在不同类别商品抢注与其注册商标近似商标；“菖蒲塘”村名以及他人将蜡染作品图案使用于其他商品上进行售卖的案件。

大部分机构都在对文化遗产元素进行利用时与前作品创作人、技艺传承人就相关作品的利用与再创作签订授权协议，明确知识产权归属，但由于作品数量众多，如一一申请知识产权保护既费时费力又需要付出高额的授权确权成本(如著作权登记费用、商标注册费用、专利申请费用等)，而不申请知识产权保护则证明作品出处困难。再加上作品可能以刺绣、绘画等多种载体呈现或由他人对其进行“二次创作”，如作品改变了原有表现形式，再加上艺术鉴别具有主观性，一旦遭遇知识产权侵权，认定侵权比较困难。而且许多开发者因缺乏法律知识，也没有足够精力及时发现侵权行为或在公示期提出异议，无法及时有效地制止侵权、维护自身合法利益。此外，即使已经获得知识产权保护，但因维权需要较高的经济、时间成

① 黄永林、纪明明:《论非物质文化遗产资源在文化产业中的创造性转化和创新性发展》，载《华中师范大学学报(人文社会科学版)》2018年第3期。

本,并且缺乏通晓知识产权相关知识的专业人才,权利人往往怠于行使权利,导致文化遗产元素的利用及保护依然面临困境。

(三)我国文化遗产元素开发利用的现实困境

就实地调研取得的数据及检索的资料来看,文化遗产元素利用中存在的具体问题主要体现在以下几个方面。

1. 物质文化遗产开发、管理失范①

文物旅游是以文物为依托的旅游开发,也是文化遗产的直接体现,发展文物旅游是带动经济发展、打造地方品牌的有效途径。以福建省为例,福建省已经拥有了南平武夷山、龙岩土楼、漳州土楼、泉州南音、厦门南音、莆田妈祖信俗、宁德廊桥等世界闻名的文化遗产。经福建省大力开发本土特色旅游资源,其中不少古民居、古建筑经过精心规划设计,被辟为民俗博物馆、非物质文化遗产展示场所。这些文化遗产逐渐走进人们的视野,不仅令游客获得了文化享受,也给当地带来了很好的旅游效益。除村民享有门票分成收入、楼租收入、参与经营管理收入外,旅游业的发展还带动了土楼的特色农产品等产业的快速发展。但这些项目在实际日常管理中容易出现各种问题。如 2016 年 8 月 3 日,国家旅游局发布通报称因景区交通管理混乱、环境卫生差、“野导游”现象严重、庸俗讲解、“厕所革命”滞后、占道摆摊现象等问题给予福建省武夷山景区和永定—南靖土楼旅游景区两家 5A 级景区严重警告处分,并要求限期整改。更为严重的是,由于当地居民、游客缺乏保护意识,有关机构监管不力,旅游资源遭到破坏的报道屡见不鲜,需要花费巨额资金进行修复。八达岭长城遭刻字、游客发布破坏丹霞地貌的视频等新闻经过报道受到关注后,虽然行为人会受到民事索赔甚至承担刑事责任,但文物资源的不可再生性决定了有些资源遭到破坏后无法修复,更不用说对文物资源的开发与利用。笔者认为,依据 2005 年 3 月国务院办公厅印发的《关于加强我国非物质文化遗产保护工作的意见》确定的“保护为主、抢救第一、合理利用、传承发展”的指导方针,②对文化遗产应当进行保护性开发,所谓保护性开发应当以保护为基础,在保护各类文化遗产的前提下对其进行合理的开发利用才是正确对待文化遗产开发利用的一条康庄大道。因此,各级政府以及各级文化遗产保护管理单位在开发利用文化遗产的过程中,必须落实规范各类利用使用行

① 郑珊珊:《文物旅游开发的现实省思与进路探析——以福建文物保护利用为中心》,载《宁德师范学院学报(哲学社会科学版)》2019 年第 4 期。

② 《关于加强我国非物质文化遗产保护工作的意见》,载中华人民共和国中央人民政府网,http://www.gov.cn/zhengce/content/2008-03/28/content_5937.htm。

为,贯彻落实“先保护,后开发”的观念,从而真正实现文化遗产在保护中开发,在开发中传承的目的。

2. 非物质文化遗产传承人缺失断层

非物质文化遗产传承人在非物质文化遗产的传承发展中的重要地位不言而喻,即使是在非物质文化遗产的数字化进程中,非物质文化遗产传承人的重要性也没有丝毫减弱。非物质文化遗产传承人是地方知识的亲身实践者,也是以传统逻辑保持非物质文化遗产活态传承的关键所在。① 尤其是涉及手工业等方面的非物质文化遗产具有特殊性,对其保护并使其发展、壮大离不开众多传承者的努力和传承者长期的付出。例如,绣娘可能需要数年时间才能完成一副刺绣,而这些传统技艺的提升甚至需要超过十年的时间才会有些许的变化,并非人人都可以在这漫长的过程中坚持下来,等到技艺突破的那一天。除了传承者们对于文化遗产发自内心的热爱、不懈的坚持外,也离不开技艺传承者个人的理解和悟性,对文化遗产、传统技艺有独到的见解与阐释,才能真正保护好、利用好文化遗产。特别是随着时代的发展,在社会风气稍显浮躁的今天,人们可能更多倾向于物质上的享受以及快节奏的生活方式,能沉下心来的文化遗产传承者数量较少。传承者匮乏的另一重要原因是技艺传承面临断层危机。学者研究发现,在深圳市龙岗区 31 名非物质文化遗产传承人中,60 岁以上的非物质文化遗产传承人占非物质文化遗产传承人总数的 50%以上,处于老龄化和衰亡的高峰期。目前没有较固定的下一代传承人的项目占总项目数量的 32.4%,②这一现状给非物质文化遗产的传承造成极大威胁。

目前,国家对于文化遗产的保护与开发出台了许多激励政策,如资助文化遗产传承人、减免税款、抢救性记录非物质文化遗产作品等。如凤凰县对于传统技艺传承人发放每月 1700 元的补助。此外,湖南省湘绣研究所为员工提供公租房、组织技能培训等。但也有受调研机构提出在湖南省依然没有足够的政策鼓励年轻人去从事非物质文化遗产相关行业。虽然国家已经拨了大笔经费,但实际分到每个人、每个企业的资金不多,特别是金钱形式的支持方式仍然占少数,还不足以对传承人形成足够的激励。有学者同样在其研究中指出,当前面临着很多非物质文化遗产资源失传或绝迹的风险。文化遗产传承人在当地既没有体面收入,还缺乏提升空间,导

---

① 宋俊华、王明月:《我国非物质文化遗产数字化保护的现状与问题分析》,载《文化遗产》2015 年第 6 期。

② 麻国庆、朱伟:《文化人类学与非物质文化遗产》,生活·读书·新知三联书店 2018 年版,第 42 页。

致人才外流、人员紧缺。除经济上的原因外,学校或机构未去对这方面的人才专门培养、培训,同样不利于传承人的培养和文化遗产的保护、利用。另外,国家通过《非物质文化遗产法》等一系列规范性文件确立的非物质文化遗产传承人认定管理标准存在的问题,[①]以及在调研过程中我们发现有年岁已高的代表性传承人表示,现在的考核机制过于僵化。比如在《2018 年度湖南省国家级和省级非物质文化遗产代表性项目代表性传承人考核评估标准(试行)》中要求传承人必须开展传习活动,即在测评年度内,省级非物质文化遗产传承人针对该项目开展传习活动(讲课、培训、演示等)全年累计 2 次以上得 10 分(百分制),5 次以上得 15 分,此项最高得 15 分。而调研过程中有些传承人表示自己现在因为身体原因出行都较为困难,如果要实现对外交流则需要政府或相关单位的对接,仅靠个人无法完成考核机制中规定的必须完成的传习活动;另外,面对这种情况,考核机制中的替代制度也不妨是解决此类特殊情况的方案,而在考核评估标准中这种替代方案的缺乏就会涉及年度考核机制的合理性,在无替代制度的情况下,对不能开展此类传习活动的传承人进行考核评估时,如果因此导致传承人考核不合格显然是不公平的。因此对接实际,重新制定相关的年度考核标准也是值得探讨的。

同时针对经济原因导致的非物质文化遗产传承人缺失断代的情况,笔者认为在当前疫情大背景下产生的财政短缺导致部分非物质文化遗产传承人实际获得的国家资金补助低于应有标准,这种情况看似属于不可抗力,但是从制度层面而言,资金扶持制度设置的目的就是调动传承人的积极性,为传承活动提供资金帮助,因此在这种情况下,不能依靠政府资金扶持去解决传承活动中的经济需求时,就应该真正利用经济杠杆来调动非物质文化遗产传承人的积极性,金钱补贴只是一种“输血”方式,“造血”才是解决问题的关键[②],建议从培育民族文化产业,支持文化传承人进行有偿传承活动等方式帮助文化传承人解决好生计问题,抓好年轻一代传承人的培养,使整个民族文化的传承永续进行。

3. 文化遗产开发多样性、深度不足

目前调研的几家机构内部大多没有自己的专门设计部门或人员,一般从外部聘请设计人员,以机构自身工作人员与设计人员配合的方式对文化遗产元素进行开发利用。但外聘人员对于文化遗产本身以及其所蕴含的

---

① 李华成:《论非物质文化遗产传承人制度之完善》,载《贵州师范大学学报(社会科学版)》2011 年第 4 期。

② 苑利:《非物质文化遗产传承人保护之忧》,载《探索与争鸣》2007 年第 7 期。

各种文化遗产元素缺乏足够认识和理解，整体上对文化遗产元素的挖掘和利用仅限于简单的平面复制和立体再现，开发方式较为单一。如文物建筑的利用基本以图片展示、参观游览为主，而一些工艺类、技艺类非物质文化遗产多以成品形式展示，虽然这些也是直观有效的展示、宣传途径，但这样的开发模式几乎已经固化且欠缺新意，对游客来说没有足够的吸引力，也不能充分展现出文化遗产本身的文化韵味。同时，如前所述，各级博物馆在开发利用文化遗产元素时，大多采取的途径为文创产品开发，在科技不断进步的今天，单一的非物质文化遗产的开发形式也日益难以满足旅游品牌转型升级的现实需要，而从非物质文化遗产的传承保护角度来看，这却是提升传承主体文化认同感和自身“造血”能力的必要路径。①

另外，由于许多文化遗产元素开发机构系公司组织形式，更多以营利为目的而不是从保护和利用文化遗产的角度出发，其开发利用活动必须要考虑节约成本、提高效益，必然受制于投入产出的效益问题。如由博物院、研究所本身的专门机构和人员来进行文化遗产元素的开发利用，有利于将对文化遗产内涵的深入理解与开发利用相结合，根据当地现实情况采取最合适的文化遗产元素利用方式。恰恰与此相反，浙江美术馆因为自身没有专门设计部门，自从与原合作公司解约后就未再寻求新的合作公司，如今基本没有文创产品，文化遗产元素的利用面临很大的阻滞。对此笔者认为，从产业发展角度来看，文化产业的发展为非物质文化遗产资源的转化带来了难得的机遇，深入挖掘非物质文化遗产的特色，发展特色文化产业，这不仅契合了文化产业发展的内在需求，也为文化遗产元素创造性的转化利用提供了新的思路。因此，当今对文化遗产元素进行生产性保护和开发利用时，必须契合时代发展需求，密切贴近当代文化产业的新发展以及民众生产生活方式和审美观念的新变化，用现代产业发展理论审视传统的文化遗产元素，在保持传统文化遗产元素精神内涵和生产方式的基础上，跳出原本的利用开发途径，将活跃、新颖的现代产业发展元素融入其中，开发出具有时代气息、现代感和地方特色的，为现代大众所喜爱的文化遗产元素产品。

4. 知识产权管理、维权困难

由于资金不足、人员匮乏，目前我国大部分博物馆都不具有专门的知识产权机构或专门的知识产权管理人员，由非专业人员处理相应知识产权

---

① 江娟丽、江茂森：《非物质文化遗产传承与旅游开发的耦合逻辑——以重庆市渝东南民族地区为例》，载《云南民族大学学报（哲学社会科学版）》2021 年第 1 期。

事务不利于知识产权的高效管理和防控潜在的法律风险。例如，良渚博物院为全额拨款的事业单位，因其规模较小、资金和人员编制受限，导致专门法律部门缺失。正是其专门法律或知识产权管理部门的缺失，从数量上看虽然良渚博物院开展了大量商标注册工作，总共申请注册了数百件商标，但大部分商标注册工作集中于 2007 年和 2019 年，不是进行持续性、有规划的商标注册工作。凤凰县文旅局也曾出现过被他人在同一类别上注册、使用与其注册商标相同的商标的情况，虽然可以向商标局申请撤销该商标，但苦于缺乏相关知识与精力，没能在公示期发现该情况并提出异议。

以蜡染作品为例，每年都会产生众多的设计作品。如果对每件作品申请专利保护，在当时每件申请除了需要缴纳专利申请费 700 元外，在保护期内每年还需要支付不断增长的年费 1000 元左右，将各式各样的作品申请外观设计专利保护并不现实。正因为申请产品知识产权专利保护的价格昂贵，最后成本增长必然反映在产品价格上，反而因昂贵的价格削弱权利人市场竞争力。而盗版生产者只需要花上几十元购买一件作品，再大量复制蜡染图案、生产侵权产品，与权利人相比更容易攫取大量的利润，甚至可能将原创作品生产者排挤出市场。相反，如果不及时申请知识产权保护，同样因为专门知识产权机构的缺失、相关专业人才不足，对于已发生或正发生的侵权行为往往难以及时发现、制止，即使等到发现时也已产生了较大损失，考虑到诉讼费用、证据保全费用和聘请专业人员的维权成本，以及美术等作品维权复杂系数高的情况，许多机构对于文化遗产元素利用中知识产权保护态度比较消极，文化遗产的知识产权保护水平依然有待提高。例如，良渚文创公司在文创产品知识产权保护方面，由于良渚文创产品的市场规模不大，尽管已经发生侵犯文创产品著作权的情况，该单位也会因成本和效益问题而怠于维权。

对于文化遗产元素利用中面临的知识产权管理和侵权困境，笔者建议在当前“放管服”改革引领下、知识产权领域各地知识产权局建立的大背景下，可以通过像各试点知识产权局向企业提供专业的知识产权服务一样，由相继建立的知识产权局向各地方博物馆或各级文化遗产管理保护单位提供这种“公对公”的知识产权法律服务；同时，笔者建议这种法律服务的箭头应当指向前端法律服务，也就是在纠纷产生之前的知识产权风险防控，因为在纠纷产生后再由其提供维权法律服务，对国家来说无论是知识产权局还是各地博物馆自身进行维权，消耗的都是国家的行政或事业资源，故应当将开展的法律服务提前，使专业的法律资源前移，发挥纠纷的预审及风险防控职能,对博物馆或文化遗产保护管理单位可能存在的风险进行类型化统一提示。

第四节　文化遗产元素数字化利用的利益分配机制

一、文化遗产元素数字化利用的利益分配的重要性

在数字经济时代的今天,现代商业化运作过程中,非物质文化遗产的价值吸引了许多开发者,而这种开发的目的往往是商业利益。利益的存在就意味着文化遗产元素数字化利用过程中不可避免地存在利益的分配,因此明确文化遗产元素的利益分配显得尤为重要,其涉及多方主体,每一方的权利、义务都应当得到明确且具体的安排。文化遗产元素的使用不当会导致利益纠纷,即使是不同领域、不同方式的利用。如在洪福远、邓春香诉贵州五福坊食品有限公司、贵州今彩民族文化研发有限公司著作权侵权纠纷案①中,原告洪福远、邓春香诉称:

洪福远创作完成的《和谐共生十二》作品,发表在2009年8月贵州人民出版社出版的《福远蜡染艺术》一书中。洪福远曾将该涉案作品的使用权(蜡染上使用除外)转让给邓春香,由邓春香维护著作财产权。被告贵州五福坊食品有限公司以促销为目的,擅自在其销售的商品上裁切性地使用了洪福远的上述画作。原告认为被告侵犯了洪福远的署名权和邓春香的著作财产权,请求法院判令:被告就侵犯著作财产权赔偿邓春香经济损失20万元;被告停止使用涉案图案,销毁涉案包装盒及产品册页;被告就侵犯洪福远著作人身权刊登声明赔礼道歉。法院最后判决被告贵州五福坊食品有限公司于本判决生效之日起10日内赔偿原告邓春香经济损失10万元,立即停止使用涉案《和谐共生十二》作品,并销毁涉案产品贵州辣子鸡、贵州小米渣、贵州猪肉干的包装盒及产品宣传册页。

该典型案件的意义在于,民间文学艺术衍生作品的表达系独立完成且有独创性的部分,符合《著作权法》所保护的作品特征,应当认定作者对其独创性部分享有著作权。其实,利益平衡作为协调当代某些社会矛盾冲突的基础性原则,在文化遗产的利用情境下也同样适用。求达到各方利益主体的动态平衡,才能在本质上解决开发性保护工作中文化遗产项目参与主

① 参见贵州省贵阳市中级人民法院(2015)筑知民初字第17号民事判决书。

体的经济收益权和全社会人类对遗产所拥有的多样文化权之间的冲突。①

缘起于19世纪合作与协作观念的利益主体理论是文化遗产元素利用考察的另一角度。在对文化元素的利用的过程中也有多方的合作，主要涉及上述所说的三方主体：传承者、使用者以及有利害关系的第三方。从文化遗产利用目的上文化遗产元素利用可以分为公益性利用和商业性利用。前者是出于对遗产的文化、审美、科学价值的发掘、整理和研究，为社会提供精神文化作品，主要属于公共所有、公共投入和公共收益的非市场化经营。保护文化遗产和充分发挥文化遗产的社会作用是其宗旨，追求的是社会效益。而后者是以营利为目的的利用，追求的是利润最大化。② 数字化时代，对文化遗产元素进行开发利用有了更丰富的方式、更低廉的成本和更高额的回报。若缺乏清晰的产权界定和利益分配机制，文化遗产元素数字化利用产生的文化价值和经济价值不但不能对社会有所裨益，开发过程中对文化遗产本身和文化多样性的损耗、破坏也会使开发者陷入得不偿失的境地。因此，相比传统利用方式，在考察文化遗产元素的数字化利用时，我们应当更加注重其个人利益与公共利益的平衡问题。这是因为，数字化技术使公众可以随时随地在计算机或者移动终端等网络设备上接触到文化遗产的数字化成果，浏览、欣赏数字化形式的文化遗产元素开发成果成为不特定公众精神消费的重要组成部分。进行文化遗产元素数字化开发的主体不论是博物馆、图书馆等公共文化机构还是企业、个人，文化遗产元素数字化成果的权属都应当注重公众利益与私益的权衡，以契合世界各国智力成果法律、政策保护的利益平衡原则。

二、文化遗产元素数字化利用的利益分配的立法例

文化遗产产生于民族、群落的共同文化活动中，具有突出的地域性特征。作为东亚文化的代表国家，中、日、韩三国有共同的文化源头和相似的文化历史发展经历。对韩国、日本两国关于文化遗产元素数字化的立法例进行考察研究，有利于我国对数字化利用利益分配类似问题的应对处理。

（一）韩国

《韩国文化财保护法》第56条第1款规定，对文化遗产的保存所需的

① 房琦：《少数民族非物质文化遗产的法律保护——基于利益平衡视角》，载《贵州民族研究》2016年第3期。

② 复旦大学文物与博物馆学系、复旦大学文化遗产研究中心编：《文化遗产研究集刊》（第4辑），复旦大学出版社2009年版，第144页。

经费由国家或地方自治团体所承担。① 同时,该法第 50 条第 5 款规定由管理所得的利益也归相关地方自治团体、非营利法人或无法人的非营利团体所有。该法还规定,在对有形文化财产等进行商业化买卖时,必须向市长、郡守或地方自治团体所在区的厅长申报。② 由此可见,韩国对文化遗产元素进行商业性质的数字化时,需要经过政府主管部门批准方可进行,且数字化所得收益多分配于非营利性质的法人或非法人组织。

(二)日本

日本在文化遗产开发利用的过程中极其重视对公共利益的考量。周星教授曾介绍道,日本政府和日本学术界都认为,文化遗产是属于日本全体国民的财产,其既能起到理解日本历史和文化的教育作用,又是日本文化未来发展的重要基础。根据日本相关法律规定,文化遗产应面向全体国民与社会公开展示以充分发挥其价值和影响,实现文化遗产在学校教育、社会教育、国民文化教育的养成、学术研究等多个方面的重要的价值。③ 日本 70 年的实践经验证明了只要利用策略得当,管理规范,就能实现开发与保护的结合与平衡。虽然日本的非物质文化遗产的保护是由其文部科学省的文化厅负责,但是对于非物质文化遗产的利用,日本政府多部门都在积极参与。日本文化厅于 1992 年在文化财保护审议会之下设置了文化财保护企划特别委员会,1994 年日本文化厅报告《时代变化对应的文化财保护对策的改善和充实》明确提出以文化财行政部门为主体,同时努力谋求与规划、旅游、工商、农林水产以及建设等关联行政部门的适当合作。除了政府之外,日本还特别重视发挥多元主体的作用,明确个人、民间团体、企业、地方公共团体及国家等各个主体所担任的角色,并寻求有利的合作。④ 总的来说,日本在文化遗产开发利用的利益分配机制上采取的是以保护公共利益为核心要义的制度设计,将文化遗产属于日本全体国民也体现得淋漓尽致,因此即使是在文化遗产的数字化利用过程中,日本也大致会沿用其"以公为上"的传统,利益分配的天平倒向公共利益这一方。

---

① 《韩国文化财保护法》第 56 条第 1 款规定:"……保存制定的市、道文化财、国有文化财资料及公有财产所需的经费由国家或该地方自治团体承担。"

② 《韩国文化财保护法》第 61 条第 1 款规定:"从事动产的有形文化财或有形民俗资料买卖或交换的工作者(包括受委托进行买卖或交换的工作者),按大统领令向市长、郡守或区厅长申报。"

③ 廖明君、周星:《非物质文化遗产保护的日本经验》,载《民族艺术》2007 年第 1 期。

④ 刘鑫:《从公开活用走向促进地区振兴:日本非物质文化遗产的利用》,载《民族艺术》2018 年第 5 期。

（三）中国

我国于2011年颁布的《非物质文化遗产法》明确了鼓励在有效保护的基础上，合理利用非物质文化遗产开发文化产品和文化服务。[①] 2019年5月9日公布的由国家文物局组织编制的《博物馆馆藏资源著作权、商标权和品牌授权操作指引（试行）》对于利用博物馆馆藏资源进行开发的行为进行了规制，明确规定了博物馆馆藏资源的著作权权利束：发行权、出租权、展览权、表演权、放映权、广播权、信息网络传播权、摄制权、改编权、翻译权、汇编权等。该指引明确了博物馆馆藏资源著作权可体现在具有再次创作特征的数字信息资源上。同时，博物馆也可以将具有再次创作特征的数字信息资源的著作权对外授权，获得相关收益，而在确定开发成果产权归属时规定："应重点约定以授权标的为基础所创造的新的著作权、商标权和品牌等产权的归属。合同未有约定或约定不明的，产权依照法律归创作者所有。合作作品、委托作品类型复杂、合同未有约定或约定不明的，依照法律确立产权归属。"[②]对于商标权，博物馆同样有权进行授权和许可，对开发成果，博物馆也可以享受经济效益。但是，博物馆在开发和使用的过程中应当履行审核和监督义务，避免过度开发，造成不可逆的损失。在《博物馆馆藏资源著作权、商标权和品牌授权操作指引（试行）》的最后一章中，我国明确博物馆方以及被授权方或合作开发方在文化遗产数字化过程中享有的一系列权利和义务，从中不难看出其努力在"公益"和"私益"间寻求平衡，以此推动我国文化遗产开发利用的进程和深度。

除了上述立法之外，我们应当明确文化遗产权利人应当具有知情同意权和利益分享权。[③] 同时，文化遗产的数字化作品的权利人仅能对其数字化作品享有权利，其权利不能及于非物质文化遗产本身。[④] 例如，权利人运用非物质文化遗产作为主题制作电影作品，不能以享有该电影作品的著作权为由排除他人利用该非物质文化遗产。各方主体之间利益有一致性也有冲突性，郑易生曾将自然遗产价值分为三个层次：面向全社会成员的存在价值即非经济价值（V1）、对于地区而言的潜在经济价值（V2）、对于开发者而言的直接经济价值（V3）。这三者之间的关系是：V3是V2的一部分，而V2的源泉是V1。从这里可以看出这三种价值具有一致性，应当坚

---

① 《非物质文化遗产法》第37条第1款规定："国家鼓励和支持发挥非物质文化遗产资源的特殊优势，在有效保护的基础上，合理利用非物质文化遗产代表性项目开发具有地方、民族特色和市场潜力的文化产品和文化服务。"

② 《博物馆馆藏资源著作权、商标权和品牌授权操作指引（试行）》第4.4.2条。

③ 邵燕：《非物质文化遗产数字化中的版权法律问题研究》，载《广西民族研究》2014年第5期。

④ 同上。

持“保护第一”的原则。然而,其冲突性也很明显,各方的投入方向的差异体现了其具体目标不一样。尽管有利益上和原则上的一致性,但不同利益群体的目标毕竟不同。这表现在他们对自然文化遗产的三类投入方向各有偏好。这里,第一类投入方向是保护,它包括物质投资和立法、执法;第二类投入方向是基础设施,如道路、公共厕所;第三类投入方向是直接服务或开发,如核心区内的索道。一般来说(开发公司)极乐意投资于直接获利的第三类方向,不太乐意投资于间接获利的第二类方向,最不乐意投资于难以独自获利的第一类方向(如遗产保护),因为投资于公共物品易被他人“免费搭车”。作为另一极端(全社会公民)则希望其代理人(中央政府)对自然文化遗产独特的非经济价值予以全力保护,即他们最关注第一类投入方向。因此,笔者认为我国对文化遗产元素的数字化开发所得收益应当在再分配机制的引导下更多地流入制度投资和基础设施投资领域,为文化遗产的高效开发和长期发展营造优质的软环境。

三、文化遗产元素数字化利用利益分配的创新模式

正是由于利益分配机制的复杂性,随着时代的不断发展和进步,相应的利益分配机制也应当不断完善和创新。对于文化元素数字化利用利益分配而言,国家政府主要开展保护性工作,而地区主要注重基础设施的建设,对于开发者而言,经济效益是第一追求。[①] 而这些利益具体要怎么平衡就成了文化遗产保护和利用的重要问题。我们可以从文化遗产利用方式的角度进行探讨。

(一)文化遗产元素类型化利用方式下的利益分配机制

1. 合作开发模式

文化遗产的发源地和传承人享有丰富的文化遗产资源,而文化遗产开发者拥有技术和资金,可以以合作经营的方式进行开发。根据意思自治原则,各方在合同中协商约定利益分配比例和方式。拥有丰富文化遗产资源的博物馆和图书馆承担起文创开发工作的主体义务,也可以采用合伙或者公司的形式形成利益共同体,例如,可通过鼓励单位开发人员投资入股[②]或给予那些有较强开发能力的专业人员高薪等进行利益联合,甚至可以选择具有一定实力的企业共同开发。

---

① 郑易生:《自然文化遗产的价值与利益》,载《经济社会体制比较》2002 年第 2 期。

② 田利:《关于图书馆开展文创工作的理性思考》,载《图书馆工作与研究》2017 年第 2 期。

2. 文化遗产和知识产权互换模式

很多开发者利用文化遗产元素开发文创产品，享有相关著作权、专利权、商标权等知识产权。文化遗产相关管理者可以利用其享有的丰富文化遗产资源和开发者交换知识产权，即开发者获得相关文化遗产资源的著作权等权利从而通过改编、复制等行为开发文化产品，实现文化遗产资源的商业价值。这种强项交换的方式既可以保障开发者元素的合法来源，又可以让文化遗产权利人取得一定的经济效益。目前，泛珠三角区域正在加强知识产权合作，非物质文化遗产的保护和开发是其中的重要项目。泛珠三角由四个区域构成，其中大珠三角非物质文化遗产丰富，其他三个区域非物质文化遗产也各具特色。在区域知识产权合作中，可以充分利用全区域的文化遗产资源，结合大珠三角的经济发展优势，引入商标权保护，实行区域商标战略，推进非物质文化遗产的品牌构建，创造新的经济增长点。[①]

3. 经济补偿模式

这一模式主要适用于开发者在未获得权利人许可的情况下利用文化遗产元素获得利益的情况。参考基因研究领域关于利益分享的规定：如能获利，营利组织应提供一定比例的年利润率回报遗产资源提供者。[②] 在文化遗产领域的适用表现为开发者虽未获得权利人的许可，但可以利用文化遗产元素。该模式的目的主要是推动文化遗产的利用进程，不过前提是开发者要将开发文化遗产所获得的一部分利益补偿给文化遗产权利人，这就相当于著作权的法定许可使用。但这里本书认为采用这种利益分配模式必要的前提应当是开发方使用文化遗产元素是在合理范围之内，不存在恶意的情形（如故意扭曲、篡改文化遗产元素）。经济补偿方式并不局限于金钱给付，还可以采用对文化遗产权利人进行教育培训或改善文化遗产发源地的基础设施等方式作为补偿。[③]

4. 授权开发模式

授权开发符合财产性规则，即权利的转移必须事先获得权利人的同意，未经许可而使用则构成侵权，这种方式就相当于著作权的授权许可使用。在文化遗产开发领域，其主要针对外国主体，即外国主体在利用我国

---

① 齐爱民、赵敏：《泛珠三角区域非物质文化遗产开发与保护的知识产权合作机制研究》，载《经济与社会发展》2007年第3期。

② 2000年，国际人类基因组组织（HUGO）伦理委员会发表了《关于分享利益的声明》，呼吁基因研究如果有了利益，制药公司应提取利润的1%～3%返还受试者。参见中华网，http://www.china.com.cn/txt/2001-04/06/content_5027995.htm。

③ 齐爱民、赵敏：《非物质文化遗产系列研究（五）　非物质文化遗产商业开发中的利益分享机制之确立》，载《电子知识产权》2007年第8期。

文化遗产元素进行开发时,必须征得我国权利人的同意。这源于文化遗产具有社会、科学、经济、教育、思想等多元价值,其中文化价值和资源价值最为重要,经法律调整后体现为文化权利和财产权利。文化权利的地位与社会权利、经济权利相当,是民族延续发展独具特色文化的基本权利。[①] 吴汉东认为文化权利是非物质文化遗产保护的核心问题,相关国际公约因此得以形成。[②] 我国的文化遗产资源不得被外国随意利用,外国主体在利用前,必须征得我国的同意。

(二)文化遗产元素数字化利用利益分配机制的创新和完善

在对文化遗产元素进行利用时,可根据文化遗产的属性分别采取以上一种或几种利用模式。但是除了经济补偿方式之外,无论采取哪种方式,都必须遵循知情同意原则(Prior Informed Consent)。知情同意原则最常运用在医疗实践中,最早确立知情同意原则的是 1989 年《控制危险废物越境转移及其处置巴塞尔公约》。[③] 现其已作为一项基本原则适用于各个领域。在文化遗产开发领域,知情同意原则主要指开发者在文化遗产开发前应事先通知相关文化遗产权利人,使其知晓开发需利用的元素与开发的内容与方式等信息,并取得其同意。

针对上述几种开发模式,笔者认为可通过以下几点完善和设计相应文化遗产数字化利用的利益分配机制。

首先,基于文化遗产公共性这一特性,在文化遗产元素利用这一领域应当以法定义务为主,而不应贯彻意思自治原则。因此在该领域,国家权力应当适度介入。法律规定一定的利益分享比例,这里存在两种情形:一是,文化元素的再次利用,二是,文化产品或服务获益后的经济补偿。前者是指在文化遗产元素被再次利用或者产生衍生物时,应当给予原文化遗产权利人一定的使用费用。该比例可以按照诉讼费用收取的办法,采取超额累进的方法计算,以保证受益人和非物质文化遗产的权利主体之间的公平分配。后者应该分为两种主体来讨论:本国非权利人主体及外国非权利人

① 张钧:《文化权法律保护研究——少数民族地区旅游开发中的文化权保护》,载《思想战线》2005 年第 4 期。

② 吴汉东:《论传统文化的法律保护——以非物质文化遗产和传统文化表现形式为对象》,载《中国法学》2010 年第 1 期。

③ 《控制危险废物越境转移及其处置巴塞尔公约》第 4 条第 1 款规定:"(a)各缔约国行使其权利禁止危险废物或其他废物进口处置时,应按照第 13 条的规定将其决定通知其他缔约国。(b)各缔约国在接获按照以上(a)项发出的通知后,应禁止或不许可向禁止这类废物进口的缔约国出口危险废物和其他废物。(c)对于尚未禁止进口危险废物和其他废物的进口国,在该进口国未以书面同意某一进口时,各缔约国应禁止或不许可此类废物的出口。"

主体。对于本国非权利人单独商业性利用非物质文化遗产的，应以法律规定统一的利益分享比例，可根据所利用的非物质文化遗产的类型，以非物质文化遗产利用后的收益作为利益分配的基准确定不同的比例。外国非权利人对我国文化遗产元素进行商业化利用时，若未事先征得我国许可，应当承担一定的侵权责任，支付法定费用。且法定费用数额应等于或高于产品销售总收入或是责任人将产品或技术许可第三方利用产生的特许费总收入的5%~20%。[①]

其次，权利人和开发者采取上述合作开发或文化遗产和知识产权互换模式的，可以签订合同，协商确定利益分配比例。充分尊重权利人的处分权，同时合同中可以约定其他的受偿方式，满足除经济利益外的其他发展需求。

最后，可以由指定的组织来实现文化遗产元素利益分配。指定的组织是指公益性非政府的社会中介组织。[②] 该组织对于由文化遗产元素商业开发所获得的利益应当做到专款专用，即只用于文化遗产的保护与传承。该笔费用既不归入国家财政，又不归个人私有，坚持利益分配的民间化，真正做到文化遗产领域的可持续开发。[③]

第五节 文化遗产衍生物的法律保护体系

文化遗产元素数字化利用过程中必然伴随文化遗产衍生物的诞生，而文化遗产衍生物作为文化创意产业(Cultural and Creative Industries)的灵魂所在，决定文化创意产业的兴盛衰落，所谓文化创意产业在部分学者的研究中又被称为“文化产业”(Cultural Industries)[④]、“创意产业”(Creative Industries)[⑤]或者“版权产业”(Copyright Industries)[⑥]。相较发达的英美国家，我国文化创意产业起步较晚，但由于政策的大力支持及天然的文化资源优势，近年来我国文化创意产业呈现蓬勃发展的良好光景。我国拥有世

① 王吉林：《论非物质文化遗产商业性利用的法律规制》，载《现代财经(天津财经大学学报)》2011年第8期。

② 张莉、风笑天：《转型时期我国第三部门的兴起及其社会功能》，载《社会科学》2000年第9期。

③ 王吉林、陈晋璋：《非物质文化遗产开发利用的私法规制》，载《河北法学》2011年第11期。

④ See Heather Grab, *Free Trade and Cultural Industry: Finding a Way to Sleep in the Same Bed*, 45 Alta. L. Rev. 421(2007).

⑤ See Mark Schultz and Alec van Gelder, *Creative Development: Helping Poor Countries by Building Creative Industries*, 97 Ky. L. J. 79(2008).

⑥ See Glynn S. Lunney, *Copyright's Mercantilist Turn*, 42 Fla. St. U. L. Rev. 95(2014).

界上最多的世界文化遗产,已达50处,每年有超过10.08亿人次参观博物馆。除去世界级文化遗产,我国还拥有13,087项省级世界非物质文化遗产。由此可见,文化产业对于中国而言是非常重要的一个部分,若将其发扬光大,势必会给我国综合国力的增长带来意想不到的益处,因此无论从文化遗产的保护还是从国民经济的发展角度而言,完善文化遗产衍生物的保护路径和保护体系在理论和实践上都有着积极的意义。

一、文化遗产衍生物的保护路径现状

文化遗产概念起始于1972年通过的《世界遗产公约》。公约中并未给予"文化遗产"明确的概括性定义,而是通过列举的方式指明文化遗产包括"文物"、"建筑群"及"遗址",并对这三类文化遗产的指定对象加以延展性的解释。由此,我们可以得知,文化遗产具有"历史、艺术或科学角度"的"普遍价值"。联合国教科文组织起初起草该公约是由于担心战争对文化遗产的保护造成威胁,而现如今在文化遗产的保护取得一定成就的基础上,博物馆、美术馆等文化机构开始倾向于开发文化遗产的内在价值。一方面有助于传承文化遗产、实现可持续发展的基本目标,保持文化多样性;另一方面可以通过开发文化资源来获取经济利益,拓展以文化促发展的新路径。文化遗产衍生物的开发成为新潮流,但同时也引起诸多争议。在博物馆文化创意产业链日益完善的同时,我们更需要关注的是文物藏品资源及后续开发的文创产品面临的严峻侵权风险,如2018年底引发社会各界关注的"故宫睡衣"事件。① 不仅如此,国内外司法实践中也早已出现博物馆在其藏品资源利用、开发、运营过程中被侵权的案例。② 在此情形下,博物馆可采取何种维权途径?又是否可以作为维权的适格主体?笔者试图以博物馆为例,通过阐释博物馆文物藏品衍生物的相关纠纷,梳理文化遗产衍生物法律纠纷的保护路径,并对当前理论界和实务界争议不断的"商品化权"的概念与应用加以探讨,分析其对于文化遗产衍生物侵权纠纷的

---

① 2018年10月以"故宫文创"为主题的综艺节目《上新了·故宫》开播,每期节目根据故宫文化特征诞生一个文化创意衍生品。节目第二期推出的文创产品为睡衣,睡衣在网络发起众筹期间,便有其他网店盗用同款创意图片,抄袭、仿款也随即出现。《"故宫的睡衣"遭侵权,新型文创开发模式如何保护版权?》,载搜狐网2019年1月17日,http://www.sohu.com/a/289984346_467960。

② 国内相关的案例如故宫博物院诉中国商业出版社侵犯作品使用权、获得报酬权纠纷案,参见北京市第一中级人民法院(2001)一中知初字第141号民事判决书;原文化部恭王府管理中心诉北京湖山书苑文化艺术有限公司侵犯商标专用权纠纷案,北京市东城区人民法院(2009)东民初字第01790号民事判决书;域外相关案例如Museum of Modern Art v. MOMACHA IP LLC., 2018 U.S. Dist. LEXIS 173694。

可适用性。

（一）知识产权法保护

文物藏品衍生物通常通过以下形式呈现：以文物藏品元素为基础创作的图书、音乐等作品；以文物藏品名称注册的商标或未注册商标；以文物藏品衍生物开发过程中的专利技术等。以上列举的文物藏品衍生物可纳入现行知识产权法保护范畴。我国《著作权法》第 3 条明确规定了受保护的作品类型，若文物藏品衍生物具有可版权性，则可将其定性为摄影作品、文字作品、音乐作品等；若开发文物藏品衍生物的专利技术具有新颖性、创造性及实用性，则可受到我国《专利法》的保护；博物馆注册或未注册的相关标识也可受到《商标法》调整。

2007 年世界知识产权组织公布的《博物馆知识产权管理指南》（Guide on Managing Intellectual Property for Museums）第三章中指出，博物馆的知识产权包括版权、商标权、专利权和商业秘密权、网络域名权和工业设计权五种。① 博物馆的知识产权实质上是"权利束"，在面临纠纷时提起知识产权诉讼要具有合理性及可行性。但值得关注的是，博物馆提起知识产权诉讼的前提在于其具有一定权利基础，而这一点需要博物馆谨慎把握，秉持审慎态度。

首先，在著作权问题上，如前所述，博物馆是否为文物藏品的著作权权利人需视不同类型而定。第一，博物馆内部分文物年代久远，早已在著作财产权的保护期外。第二，除考古挖掘外，博物馆内的文物藏品可能来自国家调拨、社会捐赠、组织征集等途径。② 来自社会捐赠等途径的藏品可能仍在著作财产权保护期内，此时博物馆是否成为藏品的著作权权利人需依据捐赠者与博物馆之间的捐赠协议而定。若捐赠者在捐赠时同时转让藏品的著作财产权，那么在面临著作财产权纠纷时博物馆可成为提起诉讼的适格主体；若捐赠者个人保留著作财产权，那么藏品则处于所有权与著作权分离的状态，自然博物馆也无权提起著作权诉讼。依《著作权法》规定，博物馆仅享有美术作品的展览权而非整体的作品著作权。第三，博物馆是否享有孤儿作品的著作权。如前所述，延伸性集体管理模式更为适宜，这既是对孤儿作品权利人的利益保护，也是对博物馆使用他人作品的行为的约束。

藏品数字化是博物馆在互联网时代转型的重要举措。世界知识产权

① Rina Elster Pantalony, *Guide on Managing Intellectual Property for Museums*, WIPO 2013.

② 翟群：《国家博物馆文物征集背后的故事》，载人民网，http://art.people.com.cn/n/2015/0923/c206244-27625071.html。

组织在2015年7月发布的《关于博物馆的版权限制与例外的研究报告》(Study on Copyright Limitations and Exceptions for Museums)中指出:信息技术的出现带来了重大的技术和社会变革,如果博物馆希望在21世纪继续履行自己的社会和文化职能,它们目前也必须改造自己的传统方式并考虑使其藏品实现数字化并向公众传播。在数字环境下,传统博物馆已无法适应公众日益增长的文化需求,因而传统博物馆需对其文物藏品进行数字化,形成"互联网+"模式下的数字博物馆,突破时间、空间限制向公众更为广泛地提供各类数字化成果。此时,通过各类数字手段获取的文物藏品衍生物是否具有可版权性?数字衍生物的著作权又当如何归属?这两者是博物馆在提起著作权侵权诉讼前必须深思熟虑的。

其次,在文化遗产衍生物创造的专利技术问题上,博物馆通常采用摄影、3D扫描、虚拟现实等技术修复或复制文物藏品。若该技术具有可专利性,博物馆则可以专利权为基础提起诉讼。需要注意的是,博物馆更应关注数字化技术的"职务发明"问题。根据《专利法》第6条的规定,在单位和发明人未约定专利权属时,职务发明创造的专利权属于单位;只有当专利权归属于博物馆时,博物馆才能成为专利侵权诉讼的适格主体。

最后,在博物馆商标权问题上,1999年美国博物馆协会出版的《博物馆版权和商标指南》①指出受商标法保护的博物馆资产包括博物馆的名称和可识别标识或图形、艺术家的姓名或签名、博物馆的建筑物、展览和计划的标题、博物馆基础物品的包装或颜色、艺术作品。② 博物馆对其注册商标享有商标专用权,自然可以禁止他人商业性使用,如上述原文化部恭王府管理中心诉北京湖山书苑文化艺术有限公司侵犯商标专用权纠纷案③中恭王府管理中心已注册"康熙御笔之宝"及"天下第一福"商标。当然,我国《商标法》也保护未注册商标,④但保护力度明显弱于注册商标,将受保护的未注册商标范围限定在"已经使用并有一定影响",这也启示博物馆在日常运营中增强品牌意识和商标保护意识,激励博物馆积极注册商标,维护其声誉。

---

① Christine Steiner, *A Museum Guide to Copyright and Trademarks*, American Association for Museums, Washington DC, 1999.

② Rina Elster Pantalony, *Guide on Managing Intellectual Property for Museums*, WIPO 2013.

③ 参见北京市东城区人民法院(2009)东民初字第01790号民事判决书。

④ 我国《商标法》第32条规定:"申请商标注册不得损害他人现有的在先权利,也不得以不正当手段抢先注册他人已经使用并有一定影响的商标。"

(二)反不正当竞争法保护

知识产权权利体系对于文化遗产的保护并非全方位,尽善尽美,仍然存在保护的疏漏,而出于某些需要保护的法益,知识产权体系及内容涵盖不到,此时,反不正当竞争法或者其他法律就需要对这部分法益进行保护。大致存在以下几个方面:

首先,博物馆可能存在知识产权权利瑕疵。Bridgeman Art Library, Ltd. v. Corel Corp. 案中,法院认定原告 Bridgeman 不享有著作权,Bridgeman 也就失去了请求权基础。[①] 关于 3D 扫描,美国法院中也存在争议。在 Meshwerks, Inc. v. Toyota Motor Sales U. S. A. [②]案中,原告 Meshwerks 声称被告丰田公司未经授权使用其创造的汽车三维数字模型已超出协议范围,并且侵犯 Meshwerks 在汽车三维数字模型中享有的版权。地区法院认为 Meshwerks 的汽车模型仅仅是丰田汽车的复制件,缺乏版权保护所需的独创性,并且强调了 Meshwerks 的意图仅仅是尽可能准确复制。美国联邦第十巡回上诉法院支持了地区法院的判决,并认为 Meshwerks 的汽车模型缺乏个性化特征,"假定创作者只是改变了创作物表达的媒介,并不一定意味着在原作表达之外添加了任何内容",尽管 Meshwerks 付出大量努力和技能将汽车外观准确描绘出来,但汽车外观的独创性并非来自 Meshwerks,因而也无法通过版权保护来激励这一技能和劳动的付出。然而针对类似的议题,另一法院作出截然不同的判决。在 Lucky Break Wishbone Corp. v. Sears Roebuck & Co. [③]案中,美国联邦第九巡回上诉法院认为 3D 模型具有创造性可受到版权保护。原因如下:一是,生产的产品要素与天然实物并不完全相同,且其无任何目的带有功能性;二是,独创性表达构成核心是多样的变化,是艺术家有意识以审美与创造结合的产物。3D 扫描是否属于精确复制原藏品成为其成果是否可为作品的争议点,但这一问题在理论界及实务界均存在较大争议。因而,博物馆数字化产物的可版权性争议也增强了知识产权诉讼的风险。

此外,博物馆取得商标权、专利权所需的时间较长。不同于著作权的自动取得原则,我国专利权的取得必须经过漫长的专利申请程序,同时商标法坚持商标注册制度。因为专利法和商标法均坚持"先申请"原则,可

① 有学者提出从法律或政策角度"Bridgeman"案都是错误裁决,从后续审查以"Bridgeman"案为基础的案件,法院似乎对版权原创性的解释过于宽泛,而在要求高水平创造性时显得过于狭窄。See Robin J. Allan, *After Bridgeman: Copyright, Museums, and Public Domain Works of Art*, 155 U. Pa. L. Rev. 961.

② Meshwerks, Inc. v. Toyota Motor Sales U. S. A., 528 F. 3d 1258.

③ Lucky Break Wishbone Corp. v. Sears Roebuck & Co., 2010 U. S. App. LEXIS 7196.

能存在专利技术被他人抢先申请或者商标抢注现象。此类现象在博物馆文化资源开发、利用过程中屡见不鲜,如岳麓书院被注册为烟草商标和西安兵马俑被注册为马桶商标。① 博物馆商标被抢注,又或者在商标注册的过程中被侵权,此时未获得商标权的权利基础,因而无法提起商标侵权诉讼。

根据上述的案例和事实,我们不难发现一些没有知识产权请求权基础的博物馆文化遗产衍生物是无法在知识产权法体系下获得保护的,因此实践中就出现是否可以通过反不正当竞争法来保护这些文化遗产衍生物的问题。值得注意的是,反不正当竞争法与知识产权法之间的关系需要谨慎处理。学界对这一问题存在多种观点。第一种观点认为,知识产权法无法保护的对象不排除可以依据反不正当竞争法规制,但根据不同法律对侵权行为提起诉讼属于相互独立与平行的两个请求,两者是平行保护的关系。②第二种观点认为,反不正当竞争法可对知识产权法附加保护和补充。③ 因其归属于知识产权法,是组成知识产权法律体系的重要部分。④ 第三种观点认为,反不正当竞争法不能保护知识产权制度无意保护的对象。如杨红军教授指出的相应知识产权专门制度有意放任的“搭便车”行为反不正当竞争法不应介入。⑤

然而,司法实践中法院的观点倾向于前两者。例如,2018 年 8 月 16 日广州市天河区人民法院判决的查良镛(CHA, Louis)(笔名:金庸)诉杨治(笔名:江南)著作权侵权及不正当竞争纠纷一案中,法院认为金庸作品整体依旧可能受反不正当竞争法保护,但其中人物名称、关系等元素因其不属于独创性表达而不能作为著作权客体进行保护。这一判决明确指向反不正当竞争法可以涵盖知识产权法无法保护的对象。实际上,知识产权法

---

① 王珏:《海昏侯商标成“唐僧肉” 文物商标抢注,如何解》,载人民网,http://zj.people.com.cn/n2/2016/0602/c186327-28441262.html。

② 张伟君:《从“金庸诉江南”案看反不正当竞争法与知识产权法的关系》,载《知识产权》2018 年第 10 期;杨明:《反不正当竞争中知识产权私法与公法保护的协调》,载《知识产权》2005 年第 6 期。

③ 郑成思:《反不正当竞争——知识产权的附加保护》,载《中国社会科学院研究生院学报》2003 年第 6 期;王太平、袁振宗:《反不正当竞争法的商业标识保护制度之评析》,载《知识产权》2018 年第 5 期;卢纯昕:《反不正当竞争法一般条款在知识产权保护中的适用定位》,载《知识产权》2017 年第 1 期;孔祥俊:《论反不正当竞争法的竞争法取向》,载《法学评论》2017 年第 5 期;吴汉东:《论反不正当竞争法中的知识产权问题》,载《现代法学》2013 年第 1 期。

④ 李明德:《关于〈反不正当竞争法〉修订的几个问题〉》,载《知识产权》2017 年第 6 期;李明德:《关于反不正当竞争法的几点思考》,载《知识产权》2015 年第 10 期。

⑤ 杨红军:《反不正当竞争法过度介入知识产品保护的问题及对策》,载《武汉大学学报(哲学社会科学版)》2018 年第 4 期。

与反不正当竞争法实现知识产品保护的模式不同，前者采用权利模式而后者采用法益模式[①]，知识产权侵权诉讼维护的手段在于私权请求权，而反不正当竞争法的维护手段则更多表现为国家制裁。正是因知识产权法与反不正当竞争法对同一客体——智力成果及相关成就采用不同的机制、切入角度与发展方式，并且围绕产生的交易活动与利益纠葛使这两套制度相辅相成、难以割舍。[②] 郑成思教授曾指出，知识产权是"强保护""窄保护"，而反不正当竞争法是"弱保护""宽保护"。对于部分不受知识产权法保护的内容，如著作中不符合独创性标准的部分元素、不具有可专利性的技术秘密、已经超出商标续展期的注册商标等均可以通过反不正当竞争法保护。

二、文化遗产衍生物的商品化权保护探讨

（一）商品化权的缘起及争议

我国学术界和实务界讨论的"商品化权"是从日本原文转引而来，而日文中的"商品化权"是对英美法20世纪"Merchandising Right"直译的产物。[③] 实际上，"商品化权"这一概念的提出源于美国1953年2月的Haelan Laboratories, Inc. v. Topps Chewing Gum, Inc. 案，[④]Jerome Frank 法官在该案的判决书中写道："公民在享有的隐私权之外，对于其肖像还拥有其他一项具有经济利益的权利，这项权利可以被称为形象权(the right of publicity)。"自此，"形象权"的概念得到明确确认。此后，在美国多位学者和法官的共同努力下，形象权突破了传统的隐私权框架，商业性使用他人身份从精神权利范围拓展到了财产权。[⑤] 现今，美国有38个州出现了认可自然人形象权的判例法，22个州对其制定了成文法，而联邦层面尚无对此的统一法律制度。[⑥] 日本"商品化权"概念的提出则是源于1976年的"马克·莱斯特"案，目的是应对演艺明星的姓名与肖像等被他人擅自商业性使用，并且在"光GENJI"案中首次提出了"商品化权"这一用语。[⑦] 经过几

---

① 卢纯昕：《反不正当竞争法一般条款在知识产权保护中的适用定位》，载《知识产权》2017年第1期。

② 韦之：《论不正当竞争法与知识产权法的关系》，载《北京大学学报(哲学社会科学版)》1999年第6期。

③ 郑成思：《知识产权论》，法律出版社2007年版，第74页。

④ Haelan Laboratories, Inc. v. Topps Chewing Gum, Inc., 202 F. 2d 866 (2nd Cir. 1953).

⑤ 李明德：《美国形象权法研究》，载《环球法律评论》2003年第4期。

⑥ Right of Publicity, http://rightofpublicity.com/statues。

⑦ 张鹏：《日本商品化权的历史演变与理论探析》，载《知识产权》2016年第5期。

十年的探索与生长,"商品化权"这一舶来品在日本已具有合理的制度安排,并在司法实践中形成体系化的裁判模式。日本"商品化权"的概念开端于"对他人擅自商业性使用演艺明星姓名和肖像等",而后扩展至"物之影像和名称的商品化及虚拟角色等的商品化问题之上"。①

然而,我国学者和实务工作者探讨的"商品化权"仍只是一个学理概念,在现行法律中并不存在明确规定。且针对此项权利,目前尚存在几种不同的说法,如"商品化权"②、形象权③或者公开权④。笔者在下文中采用"商品化权"这一说法。同时,此类权利概念在界定上也存在广义与狭义之分。吴汉东教授⑤认为形象权的保护对象是知名形象,形象权是形象商品化过程中产生的一种私权形态。李明德教授⑥认为,对自己身份进行商业性使用的权利是形象权,这是狭义的商品化权(形象权)之说。但是,也有学者认为商品化权和形象权为两种不同的权利,如蒋利玮⑦认为形象权是指自然人对其形象价值享有的权利,商品化权则应排除自然人形象价值权利,而特指除此之外的作品名称及虚拟角色名称等商品化权。这是广义的商品化权(形象权)之说,即商品化权(形象权)的保护对象不仅包括自然人物形象,同时也包括虚拟人物形象或其他可商品化的标记。还有学者对商品化权的保护对象持适中的观点,杨立新教授⑧认为,商品化权是指民事主体(包括自然人、法人和其他组织)对其具有一定声誉或吸引力的人格标识利益进行商品化利用并享有利益的权利。商品化权这一概念界定及保护对象仍处于争论状态,由此可见,"商品化权"在我国本土的移植将是一个漫长而艰难的过程。

---

① 张鹏:《日本商品化权的历史演变与理论探析》,载《知识产权》2016年第5期。

② 郑成思:《商品化权刍议》,载《中华商标》1996年第2期;谢晓尧:《商品化权:人格符号的利益扩张与衡平》,载《法商研究》2005年第3期;张丹丹、张帆:《商品化权性质的理论之争及反思》,载《当代法学》2007年第5期。

③ 吴汉东:《形象的商品化与商品化的形象权》,载《法学》2004年第10期;杨立新、林旭霞:《论形象权的独立地位及其基本内容》,载《吉林大学社会科学学报》2006年第2期;董炳和:《论形象权》,载《法律科学》1998年第4期;李明德:《美国形象权法研究》,载《环球法律评论》2003年第4期;祝建军、汪洪:《形象权的知识产权属性——"三军仪仗队形象权"纠纷案引发的思考》,载《知识产权》2007年第1期;姜新东、徐清霜:《美国形象权的司法保护》,载《法律适用》2008年第3期。

④ 郭玉军、向在胜:《美国公开权研究》,载《时代法学》2003年第1期;李丹:《试论普通法下公开权制度的发展及成因》,载《比较法研究》2011年第3期。

⑤ 吴汉东:《形象的商品化与商品化的形象权》,载《法学》2004年第10期。

⑥ 李明德:《美国形象权法研究》,载《环球法律评论》2003年第4期。

⑦ 蒋利玮:《论商品化权的非正当性》,载《知识产权》2017年第3期。

⑧ 杨立新、林旭霞:《论人格标识商品化权及其民法保护》,载《福建师范大学学报(哲学社会科学版)》2006年第1期。

（二）司法实践对于商品化权判定的争议

商品化权的概念及保护客体尚不明确，司法实践涉及商品化权保护的对象包括动漫角色①、名人肖像权②等。部分实务工作者明确指出商品化权难以匹配于我国现有民事法律体系及民事权利结构模式，同样不贴近我国民事审判实际需要。③ 法院在解决这一类纠纷时，一般会援引民法、著作权法、商标法以及反不正当竞争法。由此看出，法院对有关"商品化权"的裁判也处于摸索状态。

案例一：赵继康诉曲靖卷烟厂著作权侵权和不正当竞争案④

云南省曲靖卷烟厂未经著名电影《五朵金花》编剧赵季康和王公浦许可使用、注册"五朵金花"商标。原告依此认为被告侵犯其著作权，而被告认为"五朵金花"不具有独创性亦非《著作权法》上的作品，其注册行为完全符合法律规范。法院认定"五朵金花"仅为整体作品中的剧本组成部分，因此作品名称单独不享有著作权。

本案中，原告以著作权侵权及不正当竞争为由起诉曲靖卷烟厂未经许可使用"五朵金花"的商标，但由于作品名称太短，不具有独创性，因而"五朵金花"不应认定为受著作权保护，同样法院在论证该行为是否构成不正当竞争时认为赵季康与曲靖卷烟厂不存在竞争关系，因而不构成不正当竞争。此案中，法院对于"作品名称"上承载的商业利益的保护明显呈消极态度。

案例二：郭石夫诉杭州娃哈哈集团公司侵犯著作权及不正当竞争案⑤

《娃哈哈》是郭石夫于1954年11月创作的歌曲，郭石夫对其拥有歌名与歌词的著作权。《娃哈哈》表达的是一种喜悦的状态，发布后在国内广为流传。然而被告自1989年起，在未经原告同意的情况下，擅自将"娃哈哈"注册为文字商标、文字与图形组合商标。原告得知后与被告交涉并无结果，于是提起诉讼。被告以之前在募集名称时已经支付过报酬并且"娃哈哈"仅仅作为语气词不具有独创性为由拒绝赔偿，法院最后支持了被告的主张。

该案争议点主要集中在：原告郭石夫创作的作品名称"娃哈哈"及歌词"娃哈哈"是否受著作权法保护；被告娃哈哈集团公司使用"娃哈哈"注

---

① 参见广东省深圳市中级人民法院（2005）深中法民三初字第779号民事判决书。

② 参见辽宁省高级人民法院（2001）辽民终字第162号民事判决书。

③ 祝建军：《质疑商品化权》，载《科技与法律》2010年第5期。

④ 参见云南省高级人民法院（2003）云高民三终字16号民事判决书。

⑤ 参见上海市第二中级人民法院（1998）沪二中知初字第5号民事判决书。

册商标的行为是否构成侵犯著作权及不正当竞争;原告起诉是否超过诉讼时效。法律法规[①]对著作权法的保护范围及含义作了明确规定,根据这些规定,作品名称不在著作权法的保护之列。因此,原告郭石夫的诉讼请求法院不予支持。该案中,原告以著作权及不正当竞争为由起诉,法院通过说理论证较短的歌名、歌词不构成“在先权利”,同样不受反不正当竞争法保护。

案例三:丹乔有限公司(DANJAQ,LLC.)商标异议复审行政纠纷上诉案[②]

2002年3月22日,谢花珍向原国家工商行政管理局商标局申请注册商标“邦德 007 BOND”,申请号为3121466,指定使用商品为第10类非化学避孕用具、子宫帽、避孕套。丹乔公司于2001年12月14日向商标局申请注册引证商标,其中,在第28类玩具等商品上注册了第3040006号“007及图”商标、第3040005号“JAMES BOND”商标。在法定异议期内,丹乔公司向商标局提出商标异议申请,请求不予核准被异议商标“邦德 007 BOND”注册。然而却被商标局驳回,后来丹乔公司向北京市第一中级人民法院提起诉讼。法院认为被告的被异议商标属于《商标法》第10条第1款第8项所规定的“有其他不良影响的标志”,认定商标评审委员会认定有误,应予纠正。

谢花珍和商标评审委员会均不服北京市第一中级人民法院判决,向北京市高级人民法院提起上诉。法院认为被异议商标是否借助007知名度获取利益并非《商标法》第10条第1款第8项所调整的内容。而“007”“JAMES BOND”作为丹乔公司“007”系列电影人物的角色名称已经具有较高知名度,“007”“JAMES BOND”作为“007”系列电影中的角色名称已为相关公众所了解。这是丹乔公司创造性劳动的结晶,由此知名的角色名称所带来的商业价值和商业机会也是丹乔公司投入大量劳动和资本所获得的。因此,作为在先知名的电影人物角色名称应当作为在先权利得到保护。故北京市高级人民法院驳回上诉,维持原判。

该案中,法院明确保护电影角色名称产生的知名度和商业价值,并将其认定为“在先权利”,这对后续各级法院裁判此类案件具有重要的开创性意义。但法院在判决中也存在明显的缺陷,即电影角色名称产生的商业价值,属于何种“在先权利”,这在我国现行法律中并没有明确规定,法院对这种商业价值的肯定说理不足。然而,法院依然可以从基本事实判断同

---

① 《著作权法》第3条、《著作权法实施条例》第2条。

② 参见北京市高级人民法院(2011)高行终字第374号行政判决书。

《商标法》原理相结合，根据公司获取某种知名度所进行的“投入—产出”来论证其保护这种权利的合理性。

案例四：商标评审委员会等诉苹果有限公司（Apple Corps Limited）因商标异议复审行政纠纷案①

连小元、陈冠洪于2004年11月22日向商标局申请注册了被异议商标“TEAMBEATLES添·甲虫及图”，指定使用在第18类商品上。引证商标一是第1283797号“BEATLES”商标，由苹果公司于1998年1月21日向商标局申请注册，于1999年6月14日由商标局核准注册；引证商标二是第3827483号“甲壳虫”商标，由苹果公司于2003年12月3日向商标局申请注册。苹果公司认为“The Beatles”作为世界知名乐队，其队名应该受到商标权保护。法院认为甲壳虫乐队确实享有较大知名度，其队名虽非法定权利，但存在实质的权益内容，称为“商品化权益”更为贴切。乐队名气并非一蹴而就，而是长期积累的结果，而这种创新正是《商标法》所保护的核心价值。

“甲壳虫”的案例体现了在司法实务过程中，法院对于某些虽然在《商标法》中没有明文规定的权利以及模糊权利，通过对于立法精神的研究而保护。对乐队而言，其名气不仅是队员才华横溢的贡献，同时也是创造力的成果，理应得到尊重。他人耕种，不得已收。若只是由于不属于现行法定权利类型就对其不加保护，放任他人滥用则难以与商标法立法本意相合。

案例五：梦工厂动画影片公司等诉商标评审委员会因商标异议复审行政纠纷案②

梦工厂公司在2005年9月拍摄了动画电影《功夫熊猫KUNGFU-PANDA》，并且于2008年6月20日于中国上映。梦工厂公司对于商标评审委员会作出的关于第6806482号“KUNGFUPANDA”商标异议裁定提出复审申请，该商标于2008年12月22日曾向商标局申请注册，指定适用于第12类“方向盘罩”等商品上。引证商标一系第5400891号“KUNGFU-PANDA”商标，于2006年6月6日申请注册，核定使用在第9类“计算机外围设备”等商品上；引证商标二系第5400892号“KUNGFUPANDA”商

① 参见北京市高级人民法院（2015）高行（知）终字第752号行政判决书。

② 动画电影《功夫熊猫KUNGFUPANDA》拍摄于2005年9月，出品公司为梦工厂公司。2008年6月20日在中国上映，上映前，《北京晨报》、网易娱乐频道、腾讯网等数十家媒体对该片进行了宣传报道。梦工厂公司就商标评审委员会作出的关于第6806482号“KUNGFU PANDA”商标异议裁定提出复审申请。

标，于2006年6月6日申请注册，核定使用在第28类“活动玩偶玩具”等商品上。2013年11月11日，商标评审委员会认为，被异议商标与引证商标一、引证商标二各自核定使用的商品在功能、用途、销售渠道等方面具有较大差异，不属于同一种或类似商品，被异议商标与引证商标并存使用尚不会使消费者对商品来源产生混淆。由于我国并未对“商品化权”划定权利与权益类型，且梦工厂公司并未指出其请求保护。这意味着“KUNGFUPANDA”不享有绝对排他的权力空间。同时作为美术作品，不符合我国《著作权法》的保护范围，因此驳回异议。

梦工厂公司不服被诉裁定，向北京市第一中级人民法院提起诉讼。法院认为，现有的法律中并未将所谓“商品化权”设定为一种法定权利，故其并不属于2001年《商标法》第31条中所规定的在先权利中的法定权利，因此维持裁定。梦工厂公司不服，向北京市高级人民法院提起上诉。北京市高级人民法院认为，2001年《商标法》第31条规定的“在先权利”不仅包括现行法律已有明确规定的在先法定权利，也包括根据《民法通则》和其他法律的规定应予保护的合法权益。同时根据保护知识产权的基本目的与立法思想，部分支持了梦工厂的诉求，撤销了商标评审委员会的裁定。

该案中，法院明确“在先权利”涵盖现行法律相关明确规定，同样也不排除其他法律规定应予保护的合法权益，电影名称或电影人物形象及其名称构成“商品化权”，可纳入“在先权利”的范畴。法院对为何要保护这种“商品化权”进行充分的说理：若法律不保护上述知名电影名称或其电影人物形象及其名称的民事权益，因其他经营者抢注商标行为之助长与正常市场竞争秩序之损害，则商标法立法目的难以实现。“商品化权”并非法定权利，范围含义并不明确，法院在判决中进一步指明保护范围须考虑的因素，这也是防止裁判者对“商品化权”概念的滥用。

我国法院在论证作品名称或者角色名称所累积的商业价值是否应当受到保护均围绕《商标法》第32条①中“在先权利”的规定展开。在“丹乔公司”案②中，法院认为丹乔公司通过其创造性劳动使得电影人物角色名称兼具高知名度与高公众了解度，因而法院支持知名电影人物角色名称的商业价值的保护；“功夫熊猫”案③中，法院进一步明确知名的电影名称及其中的人物形象名称应当作为在先“商品化权”保护，但由于我国法律并

---

① 《商标法》第32条规定：“申请商标注册不得损害他人现有的在先权利，也不得以不正当手段抢先注册他人已经使用并有一定影响的商标。”

② 北京市高级人民法院（2011）高行终字第374号行政判决书。

③ 北京市高级人民法院（2015）高行（知）终字第1969号行政判决书。

没有明文规定“商品化权”，法院在此案中进一步明确“在先权利”的保护范围；在“BEATLES”案[①]中，北京市第一中级人民法院及北京市高级人民法院均认为知名乐队“商品化权”虽非法定权利，但其实质权益内容仍不容忽视其存在，“商品化权益”称呼更加贴合，因而，法院对于作品名称或者角色名称的商品化权“权利”保护转变为“权益”保护。由此可见，有关“商品化权”的司法裁判从不保护阶段到保护阶段，从非在先权利保护模式到在先权利保护模式，再到“商品化权”保护阶段最后至“商品化权益”权益保护阶段。[②]

（三）文化遗产衍生物的商品化权保护存疑

1. 文化遗产衍生物商品化权之争

文化遗产（此处以物质文化遗产为例，即文物藏品）在博物馆等公共文化机构保存或者利用的过程中已经获得一定影响力或者为博物馆累积了一定的商业价值，故博物馆也时常面临其商业利益被侵犯的情形，如商标抢注。国家博物馆收藏的“击鼓说唱俑”形象于2009年被一家四川民企注册为商标。[③] 以“击鼓说唱俑”为例，博物馆是否可通过“商品化权”维护这一文物名称所附属的经济利益，即此处需要探讨“商品化权”的可适用性。再者，顺应文化创意产业的潮流，博物馆可能通过各类手段结合馆藏文物，打造自己拥有的品牌和文化创意产品，如2018年底兴起的“故宫口红”。[④] 针对有关文物遗产衍生物的侵权案件，博物馆可能提起商标权诉讼或者反不正当竞争维护自身权益，但却难以全面覆盖，此时博物馆是否可采用“商品化权”维护其文化创意产品蕴含的商业价值？

文物名称被抢注为商标的事件频发，博物馆的文物藏品名称似乎陷入了维权困境。大多数学者支持风险预防的思路，即要求博物馆增强防范意识，及时注册商标，避免商标抢注。但一旦商标被抢注，博物馆可能需要付出更多成本进入商标异议程序或者商标权行政诉讼程序，且能否胜诉依然是未知数。这就需要我们对博物馆文物名称的保护思路予以拓展，若博物馆利用文物藏品名称累积一定声誉或使公众将文物与该博物馆紧密联系在一起，此时能否根据《商标法》第32条的规定适用“商品化权”并将其认

① 北京知识产权法院（2015）高行（知）终字第752号行政判决书。

② 孔祥俊：《作品名称与角色名称商品化权益的反思与重构——关于保护正当性和保护路径的实证分析》，载《现代法学》2018年第2期。

③ 侯珂：《博物馆文物藏品的知识产权保护初探——由一起案例引发的思考》，载《广西政法管理干部学院学报》2010年第3期。

④ 盘和林：《故宫口红没满月就停产，问题并不是出在“宫廷斗”》，载搜狐网2019年1月9日，http://www.sohu.com/a/287594265_614005。

定为博物馆的“在先权利”对其加以保护？

“在先权利”的含义并未在我国的《商标法》《商标法实施条例》中得以明确规定。2016 年 12 月发布的《商标审查及审理标准》①采用概括加列举的方式说明“在先权利”的定义及权利项，并且通过开放式规定“其他合法在先权益”增加了司法实践中自由裁量的空间。文物名称是否可定性为著作权法意义上的作品？著作权法规定作品的构成要件为独创性。文物名称过于简短，认定其具有独创性的空间有限，因此不符合著作权法意义上作品的构成要件，而且大部分文物因为年代久远，已超过著作财产权的保护期，进入公有领域成为公共资源，文物名称不适宜采用著作权保护。著作权不成为文物名称保护的“在先权利”。但博物馆在长期运营中累积了声誉与商业价值，且相关公众通常将某一文物与博物馆联系在一起，如湖南省博物馆与素纱禅衣，有学者便支持这种商业价值应通过“商品化权”保护。“商品化权”在我国法律中并不存在明文规定，并非法定权利。根据 2017 年 3 月最高人民法院《关于审理商标授权确权行政案件若干问题的规定》第 18 条规定②是否可将“商品化权”代表的商业利益认定为“合法权益”，而纳入“在先权利”的范畴？北京市第一中级人民法院及北京市高级人民法院在“BEATLES”案作出了肯定。法院以“商品化权”保护作品名称背后的商业价值主要基于劳动价值论——知名度并非凭空产生，而是某一主体通过长期的智慧、劳动或资本投入累积而成，由此分析“商品化权”的保护具有一定合理性。但我国存在部分学者对“商品化权”的适用持反对意见。这部分学者认为我国现有权利体系不存在不能为角色权利人提供较充分保护的情况，因而创设专门商品化权提供保护没有必要，只需适当修改现有相关法律或提供合理解释。③ 推及文物名称，我国现行法律体系是否可涵盖实践中的保护问题还有待思考。

2. 商品化权的合理性分析

针对上述关于商品化权两种截然不同的看法，笔者认为权利的本质是法律所保护的法益，而商品化权对应的是商品化过程中所包含的一系列的

---

① 《商标审查及审理标准》第十一部分第四节规定：“本条规定的在先权利是指在系争商标申请注册日之前已经取得的，除商标权以外的其他权利，包括字号权、著作权、外观设计专利权、姓名权、肖像权以及应予保护的其他合法在先权益。”

② 最高人民法院《关于审理商标授权确权行政案件若干问题的规定》第 18 条规定：“商标法第三十二条规定的在先权利，包括当事人在诉争商标申请日之前享有的民事权利或者其他应予保护的合法权益。诉争商标在核准注册时在先权利已不存在的，不影响诉争商标的注册。”

③ 姜海洋：《论新型民事权利的创设——以商品化权为研究对象》，载《天府新论》2017 年第 5 期；蒋利玮：《论商品化权的非正当性》，载《知识产权》2017 年第 3 期。

权益,它不是由人凭空想象或者凭空捏造出来的,无论从现实需要还是从理论基础上而言,其存在都有一定的合理性。

首先,在商品化经济高度发达的今天,我们从生活上的方方面面都可以感受到形象商品化所带来的巨大经济效益。如众多明星代言的产品广告就是这一现象最好的证明。明星代言的品牌的明星效力可能会使该品牌的销售额成几何倍数地增加,其对应的商业利益不言而喻,在商品化的浪潮下,其所蕴含的巨大商业化利益就使法律有介入的必要,如果丧失法律的介入,在巨大的经济利益的面前,各方利益主体相互摩擦,就会导致整个社会资源的巨大损耗;从另一个角度而言,倘若法律不介入商品化权的界定,那么显而易见的就是社会上借用别人形象商品化“搭便车”乱象就会层出不穷,这显然并不符合作为法律追求的终极目标正义的内涵,法律正义应对每个人应得的利益进行合理分配,形象商品化“搭便车”明显被排除在外,因此基于上述种种现实需求,法律有必要介入商品化权领域对其进行调整。

其次,从知识产权理论基础出发,在洛克的劳动财产理论中,从“人对自身”享有所有权这个前提出发,结合劳动也为自己所有,得出人们通过劳动将对自身的所有权转化为一种对物的所有权这一结论。① 该理论强调劳动在取得财产所有权过程中的关键作用,同时也表明劳动在社会财富总量增加中的核心地位。② 虽然说劳动财产理论多用于有体物的归属判断,但是在论证无形财产的归属时同样也有适用的余地,因为从本质上来说,知识产权所涵盖的内容亦是人们劳动的产物,正如易继明教授所言:“如果洛克认为对土地和原材料的工作构成劳动从而使其对产品的所有权合法化的话,那么我们就没有理由认为创造新思想的劳动就不是劳动”。③ 因此,权利人通过自己的劳动使形象具备巨大的经济价值,付出汗水使形象商品化成为可能,则理应对这种利益享有同物权一样的财产性权利,以此来控制这种利益的使用。

因此,无论从现实需求上,还是从理论基础上而言,商品化权都是站得住脚的;而针对我国文化遗产衍生物保护体系存在的一定缺陷,商品化权是能够起到一定的补充作用的。

---

① [英]洛克:《政府论》(下篇),叶启芳、翟菊农译,商务印书馆 1995 年版,第 20~23 页。

② 张丹丹、马哲:《商品化权的正当性论析——基于财产权劳动学说的思考》,载《当代法学》2009 年第 3 期。

③ 易继明:《评财产权劳动学说》,载《法学研究》2000 年第 3 期。

三、文化遗产衍生物现有保护体系的完善

文化遗产衍生物作为文化遗产的附属产品具有一定的依赖性。但因为其具有创造性的特点所以应当得到独立保护。目前国内关于文化遗产衍生物的保护并没有详细的规定，但是基于文化遗产具有公、私属性的特点，对于文化遗产衍生物的保护也应当从这两个方面入手。

首先，对于文化遗产衍生物的私权保护，即以知识产权保护为主、以商品化权为辅的方式对衍生物进行保护，相比于文化遗产本身来说，文化遗产衍生物具有极大的商业价值，但就其创造性来说是有所欠缺的，用名称权来保护其权利是不够恰当的，可将其名称注册为商标，则其具有显著性和排他性的功能，因此，在知识产权保护中应当以商标权保护为主，同时兼具著作权法的保护，以商品化权为辅助为文化遗产衍生物在知识产权领域提供全方位的保护。

其次，对于文化遗产衍生物的公权保护，主要是通过行政法规、部门规章等方式对文化遗产衍生物进行政策上的扶持和保护，通过公权力的干预能够使物质文化遗产衍生物的保护进入一个相对封闭但安全的环境，虽然不能完全发挥市场的自由调控作用，但基于物质文化遗产全人类享有的基本特征，国家的宏观调控对于物质文化遗产衍生品将产生巨大的扶持作用。

总之，完善物质文化衍生物的保护体系应当私权与公权并重，著作权保护与商标权保护并重，商品化权保护与国家宏观调控并重，使物质文化衍生物能够享有独立的权利，成为独立的权利主体。

管 理 篇

第七章 文化遗产数字化与利用的知识产权风险防控与管理

第一节 文化遗产数字化的知识产权风险防控

文化遗产数字化过程中的知识产权风险管理包括如何应对数字化过程中侵犯他人权利,以及如何应对数字化过程中他人侵犯自身权利两大方面的问题。以博物馆的藏品数字化为例,博物馆是文艺作品的殿堂,在全面依法治国的新时代,其数字化活动必须在知识产权法的框架下有序进行,如此才能在文化市场潮流中发挥出博物馆应有的社会功能。

在中山大学召开的"文化遗产传承与数字化保护国际论坛"上,多位学者谈及有关国内文化遗产数字化的相关成果缺乏信息沟通与资源共享机制,导致了内容重复数字化、重复数据分析问题。这多是出于知识产权问题考虑,各地、各组织非物质文化遗产数字化工作成果未公开而造成的局面。[①] 可见,在文化遗产数字化的趋势中,仍存在许多问题没有得到解决,其中之一就是知识产权问题。

学者王明月在分析非物质文化遗产数字化保护的制度风险后认为,非物质文化遗产的数字化是一个多元主体参与的过程,非物质文化遗产作为信息资源能够将各个主体聚合起来围绕其展开互动。因此,必须划定各主体的权限范围,给予传承人充足的话语权力,来维护传承人同非物质文化遗产之间的共生关系。[②] 其实,这个问题可以说是非物质文化遗产数字化成果的知识产权权属问题。分析我国《非物质文化遗产法》第 13 条[③]规定可知已有相关规定明确了应当保密而不能向公众公开的非物质文化遗产

① 杨红:《非物质文化遗产数字化的冷思考》,载《中国文化报》2016 年第 7 期。

② 王明月:《非物质文化遗产保护的数字化风险与路径反思》,载《文化遗产》2015 年第 3 期。

③ 《非物质文化遗产法》第 13 规定:"文化主管部门应当全面了解非物质文化遗产有关情况,建立非物质文化遗产档案及相关数据库。除依法应当保密的外,非物质文化遗产档案及相关数据信息应当公开,便于公众查阅。"

数据,分析该法第15条①可知政府对外国人在我国国内调查我国非物质文化遗产资料和数据未放下警惕心态。因此,在使用外国公司数据库或软件来完成我国非物质文化遗产数字化时,非物质文化遗产传承人和相关单位同样不能放松警惕心态,签订合同时应小心,防止与其相关的资料与数据流散,进而使其知识产权受到侵害。

一、如何应对数字化过程中侵犯他人权利

政府、公共文化机构或其他组织、个人对文化遗产进行数字化操作时,均有侵犯他人著作权的风险。同样以博物馆为例,博物馆在数字化过程中固然需要注意保护自身著作权,但同样有可能侵犯他人著作权。我国的《文物保护法》已经明确规定了文物权利的归属问题,馆藏文物由公共博物馆代表国家进行保存、管理,即使可被认定为作品的文物,其也早已经过保护期限,故一般情况下不存在侵犯著作权的风险。与文物类藏品不同,非文物类藏品中,一些藏品如果能同时满足构成作品和仍在保护期内这两个条件,则博物馆应注意其数字化行为是否侵犯作者的相关著作权——这部分藏品才是我们讨论的对象。对知识产权意识淡薄的博物馆工作人员来说,在数字化活动中必须要在观念中将藏品的物权和知识产权相分离。博物馆通过购买、赠与、调拨、交换等方式获取藏品的所有权,但隐藏在藏品介质内的、受著作权法保护的抽象的作品却不能被任意处置,因此侵犯他人著作权的风险存在于博物馆数字化的每一个环节之中。

从文献数字化进行分析,当今诸多国际条约及国家法律将文献数字化纳入复制的范畴,1971年修订的《伯尔尼公约》②虽未规定文献数字化具体内容,但其中言论为今日文献数字化问题提供了适用空间。根据1994年4月15日达成的《与贸易有关的知识产权协定》第9条与《伯尔尼公约》的

① 《非物质文化遗产法》第15条规定:“境外组织或者个人在中华人民共和国境内进行非物质文化遗产调查,应当报经省、自治区、直辖市人民政府文化主管部门批准;调查在两个以上省、自治区、直辖市行政区域进行的,应当报经国务院文化主管部门批准;调查结束后,应当向批准调查的文化主管部门提交调查报告和调查中取得的实物图片、资料复制件。境外组织在中华人民共和国境内进行非物质文化遗产调查,应当与境内非物质文化遗产学术研究机构合作进行。”

② 1971年修订的《伯尔尼公约》第9条规定:受本公约保护的文学艺术作品的作者,享有授权以任何方式和采取任何形式复制这些作品的专有权利。本同盟成员国法律有权允许在某些特殊情况下复制上述作品,只要这种复制不损害作品的正常使用也不致无故侵害作者的合法利益。

规定[①]说明 TRIPs 在处理复制的问题上与《伯尔尼公约》是保持一致的。1996 年《世界知识产权组织版权公约》第 1 条(4)规定[②]的议定声明:《伯尔尼公约》第 9 条对于复制权及其所允许的例外的规定,在数字环境下同样完全可以适用,尤其是通过数字形式来使用作品的情况。因而可知《伯尔尼公约》第 9 条中复制的内容涵盖了储存于电子媒介中以数字形式存在的作品。从《关于协调欧盟信息社会版权与相关权特定方面的指令》[③]可知欧盟对复制权所属范畴的规定较为宽泛。

现今,中国著作权法已经将文献数字化归入复制行为。2001 年 10 月修订的《著作权法》第 10 条第 5 项[④]虽然未直接提及数字化复制的问题,但由于该条文属开放式列举,实际上已将数字化复制包含其内了。2020 年 11 月修订的《著作权法》第 10 条第 5 项[⑤]则直接将数字化复制行为规定到法条当中。1999 年 12 月 9 日国家版权局公布的《关于制作数字化制品的著作权规定》中明确了作品的数字化属于复制范畴。综合分析该规定第 1 条[⑥]与第 2 条,[⑦]可知文献的数字化侵犯复制权是此过程中面临的主要风险。[⑧]

为规避侵犯著作权的风险,对那些作品不是博物馆的藏品,博物馆可以通过一些方式取得其著作权。第一种情况,也是最直接的方式,即由原著作权人将藏品著作权转让给博物馆,博物馆得到著作权的转让之后,再

---

① 1994 年 4 月 15 日达成的《与贸易有关的知识产权协定》第 9 条与《伯尔尼公约》的规定:“各成员应遵守伯尔尼公约(1971)第一至二十一条及其附录的规定。”

② 1996 年《世界知识产权组织版权公约》第 1 条(4)规定:“缔约各方应遵守伯尔尼公约第一至第二十一条和附件的规定。”

③ 2002 年 12 月生效的《关于协调欧盟信息社会版权与相关权特定方面的指令》中,欧盟法规定成员国应对作者的作品授予独占权以授权或禁止直接或间接、暂时或永久、以任何方法和形式进行全部或部分复制。

④ 2001 年 10 月修订的《著作权法》第 10 条第 5 项规定:“复制权,即以印刷、复印、拓印、录音、录像、翻录、翻拍等方式将作品制作一份或者多份的权利。”

⑤ 2020 年 11 月修订的《著作权法》第 10 条第 5 项规定:“复制权,即以印刷、复印、拓印、录音、录像、翻录、翻拍、数字化等方式将作品制作一份或者多份的权利。”

⑥ 1999 年 12 月 9 日国家版权局公布的《关于制作数字化制品的著作权规定》第 1 条规定:“本规定所称数字化制品,是指将受著作权法保护的作品以数字代码形式固定的有形载体,包括激光唱盘(CD)、激光视盘(LD)、数码激光视盘(VCD)、高密度光盘(DVD)、软磁盘(FD)、只读光盘(CD-ROM)、交互式光盘(CD-I)、照片光盘(Photo-CD)、高密度只读光盘(DVD-ROM)、集成电路卡(ICCard)等。”

⑦ 1999 年 12 月 9 日国家版权局公布的《关于制作数字化制品的著作权规定》第 2 条规定:“将已有作品制成数字化制品,不论已有作品以何种形式表现和固定,都属于《中华人民共和国著作权法实施条例》第五条(一)所指的复制行为,即《中华人民共和国著作权法》所称的复制行为。”

⑧ 陈传夫:《馆藏文献数字化的知识产权风险与对策研究》,载《图书情报知识》2003 年第 5 期。

行使藏品相关的复制、发行、展览、出租等专有权利。转让著作权全部或者部分权利，则需根据《著作权法》的规定订立书面合同，并且该书面著作权转让合同中应规定作品名称、转让价格、权利种类以及期限等必要事项。第二种情况，博物馆收藏的未曾发表的作品原件，对于这类藏品，如果作者生前没有明确表示不予发表，则博物馆可以在作者死后的 50 年内行使发表权，并与作者继承人共同享有著作权。

如果出于种种原因无法取得馆藏作品的著作权，博物馆也有其他途径可以规避侵权风险。第一，取得著作权许可。实践中，对于著作权人而言，一般倾向于著作权许可使用而非转让著作权，此时取得著作权人许可再进行数字化是更优选。第二，在《著作权法》规定的合理使用范围内进行作品的数字化。当博物馆的数字化行为可以被解释为合理使用范围中以陈列或保存版本目的需要，则其数字化行为不需经过著作权人同意。第三，将数字化对象限定于已经超过著作权保护期的馆藏作品。《著作权法》规定的发表权及著作财产权保护期为作者终生及其死亡后 50 年，有时在博物馆穷尽上述方法仍有侵权风险存在的情况下，则可以选择将数字化的对象限定于已过保护期进入公共领域的作品。

二、如何应对数字化过程中他人侵犯自身成果权利

文化机构应当如何应对在数字化过程中他人侵犯自身知识成果权利的问题呢？其本质需要明晰侵犯了自身何种知识成果权利。

首先，是发表权。发表权作为著作权人重要的人身权利之一，我国《著作权法》第 10 条第 1 项规定了发表权，意涵为著作权人决定将其作品是否公开的权利。《著作权法》第 23 条规定了发表权的保护期限，在网上传播但未发表的作品应视为已经发表。根据 2002 年 8 月公布的《著作权法实施条例》第 20 条规定[①]可见《著作权法》所称发表的实质是将作品公之于众，而作品于网络上无限制传播已然是公之于众，因而应将其视为发表。未经他人许可擅自将他人尚未发表作品予以数字化并放入网络属侵犯作者发表权的行为。

其次，未经他人许可擅自将他人尚未发表作品予以数字化放入网络传播让公众使用，属于侵犯他人信息网络传播权的行为。根据 2020 年修订的《著作权法》第 10 条第 12 项可知信息网络传播权是一项法定的著作财

① 2002 年 8 月发布的《著作权法实施条例》第 20 条规定："著作权法所称已经发表的作品，是指著作权人自行或者许可他人公之于众的作品。"

产权。[①] 在陈兴良教授诉中国数字图书馆责任有限公司案中，北京市海淀区人民法院作出判决的依据就是该项权利的规定。

此外，出版者专有出版权可通过合同约定方式获取。法律保护出版者的专有出版权，他人无权出版该作品。[②]

除专有出版权外，出版者对于其所出版图书、期刊的版式设计同样享有专有权利。出版者版式设计权会被数字化上载作品进行有偿服务方式侵犯。我国《著作权法》第37条规定了出版者的版式设计权利。[③] 版式设计权权利截止日期为该版式的设计载体初次出版后第10年的12月31日。2002年11月，时事出版社诉某信息技术发展有限公司案[④]中正是侵犯了版式设计专有使用权。

数字化行为作为原作品著作权人的一项专有权利，在对作品进行数字化转换并在互联网供不特定的人使用时，必须取得著作权人的许可。然而由于我国幅员辽阔，历史悠久，文化遗产数字化产品的数量不容小觑，此类产品的授权如果通过签订单个合同的方式进行，会耗费大量成本。与此同时，在我国如今并不完善的国家版权保护系统与海量的网络信息资源背景下，未获许可就对作品进行数字化并上网传播的侵权行为十分容易实施且较为常见。

以数字图书馆建设为例，全国人大、政协在数字博物馆的建立初期就组织国内专家考察我国数字图书馆的建设情况，在不考虑版权的条件下，当时诸多专家对具有公益性的公共图书馆对所购图书上网收费如何体现公益性提出了疑问。[⑤] 考虑到图书馆的公益性，各国著作权法均规定了关于图书馆的合理使用条款。我国著作权法也不例外，随着公众著作权意识的提升，针对作者的版权保护日益加强，故此相对缩限了图书馆合理使用的范围。数字图书馆若使用其他版权人作品实施收费服务则必定绕不开著作权人的授权。针对上述文化遗产数字化进程中所遇到的问题，相关

---

① 《著作权法》(2020年修订)第10条第12项。

② 《著作权法》(2020年修订)第33条。

③ 《著作权法》(2020年修订)第37条。

④ 在时事出版社诉某信息技术发展有限公司案中，被告是开办网上图书馆的两家公司。时事出版社在诉状中指称，该出版社的191种出版物被两被告扫描后转化成数字化形式上载于网站，被告经营的网上图书馆通过对社会提供有偿下载和有偿阅览服务获得商业利益，被告的行为侵犯了时事出版社的版式专有使用权，因此请求法院判令被告停止侵权、赔礼道歉并赔偿经济损失。由于此案涉及191种图书出版物，涉及作者众多，法律关系也较为复杂。后在法院主持下双方达成了调解协议，被告给予适当的赔偿金后，时事出版社向法院申请撤回起诉。此案经法官调解结案。

⑤ 徐文伯：《关于数字图书馆的几点认识》，载《情报资料工作》2001年第3期。

建设单位应对其有关人员进行培训，增强其版权知识，使其知晓文化遗产的数字化含义、保护范围与领域分类。尤其是对文化产品进行数字化转化时，要明确指出作品名称与作者姓名，且原作品上相应的权利管理信息应当保留，不能删除或篡改。转化时若是收费则必须获取授权，即使是在双向免费提供服务的情况下，也不能逾越《著作权法》所规定的合理使用范围。同时，博物馆界不能忽视知识产权法规，要做到及时更新动态，以便开展相关工作。

第二节　文化遗产数字化的知识产权管理

既然文化遗产数字化存在知识产权风险的事实已经无法避免，那么建立完善的数字化知识产权风险运营体系则显得至关重要。文化遗产数字化的知识产权风险包括著作权侵权风险、商标权侵权风险和专利权侵权风险等方面，理论与实践最值得研究及关注的还是著作权和商标权风险问题，这也是目前国内外文化遗产数字化面临较多的知识产权风险问题。商标权在此中的体现主要为商标抢注问题，文化遗产数字化后形成的文字、图片，甚至声音都是构成商标的重要元素。文化元素的利用成本较低，别有用心的侵权人因此而抢注一系列带有文化元素色彩的商标，这必然会侵犯物质文化遗产和非物质文化遗产的著作权人、商标权人或使用者的合法权益。加拿大遗产信息网(CHIN)曾对博物馆知识产权进行了商业市场研究，随后于1999年对北美博物馆进行了管理实践研究，两项研究都确定了以下类型的资产受著作权保护：博物馆藏品中的文物和艺术品的摄影图像；声音录制品和出版物，如CD、视听作品、互联网上的多媒体产品、电子版和印刷版的出版物与教育资料；以及有关集合的信息数据库。[①] 如何对这些博物馆所有的著作权资源进行有效管理，是博物馆在当今能否充分发挥其社会功能的关键所在。

公共文化机构进行著作权管理并不意味着仅仅关注侵权和维权的问题，博物馆、文化馆等文化机构的藏品最终目的还是要服务于公众、满足公众的精神文化需求。

一、著作权管理

如上文所述，在文化遗产数字化知识产权风险运营的过程中，著作权

① Rina Elster Pantalony, *Guide on Managing Intellectual Property for Museums*, WIPO, p. 20.

管理是其中的重要环节。开发者在利用文化遗产时，需要对文化遗产数字化前后的著作权人专有权利进行分析，极大地增加了成本和风险。若要脱离这种困境，只能通过许可、权利转让或者以构成合理使用的方式利用作品，具体问题分述如下。

（一）著作权取得

1. 著作权许可和转让的比较——以博物馆为例

博物馆在应对文化遗产数字化过程中的著作权侵权困难时，主要采用两种方法：第一，著作权许可；第二，著作权转让。从表面上看，著作权许可似乎是管理博物馆数字活动的最自然的轨道，但总的来说，它只是一种替代方案，会导致博物馆工作量以及交易成本的增加。传统上，博物馆在目录、书籍、海报的复制过程中，通常只接受著作权权利明确的材料。著作权许可通常通过艺术家的著作权采集代理人获得，而在某些特殊情况下，也可与艺术家或其权利继承人进行直接谈判。但是，这种许可证制度通常用于特定艺术作品的特定用途或者个别性的许可，而非批量许可。因此，该制度能否适用于博物馆数字化活动，仍然存在很大的不确定性。预计更多受著作权保护的作品在博物馆数字化的过程中，将会远远超出其传统用途。另外，博物馆文物藏品的数字化过程经济成本高昂且复杂，对于经济基础薄弱的文化机构来说将是一场巨大的挑战。因为艺术作品的数字图像拥有一定的潜在商业价值，所以博物馆愿意投入大量资金制作和管理博物馆图像数据库，但若还需要花费大量金钱获取批量的著作权许可，博物馆可能难以承受经济上的多重压力。①

博物馆著作权的转让一般仅指著作财产权的转让，并不含具有人身依附性质的著作人身权。因此下文所述的著作权转让均特指著作财产权。博物馆的著作权转让大致可分为两种情况。一是，博物馆收藏的古代藏品，这些藏品均早已超过了著作权规定的保护期，博物馆可以直接对其进行数字化处理，不会侵犯藏品作者的著作财产权。对此类藏品进行数字化处理的成本较低，只需由博物馆加以统一汇总、整理便可直接进行数字化处理，不需要转让费用。二是，并未超出著作权保护期的现当代藏品，博物馆在针对此类藏品进行数字化处理时要充分考虑著作权人的意愿，此类藏品在转移至博物馆时，著作权人是否将其著作权一并转让，如果一并转让，博物馆则可以将其进行数字化处理，无须经过原权利人同意。但如果

① Guy Pessach, *Museums, Digitization and Copyright Law—Taking Stock and Looking Ahead*, Journal of International Media and Entertainment Law, 2007.

该藏品在转移时并未通过合同或其他方式约定著作权的归属,则原权利人对该藏品仍享有著作权。比如,如果博物馆在获取美术作品时未明确作出将著作权一并转让的意思表示,那么博物馆通常只享有该美术作品的展览权,只有在征得原著作权人的同意下才可以对其进行数字化处理,这也是著作权许可中的一种。

著作权的取得方式的不同,博物馆藏品进行数字化处理时的成本也会有很大的差异。通过著作权许可方式取得的藏品的成本一般会比转让获得的藏品的成本更高。通过许可获得著作权是当代博物馆数字化的最主要的模式,但由于授权的藏品过多和授权范围过大、权利种类过于繁杂,所以导致相应的人力、物力成本过高。而通过转让获得著作权的藏品虽然在短时间内需要花费一大笔转让费来取得藏品的著作权,但在之后进行数字化过程中仅需对数字化技术的开发研究付费,原权利人不再对该著作权享有权利,节约了后期再向原权利人申请授权、谈判所产生的费用。同时,原著作权人对于博物馆在对藏品进行数字化处理后所产生的相应利益并不享有分配权利。从长远的角度看,转让方式取得著作权相对于藏品数字化处理更加方便、快捷。

2. 著作权转让的特殊性

著作权转让是文化遗产数字化知识产权风险运营的重要一环。根据我国法学界通说,著作权转让是指著作权人将其作品财产权全部或部分转移给另一民事主体所有的法律行为。[①] 但是有学者提出著作权转让应当理解为在这个保护期限内转让的全部著作财产权,即卖绝版权或垄断版权,部分转让著作财产权不应包含在著作权转让的范畴中。[②] 在数字化背景下,这个问题显得更加突出。在信息时代背景下,与传统纸质作品相比较,数字作品的复制成本低、速度快、质量高,数字作品的市场替代率一直在升高,著作权人的利益也更易受到损害。著作权人对于著作财产权的支配,特别是转让,会引发各式各样的后果。转让权利的界限模糊可能会导致侵权纠纷的产生,如原著作权人在转让数字作品著作权时应当与受让人协商,明确与第三人之间的法律关系,避免第三人与原著作权人的权利纠纷损害受让人的利益,从而造成数字作品交易市场的紊乱。

电子阅读、影音作品普及的同时也造成了许多法律问题。著作权人往往会将著作财产权转让给相对人,同时相对人又以一系列方式对其取得著

① 吴汉东主编:《知识产权法》(第5版),法律出版社2014年版,第107页。

② 李明发:《著作权转让的若干法律问题》,载《法学家》1997年第6期。

作权的作品进行处分从而获得利益。同时会涉及第三方的合法权益。常见的第三方为网络技术服务者。如在“亚马逊删除电子书”事件中，亚马逊作为电子书提供平台，在面对《动物农庄》著作权人的抗议时，通过远程控制消费者的 Kindle 下载操作在未通知消费者的情况下删除了其中《动物农庄》电子书。消费者下载之前已支付了电子书的费用，因此，亚马逊这一行为引起消费者的严重不满。

在非物质文化遗产数字化的过程中，其数字作品通常也表现为电子书、影音作品。非物质文化遗产的数字作品在网络上的传播不仅涉及数字作品所有权人、权利受让人、第三方的权利，也会牵扯到文化遗产的传承人的相关权利，这样就使纠纷变得更加复杂。对此，笔者认为，应当明确纠纷主体，厘清权利边界。在数字化作品著作权的转让合同中应当将具体事项列出，日后产生争议参照该合同约定方式解决。争取做到权利的纠纷只涉及相对人，即一项权利的转让人与授予人。

著作权转让对权利的取得固然彻底，但与获得充分的权利相对应的便是数字化主体需要为此付出较大的成本，尤其对博物馆等公共文化服务机构而言，经费不足可能导致其极少甚至不使用通过转让取得著作权的方法将其数字化行为合法化。但经费不足的问题也并非毫无出路，如充分利用博物馆的文化资源进行文创产品开发即为博物馆开拓经费来源的有效方式之一。目前，在国内已经有众多博物馆等优秀范例可供学习。

不论是物质文化遗产还是非物质文化遗产，合法有效的著作权转让的首要步骤都是确认著作权权属。尤其在非物质文化遗产著作权转让中，因为非物质文化遗产的无形性、多样性，故对权利主体的认定，甚至判断能否适用著作权法都存在争议。需要明确的是，著作权转让的最终目的是为数字化主体（政府、个人、公共文化服务机构或其他组织）在进行数字化操作时尽量规避法律风险，从而为文化遗产数字化进程在法律层面上铺平道路，进而推动科学文化的传播和社会主义精神文明建设。

3. 非物质文化遗产的著作权许可

非物质文化遗产的著作权归属虽未被我国法律明确规定。但结合非物质文化遗产具有的活态属性和延续性，多数学者都认为应当让传承人将非物质文化遗产的知识产权和话语权掌握在手中，但在非物质文化遗产数字化的过程中，有可能导致传承人权利的丧失。例如，在非物质文化遗产数据库建设过程中，采集信息和录入信息的人并非一定是传承人，而在数据库的维护中，传承人也没有相应的技术和资本投入，维护的主体往往是国家。[①] 正因为数据库著作权归属不明确，许多地方建成的数据库并未公开，一定程度上阻碍了全国统一非物质文化遗产数据库的建设。然而著作权许可是离不开著作权人的，对作品后续的利用都得经过权利人的许可，如果权利主体不清晰，会造成后续利用的障碍，不利于作品的传播。

前文提及的著名乌苏里船歌案中对于权利主体问题有过不少讨论，也引起了学界和实务界广泛关注，具体案情不再赘述，法院经审理最终判决郭颂、中央电视台在使用《乌苏里船歌》时应当指明“根据赫哲族民间曲调改编”。本案的争议焦点之一是诉讼主体是否适格，即四排赫哲族乡人民政府是否具有诉讼主体资格。判决认为，产生、传承作品的地区族群、群体可以享有并行使著作权。民族自治地区政府可以代表该区域群体作为诉讼主体提起诉讼。该群族对民间文学艺术作品进行改编等再度创作，不需要经过许可，也无须支付相关的费用，但是无论以何种方式使用，都要标明该群族的名称。[②] 这起案件的难点就在于权利主体的界定无法可依，产生非物质文化遗产后期利用的制度障碍。在未来立法中应该予以明确。

有些学者已经给予不同的思路解决相关问题。在原非物质文化遗产的基础上创作产生的数字化成果，应当取得非物质文化遗产权利人的许可，若是商业性使用，还需分享其所获利益。但是，无论是商业性还是非商业性的使用，都应避免歪曲、篡改其内容。[③] 同时，取得非物质文化遗产拥有者和传承人的许可后，外来者在运用数字化技术进行非物质文化遗产的存储、宣传、研究、利用时，应当使数字化技术避免碎片化、雷同化其内涵，从而充分发挥非物质文化遗产的功能。[④]

（二）数字化成果的著作权授权机制

数字化技术也给博物馆带来另一个重大的角色变化。作品受到著作权的保护，当涉及制作与管理文物藏品数字图像的领域时，博物馆作为作品的管理者（所有者）就有潜力成为现有文化遗产数字化工程中受知识产权保护作品的所有者。[⑤] 由于著作权采用的是“自动保护主义”，注册、申请或登记并不是著作权的取得条件，作品完成即取得著作权。在当今社

---

① 倪晓春、张蓉：《关于非物质文化遗产档案数字资源库建设的思考》，载《档案学通讯》2017 年第 2 期。

② 参见北京市第二中级人民法院（2001）二中知初字第 223 号民事判决书；北京市高级人民法院（2003）高民终字第 246 号民事判决书。

③ 邵燕：《非物质文化遗产数字化中的版权法律问题研究》，载《广西民族研究》2014 年第 5 期。

④ 宋俊华：《关于非物质文化遗产数字化保护的几点思考》，载《文化遗产》2015 年第 2 期。

⑤ Guy Pessach, *Museums, Digitization and Copyright Law—Taking Stock and Looking Ahead*, Journal of International Media and Entertainment Law, 2007.

会，博物馆对文化遗产作品著作权的保护与对其传播科学文化知识、开发馆藏文化资源的社会功能变得越发重要。因此，博物馆应当从多方面探索以实现其社会功能。在制度层面上，版权登记不失为一个有效方法，它可以规范著作权管理，充分发挥博物馆的社会功能。版权登记包括所有人登记、许可登记、转让登记等涉及著作权行使的全部流程，版权登记可以保证著作权人的权利归属效力，增强证据的证明力，防止因为权利争议的发生而损害权利人的利益，从而为权利人做好坚实的保障。同时，博物馆进行版权登记，还有更为重要的作用。在博物馆对其馆藏数字资源进行授权时，版权登记可以为其艺术授权所针对的馆藏作品的著作权提供有力的证明，从而提升博物馆授权制度运行效率，促进馆藏资源文化价值的充分实现。根据我国《著作权法》和国家版权局于 2002 年公布实施的《计算机软件著作权登记办法》，可知我国采取自愿登记的方式。著作权登记并非一般作品和计算机软件作品著作权的法定生效要件；同时，为保护著作权人的权利，使著作权人能真正行使其具有排他性的著作权的具体权利，法律也鼓励权利人进行登记。对于数字化资源以及在数字化资源开发过程中形成的数字资源数据库、数字影像管理系统等软件，为了便于后续的艺术授权以及应对权利纠纷，博物馆应当及时在中国版权保护中心进行登记备案。博物馆对其著作权进行保护的重要表现是通过授权取得一定的经济收益，虽然这并不是博物馆的最终目的，却可以帮助博物馆长期、可持续地发挥其社会功能，充分开发其馆藏资源文化价值。受限于博物馆场地有限和展览方式的单一，相比于博物馆内藏品巨大的潜在价值，传统的博物馆著作权管理模式挖掘出的藏品的经济价值只是冰山一角。据统计，2017 年全年北京故宫博物院文创部线上线下共创收人民币 15 亿元。[①] 馆藏数字化资源的利用方式非常多元，文创产品开发只是其中一种，博物馆只有灵活、综合地利用多种方式对博物馆藏品数字化资源进行利用，才能在当代成功完成开发博物馆文化产业这一历史重任。

1. 著作权许可

在博物馆领域中，艺术授权是著作权许可的一种特殊方式。所谓博物馆领域中的艺术授权，是指博物馆将其拥有知识产权的馆藏品、图像或者商标等通过订立合同的方式授予他人使用；被授权者在合同授权的范围内从事相关的经营活动（一般是指生产、复制、销售某种产品或者提供某种服

① 胡程远、杨翘楚：《单霁翔首晒故宫“账本”数字太惊人》，载微信公众号“人民日报”2019 年 2 月 19 日。

务),并支付给授权者相应的版权许可费;同时博物馆负有指导与协助被授权者的义务。对外授权物品的种类也有一定限制,可对外授权的物品主要包括馆藏品和博物馆建筑的数字图像以及博物馆品牌等。① 从著作权法角度来看,博物馆艺术授权是一种著作权许可行为,其主体只能是博物馆,其客体只能是艺术作品。在博物馆艺术授权中,确定所涉藏品的著作权人非常重要,如果是博物馆自身,则可直接和被授权者签订授权合同;如果著作权人另有其人,则此时该馆藏作品的物权与著作权分离,博物馆首先需要与著作权人协商,取得著作权人许可。博物馆艺术授权对于博物馆数字化的进程具有非常重大的意义,因为博物馆数字化的进程会推动大量衍生文化产品的产出,这些衍生文化产品为被授权者进行文化经营开发提供了大量完美素材。

博物馆艺术授权应当坚持其社会公共文化的性质,在艺术授权管理中应当对馆内使用与馆外使用,艺术、科研等非商业性目的使用与出版、文创开发等商业性使用设置不同的授权条件。对于商业性使用的艺术授权,博物馆应对其进行更多的约束和限制,如利用博物馆数字资源的方式、期限、授权退出机制等。博物馆在数字化过程中合理运用艺术授权的经营模式,可以为博物馆带来"雪中送炭"和"锦上添花"的增益。"雪中送炭"是指艺术授权可以为博物馆增加收入,为博物馆提供运营的经费,以缓解资金不足的窘境;"锦上添花"意味着艺术授权能够帮助藏品的潜在文化价值的开发,为公共文化资源的利用注入市场经济的活力,推动博物馆社会功能的更好发挥。随着各种文化产品的增多,博物馆逐渐置身于文化产业竞争的旋涡,在个人闲暇时间有限,博物馆自身也没有过多精力运营吸引消费者的情况下,博物馆艺术授权可以创造出具有吸引力、符合市场需求的文创产品,以推动藏品文化价值的开发。

作为公共的文化机构,博物馆的使命之一就是传播文化。美国纽约大都会艺术博物馆于 2017 年 2 月宣布改变其关于开放资源获取的相关规定,根据"Creative Commons Zero"(CCO,无权利保留协议),博物馆将免费对公众开放其已收藏的 37.5 万件藏品高清图像资源的版权,这项举措表明任何人都可以免费下载并自由地使用和分享这些藏品的高清图像。但据馆长坎贝尔透露,该博物馆艺术品收藏总计约 150 万件,如今开放版权的 375,000 张图片囊括了大都会艺术博物馆的主要收藏,另有 65,000

---

① 李乘:《博物馆艺术授权模式剖析——以台北故宫博物院为例》,载《美术研究》2014 年第 4 期。

件馆藏艺术品虽然已经完成数字化，因为版权因素暂不对公共领域开放。① 这意味着博物馆将在未来的趋势中不断放开其对文化资源的著作权，但这并不代表博物馆主动放弃数字化成果的著作权利益；反之，出于作为公共文化机构角色的责任，博物馆将更加注重平衡公共文化利益与私权保护。

2. 著作权转让

著作权转让是取得著作权人授权的另一重要手段。与著作权许可不同，著作权转让意味着原著作权人也不再拥有作品著作权，由于其权属状态较为单一且往往成本更高，故在著作权许可及著作权转让中，被授权人往往倾向于选择著作权许可模式。《著作权法》对著作权转让的合同同样作出了相应规定。合同中一般包含的必要条款主要有转让的权利种类、地域范围、价金、违约责任等。这些事项除了表明原著作权人是否保留权利外，其授权具体流程并无明显区别。商业行为中的著作权转让相较于著作权许可的优势在于，原著作权人也不再享有实施著作权的权利，更有利于受让人发挥作品文化价值的垄断地位，从而将其文化价值更加完整地转化为商业价值。在博物馆数字化进程中若进行大量的著作权转让，在一定程度上也会妨碍博物馆本身对于著作权的行使，与博物馆更广范围地传播文化之宗旨相悖，因此著作权许可比著作权转让更适合博物馆数字化。笔者认为，正如《著作权法》实质上是通过保护创作者权益以更好地促进文化传播，博物馆在其数字化活动中对衍生作品的著作权进行主张。短期来看不利于大众自由使用这些公众资源，但长远来看，却有利于博物馆对这些作品权利进行完备的管理，从而形成有序的知识产权法律环境，便于公众享受到更好的公共文化服务。在法治社会建设过程中，这样的举措是有必要的。

二、数字化技术专利的运营

专利运营这一用语正式运用在国家知识产权局于 2010 年颁布的《全国专利事业发展战略（2011-2020 年）》中，但迄今为止就其定义学界尚未达成定论。“运营”是管理学概念，是指将社会组织投入的资源进行生产和运作以转化出社会价值的过程。② 因此，笔者认为专利运营或专利权运营，是指利用科学的方法管理、运作专利权，从而实现其价值、满足社会成员需要的过程。而在不同领域，对专利运营的研究角度也有所不同，管理

---

① 黄松：《纽约大都会博物馆开放 37 万余张藏品高清图，可免费下载》，载澎湃新闻网 2017 年 2 月 13 日，https://www.thepaper.cn/newsDetail_forward_1617526。

② 张青山等：《现代运营管理方法》，电子工业出版社 2015 年版，第 1~2 页。

学界侧重于研究专利运营过程控制、体系建设等，而法学界的关注重心则在于专利运营过程中的法律风险及其规避途径等。博物馆数字化专利技术是博物馆知识产权资源库中必不可少的一部分，对其进行科学的运营管理，有利于博物馆在藏品数字化进程中做到心中有数，有条不紊地推进数字化技术发展。

专利制度的一个重要部分是对专利进行界定从而确定权属状态，专利运营必须重视对目标专利及其权属边界状态的关注。在专利侵权纠纷或假冒案件中，之所以会有对目标专利的权属状态或专利边界产生纠纷的余地，多是因为对该专利的权利边界定义不明晰。专利可由专利权人自行实施，也可以通过转让、授权等方式授权给他人实施，但无论以何种方式，专利权界定都是必要考量因素。一般而言，专利的申请权归发明人所有，但当发明人与专利申请权人为不同主体时，便产生了复杂的专利权属法律问题。发明人并不当然成为专利权人，多为发明人与专利权人之间有权属分配协议或者法律对此有特殊规定，如职务发明、委托发明、合作发明等。在这三种特殊类型的发明中，职务发明是实践中产生最多也是最容易产生权属纠纷的类型。综观世界各国专利法对于职务发明的规定，我们可以看出各国专利法多侧重于解决如何合理分配职务发明的专利权的权利归属问题，且各国之间对此规定并不相同。如英国区分职务发明与非职务发明以雇员对公司发展负有特殊义务为准，而一旦被确定为职务发明，则其专利权的分配规则与我国专利法规定类似，即雇主对职务发明享有专利权，但雇员可依其对该发明的贡献获得奖酬。而美国则根本无职务发明一说，若完全根据法律规定分配专利权，则该种情形下专利权归雇员所有，因此美国公司多采取与员工签订转让发明协议的方式来进行专利权管理。美国的判例法中也衍生出三种雇员发明类型，即雇主主导的发明、雇主实施权发明和自由发明。① 其中，雇主对其主导的发明即职务发明享有专利权。雇主实施权发明即雇员利用雇主的资源产生的发明，此时雇员对该职务发明享有专利权，但此时雇主对该专利享有受限制的实施权。自由发明的专利权与雇主无关，其专利权完全归雇员享有。在我国，职务发明不仅是三种特殊类型发明中比重最大的一种，甚至还超越了完全自主的个人发明数量，成为我国发明专利中的主力军。这主要是因为发明专利对专利的创造性要求极高，需要各种资源以支撑科研人员的发明创造活动，通常只有非个人的公司、高校、科研机构等组织才能负担得起这些资源成本。据国家

① 张冬、李鸿霞：《我国专利运营风险认定的基本要素》，载《知识产权》2017年第1期。

知识产权局统计,2014 年我国所有申请中的发明专利 81%是职务发明申请;而我国有效发明专利中,职务发明的比例则更胜一筹,其比例高达 90%。① 但与之相对应的是在立法层面,我国现行《专利法》及《专利法实施细则》中有关职务发明的权属分配规则并不能与纷繁复杂的职务发明司法实践需要相适应,因此职务发明法律风险较大,需加以特别关注和管控。

在确定专利权属边界后,文化遗产数字化主体需要关注的是如何实施该专利以最大化其价值。在纳什均衡理论中,其核心观点是合作,即与他人合作可以使自身利益最大化。② 在专利运营中,专利权人既可以自行实施专利,也可以选择与他人通过交易目标专利权展开合作,但往往专利交易的方式比自行实施专利更能完备地发挥出专利的价值。专利交易包含多种方式。最常见的有专利转让、专利许可和专利质押三种方式,而在这三种专利交易模式中,专利许可又是使用比例最高的交易方式。专利许可与专利转让不同,其交易标的仅为专利权中的使用权而非所有权,因此对该使用权的交易,需要从多个维度进行限制,如许可期限、许可领域、许可内容等,这些都是专利许可合同上的必备条款。就“专利许可期限”条款而言,专利许可合同中对专利许可期限通常以规定起始期限与终止期限的方式加以限制。而被许可人的顺利实施专利时间并不等同于合同中约定的起始时间,因许可人认识到专利中部分关键隐性技术与自身市场竞争力维系的重要性,被许可人难以直接获得此类技术,需要多次交涉后才得以真正顺利实施专利。就许可人而言,期限约定不明对产品生产、销售等多环节难以协调,甚至可能导致因许可人无法及时阻止被许可人实施专利技术或销售专利产品的行为而引起的许可费用结算纠纷。

专利交易的另一种模式为专利转让,相较于专利许可,其合同条款虽然没有那么复杂,但在法律生效程序上要严格得多。我国《专利法》第 10 条规定,专利权和专利申请权权属转让生效于自向国务院专利行政部门登记之日。该条款提高了专利权转让这一民事法律行为的生效门槛,与物权转让中的不动产和特殊动产的所有权转让一样,由于专利权具有较高价值,因此法律将该类财产的所有权转移活动置于国家行政机关的监管之下,以提升交易的安全性。这同时表明,专利转让合同的签订仅意味着双方债权债务关系的确立,专利转让合同的签订与专利转让行为的生效之间

① 国家知识产权局规划发展司:《累足成步三十载　铸就辉煌谱华章——纪念专利法实施 30 周年》,载《专利统计简报》2015 年第 9 期。

② 张冬:《中药知识产权国际化保护问题的实效方法论应用——以中美对中药保护最佳路径选择为视角》,载《河北法学》2012 年第 1 期。

存在时间差，这就增加了专利转让这一交易模式的法律风险。作为无形资产的专利权具有的固有缺陷，如稳定价值缺乏，因此不能不针对其变现方式全面考量、仔细斟酌如技术成熟度、市场潜力等因素，质押过程中价值贬损情形的发生也必须纳入综合考量的范围内。

三、商标权运营

除著作权管理外，商标权运营是文化遗产数字化知识产权运营过程中比重最大的一部分。文化遗产的商标运营与企业商标运营类似，需要关注商标设计、商标注册、商标使用、商标交易、商标维权等商标管理的全过程，从而使与文化遗产和文化遗产数字化相关的商标权价值得到充分发挥。

第一，精心设计，显著新颖。文化遗产数字化的主体可能是公共文化服务机构，也可能是政府部门、公司企业等，但无论是公司还是非营利机构，其商标运营必须首先考虑该商标能否实现其预期的商业目的，这是选择商标这一知识产权形式的必经之路。其中，商标设计是初始环节，商标注册可以在不同区域、不同商品或服务种类上进行，但商标设计决定了商标的商誉承载能力和商品指示功能，在商品或服务打入市场后就难以随意更改。商标设计首要条件就是商标具有显著性。显著性是指该商标被投入市场流通使用后，其能够清晰指示消费者分辨商标使用者的商品或服务的功能。但商标显著性设计不能违反法律的强制性规定，例如使用县级以上地名或违背公序良俗的商标，便可能被认定为无效。商标设计要在形式和内容上创新，在具备显著性的前提下体现商标的新颖性。形式上的新颖性是指根据现行《商标法》之规定，商标可以选择文字、图形之外的其他形式。对文化遗产而言，以其数字化过程中形成的 3D 模型注册为三维标志商标不失为一个好方法。文化遗产数字化主体在法律允许的前提下选择新颖的形式设计商标，无疑可以使其在消费者群体中留下更深的印象，从而更好地助力文化遗产品牌发展。商标设计内容上的新颖性是指在商标组成元素的文字、图形上精心设计，增强表现力，鲜明、新颖地传达商标所需传达的文化理念和价值观。与纯粹商业商标不同，文化遗产数字化领域相关商标还需要注重注入文化内涵。如故宫博物院商标中，“宫”字的一“点”取材于“海水江牙”和“玉璧”的图形元素；“宫”字的两个“口”暗合之意缘起于紫禁城“前朝后寝”的建筑理念；“宫”字下方没有封口的开放式设计，意味着如今的故宫开放式的理念。此外，图案中的矩形与上方的玉璧组成了“天圆地方”的组合；商标的主要色彩为金色、红色、蓝色等紫禁城经典色调，充分展现了故宫的建筑特色。

第二，及时注册，全面布局。注册是取得商标专用权的法定程序，只有经过注册商标权人才能在法律层面上“独占”该商标。关于文化遗产的商标抢注案件比比皆是，一方面说明恶意商标抢注行为并未得到有效规制，另一方面也体现出利益相关人商标注册意识的淡泊，从而留给恶意抢注者可乘之机。作为商标权运营环节中的重要部分，商标注册不仅要及时，还应在战略上合理布局，而非盲目注册。为防止“搭便车”行为，在法律允许的范围内注册备用商标、联合商标和防御商标是一条可行途径，在不同领域注册同一个商标，有利于商标权人为日后商品或服务多元化发展做好准备。在当前我国已经放宽了商标注册组合要素的背景下，及时在不同领域注册基础商标外的备用商标、联合商标和防御商标，对于商标权运营整体战略布局具有非凡意义。此外，商标权人还需要树立知识产权国际保护思维。文化遗产是人类共同遗产，在数字网络时代，不同国家、地区之间文化交流已经突破时间和地域障碍，因此商标国际注册也是商标权运营不可忽视的一环。由于申请在先原则是我国商标注册奉行的原则，建议商标权人先及时在国内注册，然后再进行商标的国际注册。在根据《马德里协定》跨国申请商标之前，为防止被他人捷足先登的情况发生，需要先进行商标检索，也可以委托商标代理公司负责在某一国家的商标注册具体事宜，或通过欧盟内部市场协调局（OHIM）在欧盟国家申请注册。

第三，规范使用，加强保护。商标价值的直接体现是商标设计和注册之后的商标使用。商标权人虽经依法注册后即拥有了对商标的“独占”权利，但这并不意味着商标权人可以毫无限制地使用该商标，商标的使用需以不损害国家、社会公共利益和不侵犯他人合法权益为前提。首先，商标的使用需在注册的类别范围内使用，超出行业范围使用商标不但无法获得《商标法》的保护，还可能侵犯他人注册商标权。其次，使用商标必须以在商标行政管理部门核准注册的商标为准，不得加以改动。如唯冠公司与苹果公司就“iPad”商标的纠纷，就表明某些市场主体认为对自己已经获取商标专用权的注册商标进行细小改动后仍可使用，且无侵权风险。因此商标的及时注册和全面布局显得极为重要，在商标打入市场之初便考虑到商标使用的各种情况，为该主商标注册一系列备用商标、联合商标等，便可达到防止他人“搭便车”和确保自己无侵犯他人注册商标专用权风险的双重目的。注册和使用商标的另一个常见误区是“傍名人”，存在侵犯姓名权诉讼风险，这是文化遗产数字化商标注册和使用本身也需要注意的风险点之一。此外，商标权保护问题也属于商标权运营的一环，即商标权遭到侵权时如何处理的问题。在处理商标权保护问题时,有条件的市场主体可以在内部成立专门的法律事务部或知识产权管理部门;条件不成熟的,也可以通过委托专门的知识产权公司、律师事务所等对其商标使用状况进行监控以及处理商标侵权诉讼等。但商标权的保护归根结底还是需要文化遗产数字化的主体提升商标保护意识,积极主动地关注与自身相关的商标使用状态。

主要参考文献

一、中文期刊

[1]黄松:《智能时代遗产信息的分析与应用》,载《中国文化遗产》2021年第2期。

[2]张璐:《基于文化共同体构建的民族非物质文化遗产保护探究》,载《贵州民族研究》2019年第6期。

[3]阳晓伟、杨春学:《"公地悲剧"与"反公地悲剧"的比较研究》,载《浙江社会科学》2019年第3期。

[4]彭学龙:《论连续不使用之注册商标请求权限制》,载《法学评论》2018年第6期。

[5]刘鑫:《从公开活用走向促进地区振兴:日本非物质文化遗产的利用》,载《民族艺术》2018年第5期。

[6]宋健:《商标权滥用的司法规制》,载《知识产权》2018年第10期。

[7]孙阳:《演进中的合理使用规则及其启示》,载《知识产权》2018年第10期。

[8]张伟君:《从"金庸诉江南"案看反不正竞争法与知识产权法的关系》,载《知识产权》2018年第10期。

[9]李虎:《论传承人流动与少数民族非物质文化遗产保护》,载《中南民族大学学报(人文社会科学版)》2018年第5期。

[10]杨红军:《反不正当竞争法过度介入知识产品保护的问题及对策》,载《武汉大学学报(哲学社会科学版)》2018年第4期。

[11]王太平、袁振宗:《反不正当竞争法的商业标识保护制度之评析》,载《知识产权》2018年第5期。

[12]孔祥俊:《作品名称与角色名称商品化权益的反思与重构——关于保护正当性和保护路径的实证分析》,载《现代法学》2018年第2期。

[13]孙新强、姜荣:《著作权延伸性集体管理制度的中国化构建——以比较法为视角》,载《法学杂志》2018年第2期。

[14]田晓玲、张玉敏:《商标抢注行为的法律性质和司法治理》,载《知识产权》2018年第1期。

[15]刘银良:《信息网络传播权及其与广播权的界限》,载《法学研究》

2017年第6期。

[16]孔祥俊:《论反不正当竞争法的竞争法取向》,载《法学评论》2017年第5期。

[17]孟奇勋、李靖:《3D打印时代数字化专利侵权及补偿机制研究》,载《中国科技论坛》2017年第9期。

[18]姜海洋:《论新型民事权利的创设——以商品化权为研究对象》,载《天府新论》2017年第5期。

[19]胡卫萍、刘靓夏、赵志刚:《博物馆文化资源开发的产权确认与授权思考》,载《重庆大学学报(社会科学版)》2017年第4期。

[20]李明德:《关于〈反不正当竞争法〉修订的几个问题》,载《知识产权》2017年第6期。

[21]毕文轩:《3D打印视阈下著作权法适用问题研究——从法解释学的视角入手》,载《东南大学学报(哲学社会科学版)》2017年第S1期。

[22]蔡晓东:《3D打印专利侵权、著作权侵权之界限》,载《科技与法律》2017年第3期。

[23]蒋利玮:《论商品化权的非正当性》,载《知识产权》2017年第3期。

[24]田利:《关于图书馆开展文创工作的理性思考》,载《图书馆工作与研究》2017年第2期。

[25]周玲玲:《〈欧盟数字化单一市场指令提案〉之著作权例外条款解读》,载《图书情报工作》2017年第3期。

[26]张冬、李鸿霞:《我国专利运营风险认定的基本要素》,载《知识产权》2017年第1期。

[27]卢纯昕:《反不正当竞争法一般条款在知识产权保护中的适用定位》,载《知识产权》2017年第1期。

[28]单霁翔、毛颖:《从"故宫"到"故宫博物院"——单霁翔院长专访》,载《东南文化》2016年第5期。

[29]李士林:《商标使用:商标侵权先决条件的检视与设定》,载《法律科学(西北政法大学学报)》2016年第5期。

[30]张鹏:《日本商品化权的历史演变与理论探析》,载《知识产权》2016年第5期。

[31]黄玉烨、钱静:《我国非物质文化遗产传承人认定制度的困境与出路》,载《广西大学学报(哲学社会科学版)》2016年第3期。

[32]房琦:《少数民族非物质文化遗产的法律保护——基于利益平衡

视角》,载《贵州民族研究》2016 年第 3 期。

[33]冯震宇:《论文物艺术品摄影著作之保护与利用》,载《月旦法学杂志》2016 年第 249 期。

[34]胡卫萍:《罗马法视角的文化资源的产权归属》,载《重庆大学学报(社会科学版)》2015 年第 6 期。

[35]曹树金、王志红、古婷骅:《广东省公共数字文化网站调查与分析》,载《图书馆论坛》2015 年第 11 期。

[36]何炼红、云姣:《论公共文化机构对孤儿作品的合理使用》,载《知识产权》2015 年第 10 期。

[37]黄汇:《商标法中的公共利益及其保护——以"微信"商标案为对象的逻辑分析与法理展开》,载《法学》2015 年第 10 期。

[38]杨明:《非物质文化遗产保护的现实处境与对策研究》,载《法律科学(西北政法大学学报)》2015 年第 5 期。

[39]俞风雷:《日本职务发明的贡献度问题研究》,载《知识产权》2015 年第 6 期。

[40]王明月:《非物质文化遗产保护的数字化风险与路径反思》,载《文化遗产》2015 年第 3 期。

[41]张艺耀:《中国宪法文本中"文化"概念的规范分析》,载《河北法学》2015 年第 4 期。

[42]王迁:《论汇编作品的著作权保护》,载《法学》2015 年第 2 期。

[43]尚广振:《我国职务发明创造权利归属契约化路径初探》,载《中国发明与专利》2015 年第 1 期。

[44]孙昊亮:《博物馆知识产权法律问题探析》,载《科技与法律》2014 年第 6 期。

[45]张宗任:《职务发明的权利归属和报酬问题研究》,载《知识产权》2014 年第 10 期。

[46]邵燕:《非物质文化遗产数字化中的版权法律问题研究》,载《广西民族研究》2014 年第 5 期。

[47]罗娇:《"3D 打印"的著作权法律问题研究》,载《知识产权》2014 年第 8 期。

[48]李瑞红:《博物馆藏品影像化中的著作权问题》,载《山西财经大学学报》2014 年第 S1 期。

[49]祝建军:《判定商标侵权应以成立"商标性使用"为前提——苹果公司商标案引发的思考》,载《知识产权》2014 年第 1 期。

[50]李士林:《论南音的商标法保护》,载《民族艺术研究》2013年第6期。

[51]杨利华:《功能性作品著作权保护制度研究》,载《知识产权》2013年第11期。

[52]张今:《商标法第三次修改的几个重大问题解读》,载《中华商标》2013年第11期。

[53]管育鹰:《欧美孤儿作品问题解决方案的反思与比较——兼论我国〈著作权法〉相关条款的修改》,载《河北法学》2013年第6期。

[54]林坚:《关于"文化"概念的梳理和解读》,载《文化学刊》2013年第5期。

[55]丁丽瑛:《民间文学艺术表达的著作权保护》,载《厦门大学学报(哲学社会科学版)》2013年第3期。

[56]范佳:《"数字人文"内涵与古籍数字化的深度开发》,载《图书馆学研究》2013年第3期。

[57]王迁:《"孤儿作品"制度设计简论》,载《中国版权》2013年第1期。

[58]李琛:《论我国著作权法修订中"合理使用"的立法技术》,载《知识产权》2013年第1期。

[59]吴汉东:《论反不正当竞争中的知识产权问题》,载《现代法学》2013年第1期。

[60]梁志文:《著作权延伸性集体许可制度的移植与创制》,载《法学》2012年第8期。

[61]辛艺华、涂乐:《社会转型与公共视觉信息沟通的关系——以博物馆功能转型中的视觉信息设计为例》,载《华中师范大学学报(人文社会科学版)》2012年第3期。

[62]张冬:《中药知识产权国际化保护问题的实效方法论应用——以中美对中药保护最佳路径选择为视角》,载《河北法学》2012年第1期。

[63]王伟华:《博物馆文化遗产的数字展示与实体展示》,载《东南文化》2011年第5期。

[64]王吉林、陈晋璋:《非物质文化遗产开发利用的私法规制》,载《河北法学》2011年第11期。

[65]李丹:《试论普通法下公开权制度的发展及成因》,载《比较法研究》2011年第3期。

[66]周艳敏、宋慧献:《关于孤儿作品著作权问题的立法设想》,载《电

子知识产权》2011 年第 3 期。

[67]韩小兵:《非物质文化遗产权——一种超越知识产权的新型民事权利》,载《法学杂志》2011 年第 1 期。

[68]芮松艳:《侵犯注册商标专用权行为的构成要件》,载《中华商标》2011 年第 1 期。

[69]张玉敏、曹博:《录像制品性质初探》,载《清华法学》2011 年第 1 期。

[70]祝建军:《质疑商品化权》,载《科技与法律》2010 年第 5 期。

[71]孙昊亮:《非物质文化遗产的公共属性》,载《法学研究》2010 年第 5 期。

[72]杨明:《非物质文化遗产保护的法律结构》,载《电子知识产权》2010 年第 8 期。

[73]吴汉东:《论传统文化的法律保护——以非物质文化遗产和传统文化表现形式为对象》,载《中国法学》2010 年第 1 期。

[74]黄玉烨、戈光应:《非物质文化遗产的法律保护模式》,载《重庆工学院学报(社会科学版)》2009 年第 5 期。

[75]叶秋华、孔德超:《文化遗产法律保护中的几个问题》,载《法学家》2008 年第 5 期。

[76]黄玉烨:《论非物质文化遗产的私权保护》,载《中国法学》2008 年第 5 期。

[77]孙艳蕾:《浅议域名与商标冲突的法律构建》,载《科技与法律》2008 年第 2 期。

[78]徐辉鸿、郭富青:《非物质文化遗产商标法保护模式的构建》,载《法学》2007 年第 9 期。

[79]赵林青:《对域名法律保护的思考——以域名与商标的冲突为视角》,载《法学杂志》2007 年第 5 期。

[80]张丹丹、张帆:《商品化权性质的理论之争及反思》,载《当代法学》2007 年第 5 期。

[81]齐爱民、赵敏:《非物质文化遗产系列研究(五)　非物质文化遗产商业开发中的利益分享机制之确立》,载《电子知识产权》2007 年第 8 期。

[82]廖明君、周星:《非物质文化遗产保护的日本经验》,载《民族艺术》2007 年第 1 期。

[83]祝建军、汪洪:《形象权的知识产权属性——“三军仪仗队形象

权”纠纷案引发的思考》,载《知识产权》2007 年第 1 期。

[84]刘宁:《域名法律地位研究》,载《河北大学学报(哲学社会科学版)》2006 年第 6 期。

[85]严永和:《传统知识知识产权保护正当性的经济分析》,载《知识产权》2006 年第 2 期。

[86]杨立新、林旭霞:《论形象权的独立地位及其基本内容》,载《吉林大学社会科学学报》2006 年第 2 期。

[87]杨立新、林旭霞:《论人格标识商品化权及其民法保护》,载《福建师范大学学报(哲学社会科学版)》2006 年第 1 期。

[88]杨明:《反不正当竞争中知识产权私法与公法保护的协调》,载《知识产权》2005 年第 6 期。

[89]郭洪波:《商标权与其它标识性知识产权冲突问题研究》,载《法学》2005 年第 9 期。

[90]张钧:《文化权法律保护研究——少数民族地区旅游开发中的文化权保护》,载《思想战线》2005 年第 4 期。

[91]张军:《论无形文化遗产在旅游开发中的有形化利用》,载《中南民族大学学报(人文社会科学版)》2005 年第 3 期。

[92]严永和:《论传统知识的地理标志保护》,载《科技与法律》2005 年第 2 期。

[93]谢晓尧:《商品化权:人格符号的利益扩张与衡平》,载《法商研究》2005 年第 3 期。

[94]邢鸿飞、杨婧:《文化遗产权利的公益透视》,载《河北法学》2005 年第 4 期。

[95]朱伯玉、管洪彦:《域名权可为抵押权标的之民法分析》,载《法学论坛》2005 年第 2 期。

[96]吴汉东:《形象的商品化与商品化的形象权》,载《法学》2004 年第 10 期。

[97]郑成思:《反不正当竞争——知识产权的附加保护》,载《中国社会科学院研究生院学报》2003 年第 6 期。

[98]王国炎、汤忠钢:《“文化”概念界说新论》,载《南昌大学学报(人文社会科学版)》2003 年第 2 期。

[99]郭玉军、向在胜:《美国公开权研究》,载《时代法学》2003 年第 1 期。

[100]程永顺:《审理域名注册纠纷案件的若干问题》,载《人民司法》

2002 年第 6 期。

[101]郑易生:《自然文化遗产的价值与利益》,载《经济社会体制比较》2002 年第 2 期。

[102]姜晓亮:《论域名权与商标权的冲突》,载《中国司法》2001 年第 11 期。

[103]张玉瑞:《论中文域名的知识产权属性与立法、执法框架》,载《知识产权》2001 年第 2 期。

[104]张莉、风笑天:《转型时期我国第三部门的兴起及其社会功能》,载《社会科学》2000 年第 9 期。

[105]李虹:《域名与商标权冲突之辨析》,载《法律适用》1999 年第 12 期。

[106]韦之:《论不正当竞争法与知识产权法的关系》,载《北京大学学报(哲学社会科学版)》1999 年第 6 期。

[107]张乃根:《试析全球电子商务中的知识产权》,载《知识产权》1999 年第 3 期。

[108]董炳和:《论形象权》,载《法律科学(西北政法学院学报)》1998 年第 4 期。

[109]李明发:《著作权转让的若干法律问题》,载《法学家》1997 年第 6 期。

[110]公丕祥:《国际化与本土化:法制现代化的时代挑战》,载《法学研究》1997 年第 1 期。

[111]郑成思:《商品化权刍议》,载《中华商标》1996 年第 2 期。

二、著作

[1] 麻国庆、朱伟:《文化人类学与非物质文化遗产》,生活·读书·新知三联书店 2018 年版。

[2]张明楷:《刑法学》(第 5 版),法律出版社 2016 年版。

[3]方李莉:《"文化自觉"视野中的"非遗"保护》,北京时代华文书局 2016 年版。

[4]张青山等:《现代运营管理方法》,电子工业出版社 2015 年版。

[5]王迁:《著作权法》,中国人民大学出版社 2015 年版。

[6]杨明:《非物质文化遗产的法律保护》,北京大学出版社 2014 年版。

[7]郭玉军:《国际法与比较法视野下的文化遗产保护问题研究》,武

汉大学出版社 2011 年版。

[8]全国人大常委会法制工作委员会行政法室编著:《中华人民共和国非物质文化遗产法释义及实用指南》,中国民主法制出版社 2011 年版。

[9]刘春田主编:《知识产权法》,高等教育出版社、北京大学出版社 2010 年版。

[10]王迁:《知识产权法教程》(第 3 版),中国人民大学出版社 2011 年版。

[11]陈淳主编、复旦大学文物与博物馆学系复旦大学文化遗产研究中心编:《文化遗产研究集刊》(第 4 辑),复旦大学出版社 2009 年版。

[12]郑成思:《知识产权论》,法律出版社 2007 年版。

[13]王文章主编:《非物质文化遗产概论》,文化艺术出版社 2006 年版。

[14]徐嵩龄:《第三国策:论中国文化与自然遗产保护》,科学出版社 2005 年版。

[15][德]M. 雷炳德:《著作权法》,张恩民译,法律出版社 2004 年版。

[16]曲三强:《知识产权法原理》,中国检察出版社 2004 年版。

[17]吴汉东:《知识产权法》(第 5 版),法律出版社 2004 年版。

[18]李明德:《美国知识产权法》,法律出版社 2003 年版。

[19]复旦大学文物与博物馆系编:《文化遗产研究》,上海古籍出版社 2001 年版。

[20]司马云杰:《文化社会学》,中国社会科学出版社 2001 年版。

[21]张五常:《经济解释——张五常经济论文选》,商务印书馆 2000 年版。

[22][法] 维克多·埃尔:《文化概念》,康新文等译,上海人民出版社 1988 年版。

[23][美]E. 博登海默:《法理学:法律哲学与法律方法》,邓正来译,中国政法大学出版社 1998 年版。

[24]张文显主编:《法理学》,法律出版社 1997 年版。

三、外文期刊

[1] See G. Ellis Burcaw, *Introduction to Museum Work* (*American Association for State and Local History*), Alta Mira Press, 1997.

[2] John Caman, *Archaeology and Heritage*: *An Introduction*, Continuum International Publishing Group, 2002.

[3] Lyndel V. Prott & Patrick J. O'Keefe, *Law and the Cultural Heritage*, *Vol. 1: Discovery and Excavation*, Professional Books, 1984.

[4] D. Schindler & J. Toman, *Treaty on the Protection of Artistic and Scientific Institutions and Historic Monuments (Roerich Pact)*, 167 L. N. T. S., 1935.

[5] UNESCO, *Recommendation Concerning the Most Effective Means of Rendering Museums Accessible to Everyone*, Dec. 14, 1960.

[6] UNESCO, *Recommendation Concerning the Safeguarding of the Beauty and Character of Landscapes and Sites*, Dec. 11, 1962.

[7] Cinnamon Carlarne, *Putting the "And" Back in the Culture-Nature Debate: Integrated Cultural and Natural Heritage Protection*, 25 UCLA Journal of Environmental Law and Policy, 2007.

[8] Mira Burri, *Global Cultural Law and Policy in the Age of Ubiquitous Internet*, 21 International Journal of Cultural Property, 2014.

[9] George F. MacDonald & Stephen Alsford, *The Museum as Information Utility*, 10 Museum Management and Curatorship, 1991.

[10] Bonnie Pitman, *Muses, Museums, and Memories*, 128 (3) Daedalus, 1999.

[11] Judith R. Blau, *The Disjunctive History of U. S. Museums*, 1869–1980, 70(1) Social Forces, 1991.

[12] Ann Grogg & American Association of Museums, *Museums Count: A Report*, American Association of Museums Press, 1994.

[13] Ann Marie Sullivan, *Cultural Heritage & New Media: A Future for the Past*, 15 the John Marshall Review of Intellectual Property Law, 2016.

[14] Eilean Hooper-Greenhill, *Museums and the Shaping of Knowledge*, Routledge, 1992.

[15] Julia D. Harrison, *Ideas of Museums in the* 1990'*s*, 13 Museum Management and Curatorship, 1994.

[16] Eilean Hooper-Greenhill, *Museum Education: Past, Present and Future*, in Roger Miles & Lauro Zavala eds., Towards the Museum of the Future: New European Perspectives, Routledge, 1994.

[17] Ben Davis, *Digital Museums*, Aperture. No. 136, 1994.

[18] Werner Schweibenz, *The "Virtual Museum": New Perspectives for Museums to Present Objects and Information Using the Internet as a*

Knowledge Base and Communication System, in H. Zimmermann, & H. Schramm eds. , Proceedings of the 6th ISI Conference, Prague, November 1998.

[19] David Fleming, *Managing change in Museums-Keynote Address*, Vdocuments. net (Nov. 8, 2014), https://vdocunents. net/david – fleming – paper. html.

[20] Nina Simon, *The Participatory Museum*, 2 Museum, 2010.

[21] Mira Burri, *Global Cultural Law and Policy in the Age of Ubiquitous Internet*, 21 International Journal of Cultural Property, 2014.

[22] Wen-tsun Wu & Jia-he Jiang, *Essential Equilibrium Points of N-person Non-cooperative Games*, 11 Scientia Sinica, 1962.

[23] Sonia K. Katyal, *Technoheritage*, 105 California Law Review, 2017.

[24] Dennis Tsichritzis & Simon Gibbs, *Virtual Museums and Virtual Realities*, in Proceedings of International Conference on Interactivity and Hypermedia in Museums, Pittsburgh, 1991.

[25] Michael De Souceya, Michael A. Elliott & Vaughn Schmutz, *Rationalized authenticity and the transnational spread tangible cultural heritage*, Poetics, 2018.

[26] Francesca Cominelli & Xavier Greffe, *Intangible Cultural Heritage: Safeguarding for Creativity*, 3 City, Culture and Society, 2012.

[27] Hong Yang, *The Pros and Cons about the Digital Recording of Intangible Cultural Heritage and Some Strategies*, XL-5 (W7) International Archives of the Photogrammetry, Remote Sensing and Spatial Information Sciences, 2015.

[28] Garrett Hardin, *The Tragedy of the Commons*, 162 Science, 1968.

[29] Sumathi Subbiah, *Reaping What They Sow: The Basmati Rice Controversy and Strategies for Protecting Traditional Knowledge*, 27 Boston College International & Comparative Law Review, 2004.

[30] Roland Knaak & Annette Kur, *Protection of Traditional Names and Designations*, in S. von Lewinski ed. , Indigenous Heritage and Intellectual Property-Genetic Resources, Traditional Knowledge and Folklore, Kluwer Law International, 2004.

[31] Robert Kirkwood Paterson & Dennis S. Karjala, *Looking beyond*

Intellectual Property in Resolving Protection of the Intangible Cultural Heritage of Indigenous Peoples, 11 Cardozo Journal of International and Comparative Law, 2003.

[32] Matthew Erramouspe, *Staking Patent Claims on the Human Blueprint: Rewards and Rent-dissipation Races*, 43 UCLA Law Review, 1996.

[33] Michael Weinberg, *3D Scanning: A World Without Copyright*, 5 Shapeways Magazine, 2016.

[34] Jeremy de Beer & Mario Bouchard, *Canada's "Orphan Works" Regime: Unlocatable copyright Owners and the Copyright Board*, 10 Oxford University Commonwealth Law Journal, 2010.

[35] Megan M. Carpenter, *Drawing a Line in the Sand: Copyright Law and New Museums*, 13 Vanderbilt Journal of Entertainment & Technology Law, 2011.

[36] Yaniv Benhamou, *Copyright and Museums in the Digital Age*, WIPO Magazine, June 2016.

[37] Petya Emilova Pavlova, *Training in creation of 3D printed products*, International Scientific Conference Electronics, 2019.

[38] Ben Depoorter, *Intellectual Property Infringements & 3D Printing: Decentralized Piracy*, 65 Hastings Law Journal, 2014.

[39] Amanda Scardamaglia, *Flashpoints in 3D Printing and Trade Mark Law*, 23 Journal of Law, Information and Science, 2015.

[40] Clark Tom, *Alternative Modes of Co operative Production*, 5 Economic and Industrial Democracy, 1984.

[41] Christine Wallace, *Overlapping Interests in Derivative Works and Compilations*, 35 Case Western Reserve Law Review, 1984.

[42] Nicholas Smith & Erik Wilbers, *The UDRP: Design Elements of an Effective ADR Mechanism*, 15 the American Review of International Arbitration, 2004.

[43] Heather Grab, *Free Trade and Cultural Industry: Finding a Way to Sleep in the Same Bed*, 45 Alberta Law Review, 2007.

[44] Mark Schultz & Alec van Gelder, *Creative Development: Helping Poor Countries by Building Creative Industries*, 97 Kentucky Law Journal, 2008.

[45]Glynn S. Lunney, *Copyright's Mercantilist Turn*, 42 Florida State University Law Review, 2014.

[46]Rina Elster Pantalony, *Guide on Managing Intellectual Property for Museums*, WIPO, 2013.

[47]Guy Pessach, *Museums, Digitization and Copyright Law—Taking Stock and Looking Ahead*, 1 Journal of International Media and Entertainment Law, 2006-2007.

[48]Lester I. Yano, *Protection of the Ethnobiological Knowledge of Indigenous Peoples*, 41 UCLA Law Review, 1993-1994.

[49]USCO, *Report on Orphan Works, A Report of the Register of Copyrights*, January 2006.

[50]Christine Steiner, *A Museum Guide to Copyright and Trademarks*, American Association for Museums, 1999.

[51]Robin J. Allan, *After Bridgeman: Copyright, Museums, and Public Domain Works of Art*, 155 University of Pennsylvania Law Review, 2007.

四、案例

[1]See George Milpurrurru, Payunks, Marika & Others v. Indofum Pty Ltd, 54 FCR 240 (1994).

[2]Bridgeman Art Library, Ltd. v. Corel Corp., 25 F. Supp. 2d 421, 36 F. Supp. 2d 191(1998).

[3]Meshwerks Inc. v. Toyota Motor Sales U. S. A., Inc., 528 F. 3d 1258 (2008).

[4]Harper & Row Publishers, Inc. v. Nation Enterprises, 471 U. S. 539 (1985).

[5]Entertainment Research Group, Inc. v. Genesis Creative Group, Inc., Aerostar International, Inc., 122 F. 3d 1211 (1997).

[6]Lucky Break Wishbone Corp. v. Sears Roebuck & Co., 373 Fed. Appx. 752 (2008).

[7]Osment Models, Inc. v. Mike's Train House, Inc., No. 2:09-CV-04189-NKL, 2010 WL 5423740(W. Dist. Mo. Dec. 27, 2010).

[8]Alva Studios, Inc. v. Winninger, 177 F. Supp. 265 (S. D. N. Y. 1959).

[9]Stowe v. Thomas, 23 F. Cas. 201(1853).

[10] Feist Publ'ns, Inc. v. Rural Tel. Serv. Co. , 499 U. S. 340, 345 (1991).

[11] Museum of Modern Art v. MOMACHA IP LLC, 2018 U. S. Dist. LEXIS 173694.

[12] Haelan Laboratories, Inc. v. Topps Chewing Gum, Inc. , 202 F. 2d 866 (2d Cir. 1953).

[13] Bake v. Selden, 101 U. S. 99(1879).

后　记

2019年的初秋,我成功获得国家社科基金后期资助。当时的激动与兴奋之情至今还时常浮现于我的脑海之中。今天书稿总算完成,这段研究与创作过程有些艰辛,经历了一场肯定、否定、再肯定的自我辩论。

近几年来,随着现代科技的发展,以现代通信技术、信息技术、虚拟现实为代表的数字化技术逐渐成熟,促进了文化遗产传承和保护方式的转变,推动了中国优秀传统文化的全球化快速传播。在此背景下,我对文化遗产的数字化法律保护问题产生了浓厚的兴趣。中华五千年文明为世界留下了丰富灿烂的文化遗产,而文化遗产是民族的记忆,时代的财富。党的十九大报告指出:要推动文化事业和文化产业发展,加强文物保护利用和文化遗产保护传承。2020年两会期间,文化遗产问题成为社会各界热议的焦点,代表们纷纷从文化遗产,特别是非物质文化遗产的利用、保护、传承、创新等各个方面建言献策,推动非物质文化遗产文化步入新发展阶段。我有机会承担这项课题,倍感荣幸,同时也强烈地意识到文化遗产数字化成果保护是一项长远而又艰巨的任务,为传统文化的传承与发展制定科学的规则、设置合理的路线是当代制度构建者、推动者和实施者义不容辞的责任。

从2019年至2021年,我进行了数十次的调研,收获颇多。2019年,我带领团队去了杭州、苏州、上海、长沙、湘西凤凰等地方,对中国丝绸博物馆、浙江美术馆、杭州博物馆、苏州博物馆、良渚博物院、湖南省文化馆、湖南省湘绣研究所、凤凰县文旅局等单位进行了调研。浙江、湖南、江苏是长江流域中下游地区及我国中部和东部文化遗产资源丰富的大省,对其进行深度田野调查,对我国文化遗产元素开发利用现状的研究具有重要意义。在走访中,我结识了不少对文化遗产管理和保护有着丰富经验的朋友。良渚博物院(良渚研究院)办公室副主任刘雅丽女士、骆晓红女士,杭州良渚古城文旅集团总经理、良渚遗址管理区管委会(指挥部)旅游开发部副部长王刚先生,杭州博物馆藏品管理部主任徐颖女士,湘西凤凰县非物质文化遗产保护中心主任侯力文先生。特别是侯主任使我结识了不少国家级、省级、州级代表性传承人,对我帮助很大。他还邀请我去湘西凤凰县为各级代表性传承人授课,使我有了一次深度与传承人接触的机会,能够更加真实地感受到文化遗产及数字化成果知识产权等私权保护体系建构的重要性。

2020年,我有幸接受湖南省文旅厅的委托承担了重大课题——湖南省非物质文化遗产代表性传承人传承现状的调研报告。承担这项重大课题后,湖南省文旅厅副巡视员王鹏和湖南省文旅厅非物质文化遗产处颜喜处长对我的研究充满着期待。湖南非物质文化遗产资源丰富,非物质文化遗产传承人数量多、分布广,是国家非物质文化遗产保护和发展的"前排军",他们非常希望这次调研能够真实反应出湖南非物质文化遗产传承人传承现状。接到任务,我便立即展开历时3个月的调研,涉及地点有长沙、常德、衡阳、岳阳、郴州、张家界、湘西土家族苗族自治州、邵阳、永州、怀化、吉首、益阳等。通过走访交流、问卷访谈、线上访谈、实地观察等调查方式采访省级及国家级传承人近300人,获取有效数据近250份,其中具有高度参考性国家级传承人数据约50份,省级传承人数据约150份。这次调研的成果丰厚,同时也要感谢帮我进行后期整理的几位学生。

最后要真诚地感谢法律出版社的编辑、校对老师,他们认真负责的工作态度着实让人钦佩。